WIZARD

CHRONICLES OF A
MILLION DOLLAR
TRADER

MY ROAD, VALLEYS, AND PEAKS TO FINAL TRADING VICTORY

DON MILLER

遅咲きトレーダーの
スキャルピング
日記

1年間で100万ドル儲けた
喜怒哀楽の軌跡

ドン・ミラー[著]　長尾慎太郎[監修]　井田京子[訳]

Chronicles of a Million Dollar Trader :
My Road, Valleys, and Peaks to Final Trading Victory
by Don Miller
Copyright © 2013 by Don Miller. All Rights Reserved.

This translation published under license with the original publisher John Wiley & Sons, Inc.
through Japan UNI Agency, Inc., Tokyo

監修者まえがき

　本書はドン・ミラーによる"Chronicles of a Million Dollar Trader : My Road, Valleys, and Peaks to Final Trading Victory"の邦訳である。2008年、ミラーはトレードで100万ドルの利益を上げると目標を決め、同時にインターネット上にトレード日誌を公開し続けた。彼は最終的に18カ月で200万ドルの好成績を収めるが、出版社の依頼でその経緯をまとめたのが本書である。

　ところで、読者のなかにはトレード手法について強い関心を持つ方もおられると思う。初めに書いておくが、著者のトレード手法はトレンド日の翌日にフォーカスし、DAXの動きやTICKおよびVIXを参考指標とする短期トレードであり、これと言って特に際立ったものではない。したがって、単にトレード手法だけを見た場合は、本書の価値や新規性は分かりにくいし、ミラーの成功の理由にも謎が残ることになる。

　では、あの困難な年に、著者が安定的かつ高いパフォーマンスを残せた背景は何だろう？　一般にオペランド（操作される対象）としての投資戦略やトレード手法は、オペラント（操作する主体）としてのトレーダーや投資家次第で、その価値や有効性はどのようにでも変化するが、ミラーはこのメカニズムを潜在的に正しく理解していたのである。なお、投資におけるパフォーマンスは、①マーケットの状態、②投資戦略、③売買主体の状態——の３つの変数の共創によってもたらされるが、①はコントロール不能であるのに対し、②は選択可能、③は適応可能である。

　一般に、初心者の投資家はまずは「儲かる銘柄」を知りたがる。だが、そのうちにそんなものはどこにも存在しないと分かると、次に、「優れた投資戦略やトレード手法」を知ることに一生懸命になる。しかし、

どんなに優れた手法であっても、あくまでトレードする側の心理的・生理的な状態の管理とセットで語られなければまったく意味がない（同様に、トレーダーの心理だけを取り上げた解説も大した価値は期待できないことになる）。本文中に著者の残したトラックレコードの必然性を疑う読者の話が出てくるが、それはマーケットの状態と投資戦略の範囲内だけでモノを見ることに起因する誤謬である。ミラーの成果はけっして偶然ではない。彼は過去のトレード経験から、自分に適した心理的・生理的状態を発見し、それを維持する工夫を凝らした。彼の選択したトレード手法は凡庸なものであったが、それでも「オペラント－オペランド構造」をよく理解し、自身を適応させたことが成功を呼んだのだ。トレードの実践記録でこれほど顕著にこの重要性が見て取れるものは珍しい。読者におかれてはそのあたりを読み取っていただければ幸甚である。

　翻訳にあたっては以下の方々に心から感謝の意を表したい。翻訳者の井田京子氏は分かりやすい翻訳を、そして阿部達郎氏は丁寧な編集・校正を行っていただいた。また本書が発行される機会を得たのはパンローリング社社長の後藤康徳氏のおかげである。

2015年3月

長尾慎太郎

監修者まえがき 1
序文 9
謝辞 15

はじめに ……………………………………………………… 19
 「レース」 20
 目の前のニンジン 21
 本書の構成 22
  2008年7月4日（金）　初登場 23
 公開したトレード日誌の意図と使い方 24
 日誌をつけることとパフォーマンス 27
 自信と謙虚さのバランス 28
 竹とチャンス 30
 トレード本ではあるけれど 31

パート❶　始まり ……………………………………… 33
 幼いころのトンネルの時代 34
 遅咲きの人生 35
 最初の仕事 36
 仕事を辞めない 37
 どん底から這い上がる 38
 展望の変化 40
 勝負をかけるチャンス 43

パート❷　100万ドルのレースを記録する ……… 47
 2008年7月の日誌より 47
  2008年7月4日（金）　礎 47
  2008年7月5日（土）　なぜうまくいったのか 49
  2008年7月6日（日）　ポーカーの効果 50
  2008年7月11日（金）　もう分かっただろう 54

CONTENTS

2008年7月14日（月）	今日からは日中に日誌を書く	56
2008年7月17日（木）	時間外取引のバイアス、計画とトレード	59
2008年7月22日（火）	強みを生かせ	61
2008年7月23日（水）	教科書どおりの「トレンド日の翌朝」	63
2008年7月24日（木）	マーケットのバイアス	65
2008年7月25日（金）	朝のトレード	69
2008年7月28日（月）	ファウルにする	72
2008年7月30日（水）	まだ仕事は残っている	73

2008年8月の日誌より　　80

2008年8月2日（土）	グレースの物語	80
2008年8月5日（火）	FOMCの開催日	82
2008年8月6日（水）	FOMCのあと	85
2008年8月7日（木）	ブラインドとアンティと忍耐	87
2008年8月8日（金）	1回はだまされたが……	89
2008年8月11日（月）	リズムの変化	91
2008年8月13日（水）	2つのマーケットの話	93
2008年8月18日（月）	トレンド日	97
2008年8月19日（火）	とにかくプラスで終わればよい	99
2008年8月20日（水）	ボラティリティ再び	102
2008年8月21日（木）	レンジ、レンジ、ブレイク	106
2008年8月22日（金）	電話を持ったまま	108
2008年8月26日（火）	銀なのか、金なのか	110
2008年8月27日（水）	ちょっと一息	112
2008年8月30日（土）	地表に向かって掘る	116

2008年9月の日誌より　　119

2008年9月4日（木）	ゾーンに入っている	119
2008年9月8日（月）	最高のパフォーマンスとはいかなかった	122
2008年9月9日（火）		126
2008年9月10日（水）	堅実なパフォーマンス	130

2008年9月11日（木）	午前中は攻撃、午後は守備		134
2008年9月12日（金）	楽しいことには……		137
2008年9月18日（木）	マーケットの恵み		139
2008年9月19日（金）	忘れ難い週		142
2008年9月23日（火）	最終ラップに向けてハードルを上げる		145
2008年9月26日（金）	「トレード」を手仕舞う		146
2008年9月30日（火）	ここからが難しい		149

2008年10月の日誌より　　　152

2008年10月6日（月）	混乱の月曜日		152
2008年10月6日（月）	混乱後の分析		154
2008年10月7日（火）	仕事に戻ろう		155
2008年10月8日（水）	86％を回復する		157
2008年10月10日（金）	惨事を避ける		159
2008年10月15日（水）	休日		163
2008年10月17日（金）	7回表で見限る		164
2008年10月21日（火）	グチャグチャ言うな、ドン		166
2008年10月22日（水）	壁にぶつかる		168
2008年10月23日（木）	立場が違うぞ		168
2008年10月23日（木）	虎の目		170
2008年10月24日（金）	防御的勝利		171
2008年10月28日（火）	地雷を避ける		174
2008年10月29日（水）	出遅れた		177
2008年10月30日（木）	ファイナルテーブルにようこそ		178
2008年10月31日（金）	朝の強み		180
2008年10月31日（金）	10月のまとめ		183

2008年11月の日誌より　　　187

2008年11月4日（火）	新しいゲームのようだ		187
2008年11月10日（月）	戦いだ		188
2008年11月12日（水）	冷えたエンジンを始動する		190
2008年11月13日（木）	急がないとやられるぞ		192
2008年11月15日（土）	モメンタムの力		194

CONTENTS

2008年11月20日（木）	Bのゲームを管理する	196
2008年11月21日（金）	トレードスタイルは問わない	199
2008年11月25日（火）	荒いペース	201
2008年11月26日（水）	TICKの教え	202
2008年11月28日（金）	警告サイン	208
2008年11月29日（土）	ゴールを調整する	210

2008年12月の日誌より　　213

2008年12月3日（水）	針路を維持せよ	213
2008年12月6日（土）	「たったひとつの大切なこと」	215
2008年12月10日（水）	だれのせいか	216
2008年12月11日（木）	復活	218
2008年12月12日（金）	今週を振り返って	222
2008年12月15日（月）	すべきことをしたのか	223
2008年12月17日（水）	残りの2ストローク	225
2008年12月19日（金）	そのときが来た	228
2008年12月26日（金）	目標1ドルの年	230
2008年12月29日（月）	年末の成績表	231
2008年12月31日（水）	今日は踊ろう	234

パート❸　レースのあとに──2009年の挑戦　より抜粋　　241

2009年1月22日（木）	ジェットコースターのような1日	242
2009年1月11日（日）	ジャズトレーダー	244
2009年2月10日（火）	ゴミ箱行きの日	247
2009年2月11日（水）	日が昇った	248
2009年3月11日（水）	不愉快な時間	250
2009年3月11日（水）	さらなる解説	252
2009年4月4日（土）	40歳以降の人生	253
2009年5月16日（土）	すべての始まり	255
2009年5月16日（土）	ほんの少し足りない	256
2009年6月17日（水）	デンタルフロスをする理由	258
2009年6月25日（木）	夏の休暇の過ごし方	260

パート❹　ジェリートレーダーの誕生 ……………… 265

- 起源　265
- メンバー選び　268
- メンバーのコメント　269
  - 2009年8月19日（水）　「ノーカントリー」　269
  - 2009年8月22日（土）　チームワークと単純さ　271
  - 2009年9月22日（火）　成功へのカギ　274

パート❺　ジェリープログラムのあと──
　　　　　2010～2012年の日誌より抜粋 ……… 279

- 2010年1月8日（金）　ポーカーとトレードと集中　279
- 2010年1月29日（金）　職場の安全　282
- 2010年4月18日（日）　人生の「、」に注目する　284
- 2010年3月25日（木）　クビだ　286
- 2010年5月8日（土）　急落の分析　287
- 2010年9月21日（火）　お金は眠らない　293

パート❻　MFグローバルの破産 ………………………… 297

- 2011年11月4日（木）　MFグローバルという氷山に乗り上げて凍りつく　298
- 種類の違うトレード　304
- 2011年9月22日（水）　勝利　306

パート❼　上がったあとは…… ………………………… 311

- 動いている物体は動き続ける　313
- マクロレベルのトレイリングストップ　315
- 百聞は一見にしかず　318

CONTENTS

パート❽ 最後に ………………………………………… 325

付録──日誌とジェリーで使用した略語と頭字語　　328
参考文献　　331

序文

　私が長年、トレードに関する本の執筆を断ってきたのにはさまざまな理由がある。1つ目の理由は、ドンミラーブログ・ドット・コム（http://www.donmillerblog.com）で公開しているトレード日誌のほうが、私の考えをトレード仲間にタイムリーに伝える方法としては優れていると考えてきたからだ。この日誌は、最初はトレードの詳細を記録していただけだったが、途中からはこれをトレーダーの教育や、動機付けや、業界活動の場として使うことに私の関心は向いていった。ただ、これを本にしても、本の場合、うまく作らなければ完成した途端に時代遅れになってしまうという大きなリスクをはらんでいる。つまり、誠実な著者にとって最初のハードルは、時間が経過してもずっと有効な内容にすることなのである。

　2つ目に、本書の『Chronicles of a Million Dollar Trader（100万ドルトレーダーのトレード日誌）』という題名は、私が先物のデイトレードで2008～2009年の18カ月間に200万ドルの利益を上げたときのことが書かれているという意味では正しいが（当時、私は1年間で100万ドルの利益を上げるという挑戦を自らに課していた）、私は成功について書きたかったわけではないし、読者が現在取り組んでいることをやめてまで、私のまねをするようなことはしてほしくないと思っている。本書を読み進めれば分かるとおり、私がたどったのは、ゴール達成など永遠にできないような気持ちになりながら、つまずきと失敗を繰り返し、血を流し、打ちのめされながら進んだ道のりだった。それに、最終的には目標を超える成果を達成したものの、その間は私自身も家族もある程度の犠牲と苦難を強いられた。

　3つ目は、ほぼ自伝に近い本を書けば、誠意を持って書いたとしても、個人的なエゴや自慢が入り込んでしまうリスクが多分にあること

だ。しかし、トレードの世界でも人生でも失敗をもたらす最大の原因がこれらの欠陥にあるということは、成功したトレーダーならばみんな言っている。それにこの何年間か私にもたらされた成功の元は、失敗したことにあると思っている。このことをもう1回考えてみるだけでも、人生の秘訣がいくつか見つかるだろう。そのためには、成功と同じかそれ以上に失敗について書くという挑戦が待っていた。

4つ目は、純粋にビジネスとして、優れたトレーダーは書くよりもトレードに注力するほうがはるかに儲かるということだ。トレード本の著者ならばだれでも印税はお世辞にも多いとは言えず、むしろ本を出したことで生じる「雑音」を考えればほとんど割に合わないということに同意してくれるだろう。

そして最後に、教育的な意図で本を書いたとしても、トレードを本のみで教えるのは不可能だということがある。成果主義の分野に共通して言えることだが、トレードの成功には集中的な教育と、何年もの経験、そして変化し続ける金融市場という大海でかじ取りをしていくためにスキルを磨き、維持していく能力が必要とされる。このような理由から、私は長年本の執筆依頼を断り続けてきた。

ある電話

そんなとき、ジョン・ワイリー&サンズ(質も水準も高い金融書籍を数多く手掛けている出版社)のローラから電話があり、私のトレード日誌と補足説明を正式に本にまとめるよう勧められた。1990年代末からトレード教育や業界の支援活動を始めて以来、維持してきた価値観に外れることはしないと明言していた私は、あまり気乗りしなかったが、出版内容について話し合いが始まった。

このときはさまざまなことを考えた。これは私のトレード体験というノンフィクションを、『欲望と幻想の市場――伝説の投機王リバモ

ア』（東洋経済新報社）――ワイリーが手掛けた本で、長らく最高のトレード本と言われている1冊――のような形で書くチャンスだった。現代では、リバモアの時代とはさまざまなことが変わっており、このなかには短期トレードの機会の大幅な増加、技術的な進歩、マーケットへのアクセスの向上、規制緩和などが含まれている。また、これは何年間も密かに、だが熱心に準備を整えて大きな利益をつかみ、そのあとそれをマーケットに返上せずにすんだ珍しいトレーダーの物語を伝えるチャンスでもあった。投資家や有名人やプロの運動選手や宝くじの当選者がせっかく獲得したお金を、ときにはそれを得たのと同じくらいの速さでなくしてしまったという話はたくさんある。また、かつては「マーケットがあなたのお金を奪うことはありません」と請け合ってきたゴードン・ゲッコー（映画「ウォール街」の主人公）のような連中がいたが、今では趣向も新たに「あなたが苦労して貯めたお金をブローカーが持ち逃げするようなことはありません」と請け合っている。

話し合いが進むにつれて、私の考えは「自分の話を書くべきか」ということから、「次の条件が整ったときのみ書くべき」だというように少しずつ変化していった。その条件とは、①トレードの成功は、教育と、経験と、忍耐と、集中と、意欲が正しく組み合わされば間違いなく可能だということを証明することができる、②私の足跡を残すことで、ひとりでも血まみれになって深みにはまる人を減らすことができる――ことである。

トレーダーにとって避けることができない痛みや苦難を考えると、トレードが自分の子供に最も就いてほしい仕事ではないということを、これまで何回も言ってきた。理由は、①ほとんどの起業はうまくいかない、②ほとんどのトレーダーもうまくいかない――からである。つまり、トレードを始める人は、みんな最初から2ストライクとられてミスの余地などほとんどない状態でトレードを始めることになる。

しかし、私は、①マーケットで大きな成功を安定的に続けることができるということについてつゆほども疑っていない、②もしこの仕事のすべての特性を考慮したうえで、私の子供やそれ以外の人たちが私のあとに続くことを決断したのならば、私は全力で彼らの痛みを減らす手助けをする――とも言ってきた。そして結局、私は長年断ってきた本の執筆を承諾した。

　これから、私の人生の旅に付き合ってもらうことになる。この旅は、立ち直ることができないほど深い絶望の谷から、空まで届くほどの勢いで伸びていく美しい竹まで、紆余曲折が多いものになるだろう。また、さまざまな時期と場所も巡ることになるが、まずは初期の未熟だった時期のことから話そう。ときには涙の池を越え、自ら招いた傷を負い、集中と中断のせめぎ合いをうまくコントロールできないこともあったが、個人的な思いと、人生で本当に大事なことが何かを考えたうえで、私は再び戦いの場所に戻ってきた。そして、どんなときでも常に前進していた。

　注意点をひとつ、本書を読むときに、前半を飛ばして、最初からいわゆる「竹」に成長した部分を読んでしまうのはやめてほしい。これは、それまでの時間や努力や恩恵が実を結んだところだからだ。トレーダーは本質的に性急で、すぐに本題に入りたがるということは分かっているが、パート１には、それ以降に必要となる基本的な情報が書かれている。

　本書に書かれていることはすべて実話であり、金融トレードの世界である程度のことを成し遂げたことが記してある。これは、私のように恐ろしく不完全な人間でも、何年にも及ぶ極度の献身と準備と意欲に特別なチャンスが重なれば、どのようなことでも可能だということを示している。ただ、それよりもはるかに大事なことは、これは情熱と、謙遜と、涙と、勝利と、没収と、奮闘（人間らしさと完璧さを追求することの間でもがくこと）の記録だということである。トレード

が人生を映しているように、人生もトレードを映している。一方で成功できる人は他方でも成功する可能性が高い。私たちの旅が終わるころに、それが人生に対する見方とトレードに対する見方をより深められていれば、本書の目的は達せられたと言ってよいだろう。

　良いことも、悪いことも、醜いこともあるが、しっかりついてきてほしい。終わってみれば、衰えることのない神の恩寵によって、命という贈り物と同じくらい素晴らしい旅だったと思えるだろう。

謝辞

　どこから始めたらよいのだろうか。まず、簡単なところから言えば、私の主で救世主でもあるイエス・キリストと、最愛の妻であるデボラに感謝したい。妻は、これまでずっと私の決断がもたらすリスクと負担と報酬に付き合ってくれた。この素晴らしいチームでなければ、私は今日まで生き延びることはできなかっただろう。2人は、私が最もつらいときは私を支え、良いときには横で応援してくれた。
　私はイエス・キリストを信奉している。いや、それよりも永遠に失敗を繰り返し、つまずき、自分自身と挌闘しながら、まだまだ学ぶべきことがたくさんあるキリスト教徒と言ったほうがよいのかもしれない。本書のなかでキリスト教の教えを説いているわけではないが、これまでの人生経験から、私は神の存在や、キリストの本当の姿を確信している。ちなみに、異なる宗教観を持つ読者もいると思うが、私はあなたが気づかなくてもあなたを愛し、これから共に旅を始めることを楽しみにしている。
　私の人生において、さまざまな場面でとてつもない愛と支援と忍耐を与えてくれてきた妻デボラの存在は、あと1冊本が書けるくらい大きなものである。簡単に言えば、私は浮き沈みの激しい人生の旅を続けていくなかで、私の欠点を含めて愛してくれる親友であり相談相手でもある妻の恩恵を大いに受けてきたのである。
　次に感謝したい相手も簡単で、長女のコートニーと次女のチェルシーである（順番はつけられないので、生まれ順に書いた）。彼女たちからは、私が教えた以上のことを教わった。「蛙の子は蛙」という諺は、私のどの性格がだれに受け継がれたかによって、褒め言葉にも悪口にもなる。ふたりとも小さいころから背が高いほうで、世界のなかに自分の居場所を探す過程でそれぞれ奮闘している。チェルシーは、10歳

で1型糖尿病の診断を受け、家族全員、衝撃を受けた。彼女は生涯、医者と注射とインスリンポンプの助けが必要なのである。しかし、彼女は困難にも負けず粘り強い努力を重ね、卒業生総代に選ばれたり、音楽家としての地位を確立したりして、私たちに大いに刺激を与えてくれている。また、私がトレード教育関連のビデオやサービスで得た利益をアメリカ糖尿病学会やそのほかの慈善団体に寄付する活動にも、彼女は直接的に刺激を与えてくれている。

　そして、これらの活動も、両親（ベティ——とブルーニー）が若いころの苦しい時代に祖父母とともに私を育て、導いてくれたおかげである。特に、母方の祖父のフレデリックは、1983年に亡くなるまで、若かった私に大きな影響を及ぼした。また、彼の妻で私の祖母のミリアムは、亡くなる直前に、私の両親を通じて、人生の荒波に遭って困っていた私と家族に避難できる港を与えてくれた。

　トレードについて言えば、私自身はこの仕事を個人的に試行錯誤しながら学んだが、その間のさまざまな段階で、何人かの傑出した人物との出会いがあった。そのなかのひとりが、ブレット・スティーンバーガー博士である。博士は、私が最高のトレード本だと思っている『ザ・サイコロジー・オブ・トレーディング』（The Psychology of Trading）の著者で、私がトレード日誌をブログで発表し始めた時期に、それを支持してくれた。そのほかにも、ローレンス・コナーズ、リンダ・ブラッドフォード・ラシュキ、デーモン・パブラトス、パット・ラファーティといった人たちが、必要なインフラを提供してくれたり、単純に同僚や友人として私を長年支えてくれたりした。

　後者に関して言えば、パフォーマンスやそれ以外の理由で図らずも業界のリーダーと目されるようになったことで、面白いジレンマがあった。そのような立場になると、助言を求めて来る人が多くいるが、これは非常に難しい。率直に言えば自分もだれかに話を聞いてもらったり頼ったりしたくて少し寂しく感じることもあるからだ。そんなと

き、本当に理解してくれる仲間との強いネットワークに、私は大いに救われてきた。

また、2009年に設立した「ジェリー」トレーディングチームの設立当初のメンバーにも感謝したい。これについては、パート4で詳しく述べるが、この非常にユニークなトレード教育プログラムが洗練したものになったのは、彼らのおかげだと思っている。そのために8週間、336時間にも上る時間を私に付き合ってくれたことだけでも、勇士の勲章を進呈したいくらいだ。

最後に、本書はジェームス・クトゥーラス、ジョン・ロウ、グレッグ・コレット、そしてコモディティ・カスタマー・コーリション（何万人もの小企業の経営者や農家やヘッジャーやトレーダーに多大な影響を及ぼしたMFグローバル社の破産を受けて2011年末に同社の顧客を支援するために設立された組織）の助けがなければ最後の何パートかを書き終えることも、本書が完成することもなかっただろう。これらの人たち、なかでもクトゥーラスは、業界の苦しい時期に私たちの資産を素早く取り返すため、自ら尽力してくれた。また、親愛なるサンディー・メイヤーとジョン・ノーキーにも心からの感謝を送りたい。ふたりとは、私のトレーダー人生が騒がしくなる少し前に出会い、私が人間的にも精神的にも一定のバランスを保つ手助けをしてくれた。私たちが出会ったのは偶然のことなのだろうか。絶対に違うと思う。

そして私に愛と恵みと支援を与えてくれるすべての人に永遠の感謝を捧げたい。

はじめに
Introduction

　2007年12月、すでに何回目かの出発と、失敗と、再出発と、中断を経験していた46歳の私は、断続的に取り組んできた株価指数の先物トレードに、それまでとはまったく違う手法を使おうと決意した。私は、一般的な基準で言えば成功していたと言ってよいのだろうが、それでも私の利益は氷山の一角であって、それよりもはるかに大きい潜在利益があると思っていた。それに、もうすぐ50歳になるのに、それまで短期的な視点しか持っていなかったため、引退資金はとても十分とは言えない状態だった。私は、家族に将来の経済的な心配をさせないように、トレードチャンスを探す必要に駆られていた。
　さらに言えば、私はトレードだけでなく、コラムの執筆、トレード教育など複数の活動に携わり、個人的には時間と状況が許すかぎりみんなが自分で資金管理ができるスキルを身につけるべきだという強い信念を持っていたが、自分についてはいわゆる器用貧乏だと思っていた。そのうえ、トレードという仕事の本質を理解しない反対論者が、トレードなど無責任なギャンブルで、マーケットで一定以上の成功をおさめるのはまぐれでなければ不可能だなどと主張していることにイラ立ちが募り、「有言実行」を体現したいという気持ちが強くなっていった。

「レース」

　そこで私は、引退資金を100万ドルに増やすという目標を立て、一定期間（このときは1年間）をその達成のためだけに捧げることにした。飲食と睡眠と空想と指数先物のデイトレードのみに集中することにしたのだ。この「レース」には、あとから考えれば3つの目的があった。詳しくは本文で述べるが、1つ目は、もしこれが達成できれば、現在は心もとない引退資金の心配をしなくてよくなるため、残りの人生と資金を自分が本当にしたいことに使うことができるということで、このなかには純粋にトレードを楽しむことも含まれている。2つ目は、このような目的に向かって努力することで、私がこの10年で苦労して身につけたトレードスキルがどこまで進歩したかを知るための挑戦にもなるということだった。そして3つ目は、トレードの成功が現実的に可能で、妥当で、持続できるということを大きいサンプルサイズの実際のデータとして示すことだった。

　ただ、これらの目的と同じくらい重要なことは、このレースが意図しない結果を及ぼさないようにすることだった。このレースは金持ちになるためでもなければ、自己宣伝をするためでもない。金持ちになるためでないことは、本文で私のお金に対する考え方を読めば分かってもらえると思う。簡単に言えば、私たちは神から与えられた資産を一時的に預かっているだけで、金銭的な利益や損失は、自分やほかの人たちのために「時間」をもらうか使うという違いでしかないからである。また、私はみんながそれぞれの才能を最大限伸ばし、分け与える責任があるとも考えている。特に、自分たちの資産を効率的に増やして守るために信頼して託せる人が限られている時代においては、その責任を自分で負うしかない場合が多くなる。

　世間では時はカネなりと言う。しかし、私はそれを逆にしてカネが時だと言いたい。例えば、トレーダーになって利益を上げれば、ドロ

ーダウンや低迷期、病気のとき、集中力や意欲を失ったときをやりすごす時間が手に入る。そして、何よりも大事なのは利益を蓄積することで、必要な資金をきちんと確保しておけば、人生に直接的に影響し、向上させることに費やす時間を得ることができる。その一方で、損失は単純に時計を巻き戻してしまう。少額の損失ならば、何日か戻るだけかもしれないが、ときどきある大きな損失（確率と統計と不完全な人間がかかわっているトレードという仕事において当然予想されること）はカレンダーを数カ月も戻してしまうかもしれない。私は何十年もかけてこのような考えに至ったが、それができたことで資産が急速に増えた時期も経済的に苦しかった時期も大いに助けられた。

目の前のニンジン

　この挑戦が売名行為だと言う人もいるが、それは真実とはほど遠い。私は100万ドルを獲得する前から、それまでの成功によって執筆や講演やメンターなどの活動をしており、業界では知られた存在だった。ただ、これらの活動を楽しんではいたものの、それによってマーケットへの集中が途切れ、トレーダーとしての潜在力をフルに発揮することができていなかった。そこで、私は何年か業界活動を離れ、集中的に人生や仕事や体を整えようと思った。つまり、このレースとゴールは私個人にとってのニンジンでしかなかったのである。

　自らを隔絶してみると、すぐにそのメリットとは別に、ひとりきりで挑戦することの難しさがいくつか明らかになった。１つ目は自分の行動を日々報告する義務がないことで、２つ目は同僚の助けがないこと、そして３つ目はトレードに対する理解がある程度の水準に達したことによって知り得たいくつかの重要な発見や経過をほかの人たちにリアルタイムで伝えたくてたまらなくなったことだった。そこで私は2009年の映画「ジュリー＆ジュリア」の精神にのっとって、密かにオ

ンライン日誌を書くことにした。ちなみに、この映画が公開されたのは、私が日誌を初めてから1年後のことだったが、彼女も個人的に具体的な目標を立て、その過程を成功も失敗もブログで世界に報告していた。映画のなかで、エイミー・アダムス演じるジュリー・パウエルは1年間、毎日メリル・ストリープ演じるジュリア・チャイルドのレシピに従って料理を作ることを決意し、自身を鼓舞し、成長を記録するためにブログを書くことにした。レシピのなかには、チャイルドが1961年に書いた『マスタリング・ジ・アート・オブ・フレンチ・クッキング（Mastering the Art of French Cooking）』に載っている料理も含まれていた。私がのちに日誌に書いたとおり、パウエルの投稿のなかには、怖いほど私の人生と似ている内容があった。

このようにして、私のレースの後半（およびそのあとの人生）は2008年7月からライブで詳細に記録されていくことになった。そして、それを何千人ものトレーダーが毎日読み、一緒にカウントダウンし、ドンミラージャーナルというサイト（http://www.donmillerjournal.blogspot.com、のちの http://www.donmillerblog.com）を通じて私と交流してくれていた。この日誌は私の挑戦の半分しか記録されていないが、後半の6カ月間とおまけの時期だけでも、150万ドルのレースとなった。ちなみに、本書執筆のために資料をまとめてみて、私は初めてその価値を認識したのだった。

本書の構成

本書の内容は、そのほとんどが時系列になっている。パート1は、初めて公開する私の若いころの経験や、仕事での成功と失敗など、その後の人生の基礎となった出来事について書いてある。そのあとは、2008〜2012年にかけて投稿した約100回のトレード日誌ですでに書いたことである。パート2は、2008年後半に投稿した70回以上のトレー

ド日誌である。パート3～パート7は、そのあとの時期の主な出来事をつづっている。これは主に2009～2012年にかけて投稿した内容で、このなかには、その後のトレードや、発見、短期利益を消し去る多数派の仲間にはならないこと、慈善事業やトレード教育を通して業界に恩返しがしたいこと、いくつかの興味深いトレード、先物業界（私を含めて）を揺るがせたMFグローバル事件の核心などについて書いていく。

まず、手始めに、2008年7月の初めての投稿を見てほしい。

2008年7月4日（金）　初登場

世間から姿を消して2年半、何から書き始めればよいのだろうか。知っている人もいるかもしれないが、私は何年にもわたってトレードを教えたり、トレード関係の出版物やサイトに寄稿したりする活動をしてきたが、それを2006年2月で停止した。2年半前、ガソリン価格は今よりもはるかに安く、ケビン・ガーネット（NBAのプロバスケットボール選手）はまだセルティックスに移籍していなかった。

私は、当初の計画では2009年の初めまで「姿を消す」つもりだったが、途中で考えが変わり、自分のトレードをまったく新しい段階に押し上げてくれた発見について公開し、日々の考えやトレードや結果をつづった正式な記録をつけることにした。これまでと同様に、トレード結果が良くても、悪くても、醜くても、トレード記録と合わせて公開していくつもりだ。

ただ、それまでの「公の」人生と同様に、新しいサイトもまったく派手なことをするつもりはない。そういうことは単に嫌いなのだ。私はただのトレーダーで、トレードにおいて倫理的な側面が最も大事だと考えている。私がトレードを公開する唯一の理由は、私の挑戦を見守ってくれる人たちに、私の個人的な見解を伝えることにある。さあ、

心機一転、新しい挑戦の旅を始めよう。

　私の日誌について、宣伝のたぐいは意図的に行わなかったが、そのもくろみはもろくも崩れ去った。小さな雪の塊が瞬く間に大きな雪崩になってしまうように、私のサイトもアクセス数が急増し、トレード系ブログの２つのランキングでトップ10入りを果たしてしまったのである。

　なぜ、このブログがそれほどみんなの関心を集めたのかは、今でもよく分からない。テレビのリアリティー番組にあれほどの人気が集まるのはそのせいなのだろう。もしかしたら、私のサイトもNASCARレースで高オクタン燃料車が、衝突や死亡事故もある高リスク・高リワードのレースに挑むのを楽しむような感覚で見られているのではないかと思った時期もあった。しかし、フォロワーと交流していると、そのような人や、それよりもひどい人（私の意図や誠実さや実際の結果に異議を唱えて私を精神的に追い詰めようとする人たち）もわずかながらいたものの、ほとんどの人たち（何千人にも上る）は、信じられないほど応援してくれていることが分かった。そして皮肉なことに、目標を達成するためにはどちらのグループも必要だということに私はすぐに気づいた。そればかりか、今振り返れば中傷が私の決意を強めてくれたことは明らかで、そう考えれば彼らの重要性はさらに高まる。つまり、私はみんなに感謝し、幸運を祈っている。

公開したトレード日誌の意図と使い方

　私の５年間に及ぶ日誌を正しく見て、最大限活用するために知っておいてほしい重要な点がいくつかある。１つ目は、トレーダーとしても著者としてもそうだが、この日誌も不完全だということである。私はきっと本書が完成した途端に、別の資料を使えばよかったとか、違

う言い方をすればよかったとか、別の日の日誌を載せればよかったなどと思うに違いない。率直に言って1100回以上も投稿した日誌のなかから本書に掲載する分を選ぶだけでも大変なのに、そのなかでさまざまなマーケット状況やパフォーマンスや話題をバランスよく配置するのはかなり骨の折れる作業だった。このなかには、役に立ったという読者のフィードバックがあったという理由で選んだものもあれば、マーケットの状態や人生における優先順位が変化するなかで、当時の私のレベルに合っていたという理由で選んだものもある。

また、ブログがときとともに変化していったことにも気がつくと思う。例えば、初期のころの投稿は先物トレードについて基本的な情報や見通しを詳しく述べるとともに、私のトレードを新しい段階に押し上げてくれた新たな「ひらめき」についても書いていた。しかし、何年かたつと、ブログの焦点はトレーダーの動機や、教育や、支援に変わっていった。抜粋した日誌の前後の状況は、オンラインのブログをアクセスして補ってほしい。

ちなみに、この日誌は私が個人的な考えをまとめるためのもので、そのままの形で投稿することが最も適切な助言になるということを念頭に置いて書こうと思っていた。何年か前にテレビドラマの「マッシュ」で、アラン・アーブス演じるシドニー・フリードマンがシグムンド・フルードに手紙を書く場面があったが、これは実はフリードマンの自己療法なのだった。同様に、私が日誌を投稿するのも、読者に向けて書いたように見えても、実際には自分に向けて、集中しろ、軌道から外れるなと声掛けする目的で書いていたのである。前出の『ザ・サイコロジー・オブ・トレーディング』のなかでも、スティーンバーガー博士は客観的に自分の考えを見つめる「内なる観察者」の存在が心のバランスを保ってくれると書いていた。私の「観察者」はたまたまキーボードを打つことができたということだ。つまり、もし私のブログを読む人がだれひとりいなくても、私はほとんど同じことを書い

ていたと思う。

　本書に載せた日誌は、スペルミスを直し、簡潔にしたり明確にしたりするために多少書き直した部分はあるが、ほとんどは当時ブログに投稿したときのまま掲載してある。新たに追加したのは、S&P500のＥミニの15分足チャートで（アメリカの取引時間のもので、15期間の単純移動平均線付き）、その日のマーケットの全体的なリズムが分かれば、値動きに関するコメントが理解しやすくなると思ったからだ。そのため、これらのチャートには、実際には投稿日前後を合わせて３日分の動きを含めている。ただ、これらは全般的な背景を示しているだけであり、このような限られた情報だけでコメントやトレード理由をチャートに正確に当てはめようとするのは無益だし危険なことである。理由は、①日誌はもともと自分のために書いていたもので、すべての行動の理由を細かく説明しているわけではない、②NYSE（ニューヨーク証券取引所）のTICKチャートや3LBチャート（３本新値足）などさまざまなツールを使っていたが、それをすべて本書に載せることはできない、③そのほかにもさまざまなテクニカル分析を使っていた、④アメリカの取引時間以外に、ユーレックスでのトレードに関するコメントもあるが、すべてのチャートを掲載することはできない、⑤マーケットと関係のない理由や優先事項、疲れて集中力が落ちていたなどの理由で、あとから考えればチャートを見てもトレード理由が明らかではないケースがある――などといったことが挙げられる。⑤については、生活をしながらトレードしていれば、分かってもらえると思う。いずれにしても、Ｅミニ（ＥミニS&P500先物、銘柄コードはES）チャートを見れば、どのような日だったのかはある程度分かってもらえるだろう。

　日誌は、多くはその日の夜に書いていたが、日によってはトレード時間中に時間とコメントをメモすることもあった。本書巻末の付録に、当時のメモで使っていた略語と頭字語を載せてある。また、日誌のな

かには特定のテーマについて書かれたものや、内省的なものもあれば（これらは週末に書いていた）、時間の経過とともに創造力が向上したことを示すものもある（このなかには、意欲と謙虚さを高めるための月末の資産残高のグラフも含まれている）。ちなみに、2009年初めからは、日誌の投稿に動画も使い始めた。もちろん、それは本書には掲載できないが、私のサイトで今でも視聴できる。文章については、小学5年生のときの文法の先生に謝っておきたい。この日誌には、文法的な「許容」（文芸作品などで許される逸脱、不完全な文章や主語の省略など）が見られるが、もともと自分の考えをまとめるために書いていた文章なので乱文は許してほしい。繰り返しになるが、この日誌は私が記録したことを「肩越しに」のぞいているだけだということを忘れないでいてもらえば、日誌も本書も意図を正しく把握できると思う。

　最後に、短期的なマーケットデータを見るときは常に言えることだが、毎時間の「ミクロ」情報と、マーケットや人生のその日の出来事やリズムといった「マクロ」情報を合わせて見ることを強く勧める。マーケットのチャートと同じで、トレードも正しい流れのなかで見なければ意味がない。結局、大事なのはマクロとミクロの出来事をバランスよく見て全体像をつかむことであり、そうすればさまざまな時期における私の考えをよりよく理解してもらえると思う。

日誌をつけることとパフォーマンス

　あとから振り返れば、日誌をつけたほうが、つけないよりも集中力と規律を維持する助けになったと思う。それと同時に、自分の考えを書き留めることは脳の別の部分を使う作業なので、マーケットだけに向いた頭をほぐすことにもなったと思う。また、イラ立っているときは日誌をつけることでかなり効率的に発散することができた。日誌が

負のエネルギーを建設的な方向に向け、集中力とパフォーマンスを向上させてくれたことは間違いない。ブログの読者はスポーツや映画の例え話はもう聞き飽きたかもしれないが、ボクサーや競泳選手やそのほかのスポーツ選手などになぞらえるのは、やる気を引き出す強い働きがあり、失敗による落ち込みから再び自分を鼓舞できる状態に戻る助けになった。

　日誌を書くメリットは、いくら書いても書き足りない。私が最も効率的にトレードできた期間が、毎日トレードに関する考えを日誌につける規律を持っていたときだったことは間違いない。

　日誌のなかには、トレードテクニックについて教育的なことを書いたものもあるが、本を読んだだけでトレードを効率的に学ぶことは単純に不可能で、そんなに甘いものではない。それは例えて言えば、映画の「トップガン」を見て飛行機の操縦を学ぼうとするようなことだ。専門的な訓練は、育成に特化した質の高いプログラムに任せるべきだろう。ちなみに、そのようなプログラムのひとつがパート4で紹介するベータ版「ジェリー」トレードチームのビデオだが（トレーダー養成プログラムを記録したもので、収益の一部は慈善団体に寄付される）、もちろんほかにも信頼できるプログラムはある。本書に、特定のプログラム（ジェリープログラムを含めて）が最も優れていると主張する意図はまったくない。

自信と謙虚さのバランス

　本を執筆するかどうかを決めるときに最初に考えたのは、良かれと思って書いても個人的なエゴやプライドが入り込んでこないかということだった。もちろんそれを最低限に抑えるよう編集段階でかなり注意深く書き直しを行ったが、それでも読者には多少気に障る部分が残っているかもしれない。確かな経験から得た有益な教訓を記録するこ

とと、好き勝手に役に立たない話を書くことは紙一重の差しかない。同様に、トレーダーがマーケットで利益を上げるために必要な自信と、いずれ自己満足や損失につながるうぬぼれの差も、やはり紙一重なのである。

　私は、著者の誠実さと記録の信頼性が最も重要だと思っているため、本書ではトレードの資料を独自の方法でまとめてある。例えば、読者がある出来事を正しく把握するためには、具体的なパフォーマンスをマクロレベルとミクロレベルの両方で示すことが重要だと考えた。そこで、私が先物トレードを始めた2001年末から2011年10月31日までの10年間のデータもそのような形になっている。理由は３つある。まず、私の日誌は、その多くが2000年代後半に書かれたもので、そのパフォーマンスはパート２～パート６でミクロ的に分析していくが、それと同時に全体像──①すべてのトレード口座、②先物トレードを始めたころの状況（このなかには、多くの人が学習段階で被る「学費」とも言える損失や、本業とのバランスがとれないことによる損失、パート１で取り上げる高すぎるトレードコストなどが含まれる）──も示す必要があると考えた。２つ目に、全体像を示しておけば、うっかり良い結果が出た資金や期間ばかり選び、悪い結果を無視してしまうリスクを抑えることもできる。そして３つ目に、すべてを開示することは、ときに透明性を欠く業界において単純に正しいことだからである。

　さらに、ブローカーの取引明細でさえ改竄が可能な時代において（2012年のPFGベスト社の事件など）、掲載したパフォーマンスのデータの有効性を確保するため、私は出版社に本書の内容に関する宣誓供述書を提出した。図らずも業界のリーダーと呼ばれる立場にある人は、誠実さと責任において高い基準を自らに課す必要がある。もちろん、私たちはいずれ神の前で責任をとることになるが、神は私が虚勢を張っているかどうかや、本の売り上げや、ブログの読者数などつゆ

ほども気にしてはいない。大事なのは恥じることがないということなのである。

最後に、基本的なことだが、この日誌は「過去のパフォーマンスは、必ずしも将来のパフォーマンスを示すものではない」ということを念頭に置いて読んでほしい。これが素晴らしい結果についてもそうでない結果についても事実であることは、本書を読み進めれば分かる。

竹とチャンス

挑戦の旅を始める前に、大事なことを書いておきたい。私が最高のパフォーマンスを上げた時期は、数字で見ればいくつかのチャンス（仕事、家族、マーケットの状態、トレードスキルが進歩したことなど）が同時に開けた短い期間だが、実はその前に何年かの準備段階があったからこそこれらのチャンスを生かすことができたと思っている。このことは、オリンピックの体操選手の演技がわずか１分強でも、それはすぐに結果につながらない苦労と涙を重ねてきた結果であることと似ている。また、これは中国原産の竹が数年間地下で根を広げたあとにようやく地表に出ると、そこから急速に成長して、ほんの２～３年で30メートル以上になることにも似ている。竹にとって、地下の数年間はのちの成長を促し、支えるための強い地下茎を作るために必要な時間なのである。このような経験は、人生においても何回もあると思う。

竹と同じように、トレーダーの仕事にも「地下」で成長する時期があるし（私の場合はそうだった）、成熟期に近づけば成長が鈍ることもある。幸い、金融市場のトレードは、後述するとおり、チャンスが開けたときはそれを最大限生かし、それがないときは損失を最小限に抑えるということに尽きる。金銭的な報酬が一定額ずつ支払われる仕事と違い、トレーダーの収入のピークはチャンスが開けた短い時期に

集中する。トレーダーの報酬は、何年間も心身を整え、何百回もの失敗や傷を負いながら金メダルをもたらす３回転ひねりができるトレードの「体操選手」になったときに、やっと手にすることができる。しかも、それは身体が必要な能力を失ったり、ほかの人生を選びたくなったりするまえでなければ遅いのである。

　私はこのようにして歩んできた。それまでに、何百回もの骨の折れる経験を重ね、そのあとにも捻挫程度のことはあった。後者には、2010年５月の「フラッシュクラッシュ」（株価の一時的な急落）や、2011年のMFグローバルの破綻や、個人的な決意（それまで蓄えた利益を温存し、人生とトレード利益以外の収入のバランスをとること）なども含まれている。

トレード本ではあるけれど

　この日誌は、トレードの記録であると同時に人生の記録でもあり、このことは本書でも繰り返し述べている。私は、トレードと人生がどれほど絡み合っているのかを何年もかけて理解したが、読者にはもっと早い時点で、時間と資源という損失をあまりかけずにそのことを学んでほしいと思っている。

　詳細な日誌からトレードに関する洞察を期待して本書を読んだ人が、失望しないことを願っている。そして、より良いトレーダーになりたくて手に取った本書で、トレードと人生の関係を知ることになっても驚かないでほしい。

　竹やチャンスやトレード日誌について書く前に、まずその始まりについて、若いころの恵みや障害も含めて書いておきたい。

パート1 始まり
Beginnings

　1961年3月10日。私の近年のトレード記録を正しく理解してもらうためには、私が生を受けたこの日までさかのぼる必要がある。トレーダーとしての失敗や救いについて語る前に、まずは私の人生に対する見方やある程度の忍耐力（それがのちの成功につながった）が培われた若いころの話から始めたい。

　私たちは自分で頼んだり努力したりして生まれてくるわけではないが、私の両親はこの2年前の1959年に辛い死産を経験していたため、私は特別に祝福されて誕生したと思っている。両親はこの話をあまりしなかったが、亡くなったのは男の子で、出産間近の死産だった。

　このような辛い経験をすると、それ以上に子供を持つことを望まなくなる人がいることも理解できる。しかし、私の両親は、その2年前に生まれたジュディーを母親と同じ1人っ子にしたくなかったため、心配を脇に置いて子供を望んだ。もちろん、人生は平坦ではなく、母は私を妊娠中に水疱瘡にかかり、出産が心配された。それでも1961年3月10日、私ががんばったわけではないが、帝王切開でこの世に誕生し、感染を防ぐために保育器に入れられた。もちろんそのときは何も知らなかったが、のちに兄の死産やそのあとの両親の忍耐を知ったことは、私の人生とそれに伴う困難に対する見方に大きく影響した。

幼いころのトンネルの時代

　私の人生に困難と、成果と、挫折が付いてまわるということはすぐに明らかになった。若いころの挫折の多くは、免疫不全による健康問題がかかわっていた。出産時の問題はなかったものの、10歳まで喘息とさまざまなアレルギーで注射や酸素テントのために複数の病院に通わなければならなかったからだ。もちろん、おたふく風邪、はしかなど子供がかかる病気にもすべてかかり、2年生では水疱瘡にもかかった。

　10代になっても、両親と私の苦労は続いた。私はさまざまな障害や挫折や困惑を引き寄せてしまうようで、このなかには自ら招いたこともあれば、不可抗力のこともあった。のちに妻が「人生のトンネル」と呼んだ出来事を明かしたくはないが、この経験がある程度の忍耐と、「時間」の概念を私に植え付け、それがのちに先物トレードで役に立った。トンネル時代の出来事をいくつか紹介しよう。

- 警視補の息子ということで、何回もいじめられ、バスで床に座らされたことも何回もあった。
- 中学時代、バスケットボールの試合で間違って敵のバスケットにシュートした。笑えないのは、最初は外したのに、そのリバウンドを取って、今度は入ってしまったことで、記録係もどう書くべきか困っただろう。
- 高校生になっても、バスケットボールの試合のたびにからかわれた。
- 練習不足のままトランペットのソロパートを演奏したため、途中で満員の観客を前に吐いてしまった（これは明らかに自分で招いたことだが、のちにトレードで同じようなことがあった）。
- 父の仕事のせいで、何かで成功しても（6年のとき科学展で優勝するなど）愚かな連中から不正ではないかと言いがかりをつけられた

（これものちにトレードで似たようなことがあった）。
- しつこい伝染性単核症のせいで、中学と高校の半分は学校に行けなかった。
- 高校最後の年にバスケットボールチームに復帰したが、足首の靱帯断裂で州大会優勝を逃した。
- 大学で、酒や麻薬を断ったため、またいじめられた（それだけのために大学に来る輩がたくさんいた）。

ほかにもあるが、多くの人と同様、私もさまざまな困難に見舞われ、当時は辛い思いをした。しかし、あとから考えればそれも道路の小さなでこぼこ程度にしか感じないのは、時間と大きな視野を得ることができたおかげだろう。うまくいったこともあったが（高校で優秀な成績を収めたこと、イーグルスカウト［ボーイスカウトの最高位］を取得したことなど）、ここではのちの人生に貢献したこと、つまりトンネルのほうに注目したい。

遅咲きの人生

私の人生でもうひとつ明らかなことは、私がいわゆる遅咲きのタイプだったことである。もしかしたら、私の心と体は成熟するまでにみんなよりも時間がかかるのかもしれないし、大きなことを成し遂げるために必要な準備を甘く見ていたのかもしれない。後者に関して言えば、今日でも私の最大の弱点は忍耐が足りないことで、このアキレス腱が何年にもわたってトラブルの元になり、特にトレードを始めてからはそうだった。ただ、トンネルを抜けるたびに活力を得て強くなり、成功して人生をより良くしたいと思うようになったこともはっきりと感じていた。

別の言い方をすれば、私は敗北から立ち上がるのが好きなのである。

例えば、シュートする先を間違い、遠征中にからかわれ、アキレス腱を切り、そもそもバスケットボールの才能もなかったのに、大学生になったときにはそこそこの選手になっていた。その証拠に、1982年の夏に帰省したとき、私は13のショットを決めて27点を上げる大活躍を見せたため、かつて私をからかった連中は信じられない思いで家路についたはずだ。この遅咲きの特徴は私の人生についてまわり、トレーダーとしては特にそうだった。

最初の仕事

　私は最初から金融に縁があった。実家には、父が食卓の半分ほどもある巨大な計算機を使って帳簿をつけているかたわらで10歳の私が手伝いをしている写真がある。また、難問クイズやジグゾーパズルも得意だった。今でもパズルのピースをすぐに見つけることができることは母や妻が保証する。高校から大学、社会人の初期にかけて金融は私の生活の中心で、最初の仕事でもあった。大学では会計を専攻し、1983年に優等で卒業すると、いくつかの大手会計事務所の誘いを断って大手テレコム会社に幹部候補として入社した。

　そこから16年間、2つの会社で転勤と出世を重ね、37歳で大きな権限と責任がある地位に就いた。私は会社員として、地位、名声、社用車、幹部用住宅など、すべてを手に入れた。有名大学でMBA（経営学修士）も修得した。しかし何かが足りないと感じていた。社会人になってすぐのころに私を奮い立たせた仕事への熱意はもうなくなっていた。私は、もし仕事を変えるのならば、新しい分野を開拓するエネルギーが残っているうちにしたほうがよいと思った。

　こうして自己分析をしていた時期に、インターネットで金融市場にアクセスすることは、金融とコンピューターと数字と難問クイズと挑戦が好きな私を魅了した。金融市場でのトレードを本業または副業に

するという挑戦と勝率について考えれば考えるほど、報酬が実力に左右されることが魅力的に見えてきた。あとになってみんなに言っていることだが、これはパフォーマンスが悪ければ、自分の雇い主にお金を払うことになる唯一の分野でもある。当時、私はときどき昇進しても生活費も少しずつ上昇していくことにうんざりしていた。そんななかで、百パーセント、成果に基づいた報酬体系は自分に自信があり、ずっと起業したいと思っていた私にとって最適なことのように思えた。要するに、私はトレード熱に取りつかれていたのだった。

仕事を辞めない

　ここまで読んで、同じように今の安定した仕事を辞めて金融市場でトレードをしたいと思っている人がいたら、時間をかけてよく考え、さらによく考えてほしい。これから見ていく苦難の道は、のちに成功につながったとはいえ、当時は人生で最悪の選択だったとしか思えないくらい厳しく、反省ばかりしていた。

　1999年、38歳の私は一家の大黒柱で子供もいたが、半年間、仕事のかたわらにトレードして当時の給料と同じ額の利益をトレードで上げられるという実績を妻に示した。このときの私は、フルタイムでトレードすれば、利益はさらに増えると信じていた。そして、私は企業の幹部という安定した仕事を辞め、フルタイムのトレーダーの世界に飛び込んだ。

　そして、どうなったのだろうか。最初の1カ月で、それまでの数カ月に上げたトレードの利益をすべて失ったのである。本に書いてあるルールをすべて破って利益を追求した結果だった。このときは、38年の人生で得たすべてのものを失った気分で、それが何よりも辛かった。そのなかには、14年間連れ添った妻と、7歳と10歳の子供の将来も含まれていた。

このとき経験した内面の動揺がどれほどだったかを語りつくすことはできない。これに対抗できるのは、愛と家族と神の強い支えしかなかった。このとき、身勝手かつ先見の明のなさで、当時家族にとって最善だったであろうことよりもトレード願望を優先してしまったにもかかわらず、みんなが寛大に支えてくれたことで、私の人生における永遠の優先順位が決まった。当時の記憶にはあいまいな部分が多いが、私がどん底の状態だったことだけははっきりと覚えている。ある晩、私は泣きながら、自分勝手に行きすぎた行動をとってしまったことを悔やみ、神に救いを求めた。

どん底から這い上がる

　どん底の気分に陥ることにメリットがあるとすれば、それが底だということである。つまり、それ以上下がることはできないため、あとは上がるしかない。ただ、当時の私はなかなか思うように上がっていくことができないと感じていたが、今ならば人生のどん底から引き上げてくれたいくつもの出来事が驚くほどのスピードで起こったと断言できる。
　これらの出来事には最初から最後まで家族がかかわっていた。具体的に言えばそれは妻のデボラで、彼女はそれまで私の仕事に関する決断（引っ越しから転職まで）をすべて支持してくれていた。彼女は、昔も今も私の宝であり、親友でもある。このとき、妻がどれほど貧乏でも私を愛しているし何とかなると言ってくれたおかげで、私はすべてを失ったのではないと思うことができた。何とありがたいことだろう。それからしばらくして、何か起こったことを察した両親から突然電話があり、ニューイングランド地方に戻りたいのならばケープコッドの家を使ってよいと言ってくれた。この家はもともと祖父母のものだったが、祖母は晩年、両親の家に移っていたため、空き家になって

いたのだ。実は、祖母はこの家を家族に受け継ぐことを望んでいたが、私の両親はいずれそれを売るつもりだった。

　私はまだ自分で招いた屈辱を味わっているさなかで、息子としての意地もあったが、結局その申し出を検討するため真冬のボストンに行き、何年か閉めきっていた家を見に行くことにした。それから起こったいくつかの出来事は、超現実的とは言わないが、言葉では言い表せない不思議な体験だった。

　まず、その日は金曜日で、トレードがうまくいかなかった私はふてくされていた。2つ目に、私は飛行機が嫌いなうえ、中西部の出発地も乗り換え地も吹雪の予定だった。そこで私は、一度はボストン行きを延期しようとしたのだが、頭の中で「その飛行機に乗れ」という声が聞こえ、私は出発した。しかし、心の中ではずっと文句を言っていた。

　その夜に何とかボストンにたどり着くと、私はケープコッドに行く前に両親の家で祖母を見舞うことにした。祖母は健康な人だったが、何日か前から急に健康状態が悪化して話すのも困難になっていた。私は白板に「家」とか「見に行く」などと書いて見せた。祖母は、私の言ったことの一部は分かってくれたように見えた。

　翌朝、私はケープコッドの家に向かったが、それは予想どおり小さくてかび臭い家だった。しかし、絨毯を広げながら私は心の中でここに移ることを決めていた。そのとき電話が鳴り、祖母が98歳で亡くなったことを知った。何週間かぶりに微笑んで、さようならと手を振ったという。私は今でも、祖母が孫の家族に最も大事なものを託すまで待って、旅立ったのだと信じている。

　本書がトレードに関する本であることは間違いない。しかし、これから書くことは、周りの人たちの「救い」がなければ可能ではなかった。彼らが、家族や友人の強いネットワークの重要性について私に教えてくれたのである。

展望の変化

　それから2～3年はさらなる試練に見舞われた。まず、建てたばかりの理想の家を損失覚悟で売って、その3分の1の広さの古い家に家族と移り、次に2つの健康問題に見舞われた。ひとつは妻が盲腸で感染症を合併して命を落としかけたことで、もうひとつは次女のチェルシーが生涯ずっと1型糖尿病と付き合っていかなければならないことを知ったことである。トレードのほうも、相変わらず失敗ばかりで、ストレスが多く、集中力がなく、一生懸命さが足りず、スキルの低さも相まってパフォーマンスが安定せず、さしたる利益も上がらなかった。そのため、トレードは副業にしたほうがストレスが減って良いのではないかという思いが強くなっていった。

　ほどなくして、私の場合はマーケットを観察し、参加する時間が確保されていれば、生活費を賄う別の収入源（例えば、妻の収入やそのほかの副収入など）があるほうがトレードの成功確率が高くなることが分かってきた。私は以前から、集中してトレードに取り組むことと別の収入源を確保してストレスを減らすことでバランスをとることは、トレーダーにまつわる最大の矛盾だと思っている。そこで、私は以前に勤めていた会社と連絡を取り、コンサルタントやその業界のパートタイムの仕事をしながらトレードスキルを磨いていった。2000年代の初めから中旬まではこのようにして過ごし、トレードとそれ以外の収入のバランスをとって以前の安定を取り戻していった。そして、再び将来に希望が持てるようになっていったのである。

　バランスと展望が改善していったこの時期、初期のトレードの失敗とイライラという種が、将来、実を結ぶための根を少しずつだが確実に張り始めた。そして2001年、私はそれまでうまくいっていた株とETF（上場投信）――2000年には30万ドル以上の利益を上げた――を「卒業」して、株価指数先物のトレードに転向した。ただ、先物に

図1.1　2001～2003年の先物口座のパフォーマンス（合計）

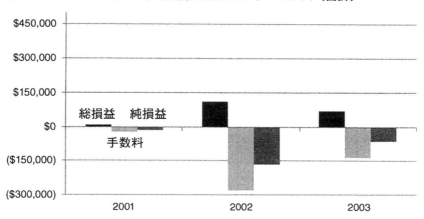

過去のパフォーマンスは必ずしも将来のパフォーマンスを示すものではありません

変わったのは自然な流れではあったものの、トレード数が多く、リスク管理のために複数のポジションを建てているトレーダーにとって、先物の不当に高い取引手数料はかなりきつかった。図1.1が示すとおり、先物トレードを始めてから3年間は、手数料差し引き前の結果はプラスなのに手数料を引くとマイナスになっていたのである。

　純損失が発生したのは、実質的に「大口投資家」の手法でトレードしていたにもかかわらず、小口投資家向けの高い取引手数料がかかっていたからだ。経営者ならばだれでもこれが純損失につながることは分かる。そこで、私はコストを削減するためにさまざまな選択肢を調べ、ブローカーが明かさない衝撃の事実を発見した。コストは、①取引所の会員権を借りる、②大口取引割引の交渉をする──ことによって大幅に減らすことができるのである。そこで、2004年の初めに私は取引所の会員権を借り、ブローカーの手数料の値下げを交渉した。これによって、私の利益はすぐに大きく改善した。それまでの3年間

図1.2　2001～2004年の先物口座のパフォーマンス（合計）

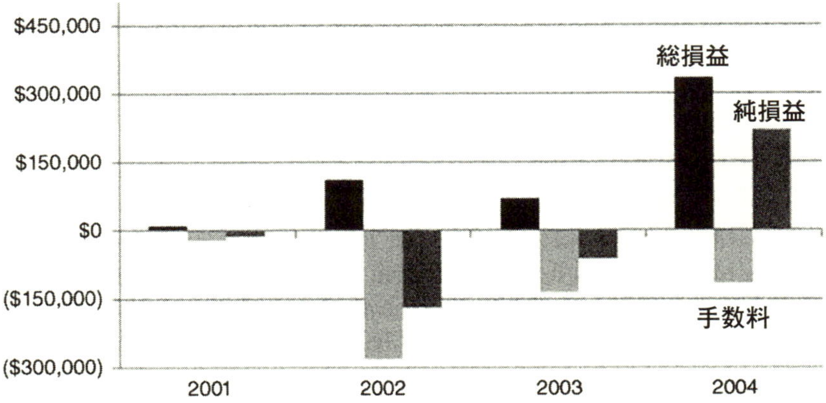

過去のパフォーマンスは必ずしも将来のパフォーマンスを示すものではありません

と同じ戦略を使っていたのに2004年末の結果は**図1.2**のようになったのである。

私は新しいコスト体系と結果には満足していたが、自分自身でその解決策を見つけなければならなかったことと、大きな初期コストがかかったことに失望もしていた。ブローカーが最も嫌うのは手数料収入の減少なので、大口投資家向けの料金をあまり宣伝していない。しかし、ここは本書のテーマである「間違いから学ぶ」を忘れないでほしい。もし本書から学んだのが会員権を借りることと手数料を交渉することだけだったとしても、読んだ価値は間違いなくある。

このころ、私はあまり知られていない事実をもうひとつ知った。証券会社の先物オプションを使って自分で退職資金を積極運用できることである。もちろんスキルを身につけていないトレーダーにそれを勧めるつもりはないが、実績のあるトレーダーで、長期的なポートフォリオを自分で管理したい人にとってはこれも妥当な選択肢になる。私

は、自分のスキルがそれができる水準に達したと考えていたため、投資戦略を変更して、トレード以外の収入を生活費に充て、上達したトレードスキルで積極的に将来の退職資金を運用することにした。かつて、コメディアンのジェイ・レノが語っていた戦略――舞台の出演料を生活費に充て、テレビの出演料は引退資金として貯める――とよく似ている。

勝負をかけるチャンス

　それから2～3年は、トレードとトレード以外の収入のバランスが比較的うまくとれ、2001～2003年の混乱と失敗から思えば完璧な状態に見えた。しかし、2007年の年末が近づくころには、トレードはまずまずだったがすべきことはほかにもたくさんあり、自分はトレーダーとして全力を出しきっていないと感じるようになっていた。そこで、私はそれまでよりもペースを上げて強い気持ちでトレードに取り組むことにした。トレードに専念して、引退資金をどれくらいの速さでどれくらい増やすことができるかを試すことにしたのである。私の引退資金は、2001年の初めには24万7000ドルだったが、ゆっくりでも安定的に増えて、2007年末の時点では70万ドルを少し超えていた。私の目標は単純で、自分が身につけたトレードスキルをすべて駆使して12カ月で引退資金を100万ドル増やすということだった。これは、老後の資金を長期的に250万ドルに増やすという目標の一環で、それだけあれば、生活費を賄うための収入を心配しなくてよくなる。それまで私はマーケットについて教えたり、講演したり、執筆したりしてきたが、今度はそれを実証することにしたのだ。できなければ黙るしかない。かつてバスケットボールで苦労のあと成功したことの流れで言えば、私にとってこれは過去の批判や自分のなかの懸念、準備や規律が足りないこと、最初はいじめに遭ったこと、アキレス腱を切ったこともあ

ったがのちには14本シュートを打って13本決めた夜のことなどをすべて脇に置いて、何よりも自分が信じてきたことを実証できるチャンスでもあった。私はこのことに挑戦すべきときだと思った。自分の内なるリズムとマーケットのリズムを同期させて、あとはすべて成り行きに任せるのだ。

　これから本書の大部分を占める日誌を見ていくが、勝負と言えばもう気づいたと思うが、私は金融市場でのトレードは競技スポーツと非常に似ていると確信している。ただし、トレードは身体ではなくメンタルのスポーツだ。実際、スポーツの格言は、言葉を少し変えればどれもトレードに応用できる。そのため、私は2008年を通してさまざまなスポーツ用語（レース、戦い、復活など）を使って集中力と意欲を保っていた。また、日誌を読んでもらえば分かるが、ポーカーやほかの人生経験からも意欲を掻き立てるツールやテクニックを見つけた。これらの助けは、最初は陳腐なことのように思えたが、内面を強化して意欲を維持するには、それが非常に重要だということはすぐに理解してもらえるだろう。

　残念ながら、何が内なる自分を最も前進させるのかは自分で見つけなければならないと思う。例えば、私の場合はエネルギーにあふれ、集中力と意欲と積極性があり、若干怒っているとき（無理やり怒る理由を考えてでも）のほうがトレード結果がかなり良いことが分かっている。例えば、損失が出たときは、それを意図的に大げさな受け止め方をすると効果があるのだ。ちなみに、トレードにおいてはめったにないことも確率的には起こる。損失はトレードにおいて普通のことであり、予定された経費なので、本当は気にする必要はない。しかし、このように大げさに受け止めて苦痛を感じると、私は気持ちが引き締まって悪い癖を抑えることができるのである。このような傾向は、本書のあちらこちらで見えると思う。言い換えれば、私は少しずつ温度が上がっていく水の中で死ぬ蛙よりも、沸騰したお湯に飛び込んで

ぐに飛び出す蛙になりたい。このような考え方は感情に振り回されるなというトレードの伝統的な教えには反するかもしれない。しかし、私の場合は感情や積極性がないときよりも、積極性をプラスに向け、マーケットの側に立って感情的な間違いを犯したトレーダーの逆を行くほうがうまくいく。このことは、長年の記録が証明しているから自信を持って言える。もし、クオーターバックのトム・ブレーディ（アメフト界のスター選手）に試合前の心構えを尋ねたら、ドラフトの順位が低かった怒りがいまだ収まらないから毎日実力を見せつけているのだと言うかもしれない。彼にとって、このよう気持ちが偉大なプレーを続けさせてきたのだと思う。

　さらに言えば、私はトレーダーが大変な学習曲線の段階を乗り越えるためには、集中力と意欲とあとは単純にトレードの場に行くことの3つしかないと確信している。特に、みんなが調子の悪いときにこれらを保つのは大切だ。私にも経験があるし、今でもときどき思い出す。私にとって、メンタルスポーツとしてトレードに取り組むことは単なる便利な例えではなく、絶対に必要な心構えなのである。それがなければ、実体のないトレードで利益をたくさん取り損なうことになりかねない（私もこれまで何回も経験している）。

　それでは、靴ひもを締めて日誌を読み始めよう。最初は2008年7月の抜粋で、このとき私は100万ドル計画のペースを若干上回っていた。勝負はヒートアップし始めていた。

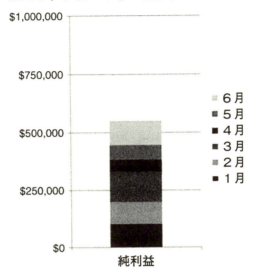

パート2　100万ドルのレースを記録する
Journaling the Million Dollar Race

2008年7月の日誌より

　最初に、当時私が発見したことや当時の私がどのようなトレードをしていたかが分かるいくつかの日誌を紹介する。最初の投稿のタイトルは文字どおり「礎」となっている。また、レースの進展を視覚化したチャートが本書の途中や最後に何回か出てくるが、それにもぜひ注目してほしい。これがある意味このレースのすべてを表していると言ってもよい。

2008年7月4日（金）　礎

　今年の初めに、私は自分のトレードの欠点をすべて厳しく見直してみた。そして、私の最大の弱点が、資産が大幅に増えるとトレードが雑になり、計画から逸脱してしまうことだと判明した。こうなると、たいていはドローダウンに陥り、資産は頭打ちになる（実際にも感覚的にも）。
　その反面、私の最大の強みは落ち込んでも必ず集中し直して復活し、そのときに最高の集中力とパフォーマンスを発揮するということで、それは10年間の記録に表れていた。そこで、2008年に向けて私は2つ

の決意をした。

1．毎日、すべてのトレードで「回復」するときの思考モードになる
2．6月30日と12月31日以外は、実際の資産残高を見ない

　1については、これを視覚化した**図2.1**を見てほしい。
　このチャートは何を意味しているのだろうか。実は、実線のピークである2008年1月1日までは実際の資産曲線だが、そのあと（ここからが大事）の下げは架空のドローダウンをかなり誇張して書いてある。そして、そのあとの上昇は、私のこれまでのドローダウン後の「回復」パターンを示している。
　つまり、私は100万ドルのレースを始めるにあたって、「自分は壊滅的な損失を被ったばかりで、これから集中して最大の復活劇を果たさなければならない」と思い込むことにしたのだ。それからは、毎日、すべてのトレードのすべての瞬間に、私は今、支持線のすぐ上のV字底にいるのだと自分に言い聞かせた。架空の出来事を信念に変えるには多少の訓練が必要だったが、しばらくすると自分が資産曲線の底にいるのだと心から思えるようになった。
　2については、きっぱりと見るのをやめた。それまで私は毎日損益を記録し、自分の記録とブローカーの取引明細書を突き合わせていた。しかし、2008年1月以降は、トレード明細（ポジションがマルだということを確認するため）とその日の損益と手数料（記録のために）以外は見ないことにした。ブレット・スティーンバーガー博士の『ザ・サイコロジー・オブ・トレーディング（The Psychology of Trading）』によれば、トレードと記録の両方をするのは不可能ではなくても難しいことだ。残高を見ないのは、最初は確かに難しく辛かったが、それもだんだん習慣になっていった。
　振り返ってみると、この2つの行動が私の悪癖を封じ込めてトレー

図2.1 視覚化チャート

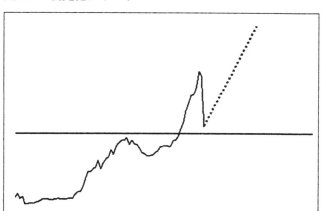

ドのパフォーマンスを改善するのにどれほど貢献したかはいくら強調してもしきれない。トレードや人生における自分の最大の弱みを探し、それを認め、修正するために、どれほどおかしな行動でもよいからやってみることを、読者にもぜひ勧めたい。

2008年7月5日（土）　なぜうまくいったのか

半年が経過して残高を確認したときは興奮した。特に、「なぜうまくいったのか」を考えるうえで、昨日の投稿で視覚化したチャートが効果を上げたのかどうかが気になった。このとき考えたことをいくつか挙げておく。

- 反転の仕方は、ドローダウンのあとの実際のパフォーマンスに近かった。もともと、これは「経験済み」なので、期待どおりの回復が私の脳にしっかり刻まれていることは分かった。
- チャートは、私が一番好きなセットアップである上昇トレンドでの

平均への回帰になっていた。この形は、比率は変だが押しのあとのブレイクと高値更新とも言える。これがマーケットのチャートではなく資産曲線であっても同じことだ。これまでにも、人生のチャートがマーケットのそれと極めて似ていると思ったことは何回もある。収束とブレイクアウト、低迷期、山と谷……、あなたも思い当たるのではないだろうか。

●かつては「いつか奈落の底に落ちるかもしれない」と恐れて自滅していたが、それが実際に起こってしまったことで、利益を伸び悩ませるバカげた意識下の思い込みはほとんどなくなった。実際、今この瞬間も、金曜日にひどくドローダウンしたことにイラ立ちながら来週に備えている。「なぜそうなったのか」「何をしたからか、あるいはしなかったからか」「高勝率の正しいセットアップだと確信できるまで、次のトレードはしない」など、月曜日に向けて反省していく。

●単純に、正しいと「感じる」。うまく説明できないが、自分のトレードをそれまでよりも自然に無理なくできるようになったことで、良いポジションを長く保有し、ちゃぶつきに惑わされず、大きなポジションも気負わずトレードできるようになった。もしかしたら、残高を見なくても資産が増えていることが分かっているから資産に関する恐れが軽減したのかもしれない。本当のところは分からないが、思ったようになるということだけは言える。

いずれ今週の結果を公開するつもりだが、それはもう少し先にする。今はまだ回復することに集中しなければならない。

2008年7月6日（日） ポーカーの効果

30カ月の空白期間についてもう少し話をすると、私は約1年前から

少額でノーリミットのポーカーを始めた。前からやってみたかったこともあるが、十分観察して学んだからある程度は勝てるだろうと思ったのだ。私はここでもまた最悪な形で競争に参加しようとしていた。この何年かの経験がほとんど身になっていなかったのだ。ただ、このときはポーカーの経験がトレードに好影響を与えることになることにも気づいていなかった。

　昨年の夏、私は地元のポーカーリーグに参加し始めた。ここでは毎週トーナメントが行われ、ファイナルテーブルまで進むと優勝者には500ポイント、2位には250ポイントといった具合にポイントが与えられる。そして、四半期で最高ポイントを獲得するとフォックスウッズ・トーナメントに出場することができ、そこで勝てば何千ドルかの賞金を得ることができる。私は、地元リーグの素晴らしいリーダーのジェフに初歩的なコツを習った。

　このとき、私は初めてポーカーとマーケットを比較してみた。このリーグのメンバーはわずか20～30人だったが、それでもさまざまなタイプの人がいて、まるでマーケット参加者のようだった。どちらにも、ギャンブラー、知ったかぶり、はったり屋、負け惜しみばかり言う人、勝っても感じが悪い人などがいるのである。私は、トレードに真剣に取り組むつもりならば、ラリー・フィリップスの『ザ・タオ・オブ・ポーカー（The Tao of Poker）』を読むべきだとみんなに勧めている。ただ、私の場合は実際にトランプを触らないと頑固な脳にその概念がなかなか入ってこなかった。

　このブログの読者の多くは私のトレード戦略を知っていると思う。しかし、ポーカーテーブルでは、私は経験不足のアマチュアとして、単純な基本戦略のみでプレーしている。ほとんどの場合は強い役で手堅くプレーし、たまに違うことをするのだ。ただ、それがいつなのかは相手には分からない。この方法はかなりうまくいき、私は第1四半期を制してフォックスウッズに出場し、そこでも120人中インザマネ

ー（賞金圏内）の13位に入った。ちなみに、このときの獲得金額は5位だったため、それでガソリン代と食費の一部を賄うことができた。

この経験は私のトレードにどう関係があるのだろうか。その効果をいくつか紹介しよう。

●ポーカーでは、私のトレードの弱点が誇張されるようで、ある意味S&P500の大きなトレードで起こりそうな失敗を、ポーカーの少額の損失で経験することができた。ちなみに、それまでに被った最大損失は、S&P500では8万ドルだったが、ポーカーでは650ドルですんだ。弱点の例を挙げれば、私は疲れていると失敗する。ポーカーではいつもそうだ。2～3週間前のある日は、現金を賭けたゲームで勝っていたのに、午前3時ごろ読みの甘さで6時間かけて稼いだお金のほとんどを1回のゲームで失った。しかし、このあと疲れているときにトレードすることが減ったように思う。

●時間が限られているとポーカーでもマーケットでも勝つことはできない。確率が十分に機能するためには、時間が必要だからだ。私もマーケット以外にもすべきことがあり、このことではいつも苦労しているが、ポーカーを始める前と比べると、今では時間が足りないときは控えめにトレードするようになった。

●強い役ができたときは大きく賭けてポジションを増し玉する。特に「ナッツ」（ポーカーでその状況において最強の役）ができたときはそうすべきである。このような考え方は、私のトレードに大いに好影響を及ぼした。ポーカーでもトレードでも正しいときに正しいサイズで賭ければ1回で1カ月分の収入を得られることもあるからだ。ただ、私にとっては、ときに自分の手を隠す必要があるポーカーよりもトレードのほうがやりやすい。ポーカーテーブルでは、今でも勝負に出るか隠すかで迷うことがあるが、パソコンでS&P500をトレードするのに自分の役の強さを隠す必要はないからだ。

実際、私はポーカーで学んだことを、先週の木曜日にトレードのサイズと管理に直接応用して、その朝の損切りポイントまで大きく買い、10分間のトレードとしてはここ数年で最高の利益を上げた。このときは、「そのスリーカードに大きく賭けろ」というジェフの声が聞こえた気がした。

　もちろん、ナッツの可能性があることと、実際にナッツができることには大きな違いがある。そして、トレードでは間違っていたときに資金を守る損切りを置くことができる。しかし、もしノーリミットホールデムで間違っていたら、次はない。私は今でもオールイン（チップをすべて賭ける）にして、結局２番目に良い役しかできないということがよくある。昨日もエースのスリーカードとキングのペアになると思ったら、ジャックのスリーカードに負けて、結局少し損が出た。昨日はほかにも、エースとキングとフロップから何とスリーエースになった。これは一生に１回くらいしかできない役だ。ところが、２人でプレーしていてポットは空だったうえ、ビッグブラインドを払う相手がつまらない役しかできなくて降りてしまった。最高の役ができたのに、儲けがゼロという状況を想像してほしい。そこから、もうひとつの考察を得た。

- ティルト（平常心を失ったプレー）は、ポーカーテーブルでもマーケットでも起こる。そして、こうなると感情的にならないプロに分がある。このことについては、これ以上書く必要はないだろう。そして最後に……。
- ポーカーを始めると、トレードはそれよりは「楽」だと感じるようになった。まともなポーカープレーヤーならば、ポーカーでカギを握っているのは短期的な運だということを知っている。そして、プロプレーヤーの多くは、勝つためには「短期的な運と長期的なスキル」が必要だと言っている。一方、マーケットで「運」が降ってく

ること（買っていたら予想外の金利の引き下げが発表されるなど）はあまりないため、トレードの世界ではこの要素についてあまり心配する必要はない。

私は今でも、ポーカーでこの「運」という要素に大いに悩まされている。現金を賭けないトーナメントで、私のエースのスリーカード（めったにできない役）にコールした素人が、最後の２枚で２〜６のストレートを完成させるなどということが起こるからだ。しかも、「そんなつまらない手でコールするなんて信じられない」などと悪態をついて、いつも批判している「負け惜しみ屋」に自らなっていることもある。

しかし、彼らは無料のトーナメントで自己資金を投じていないか、現金を賭けて短時間で破綻するギャンブラーでしかない。ありがたいことに、マーケットは現金でプレーする場で、ギャンブラーはたいてい自分のチップをプロに寄付することになる。私はプロのポーカープレーヤーになろうとは思わないが、トレードを向上させるために続けていくつもりだ。

2008年７月11日（金）　もう分かっただろう

面白い話がある。ある有名なトレーダーが２年半、世間から姿を消してエネルギーを百パーセント、トレードに注いだことがある。それによって、彼は新たに実績ある心構え ―― 年初に架空のドローダウンを自分に言い聞かせて本当のドローダウンのリスクを最小限に抑え、そこから復活する ―― を習得した。これが驚くほどうまくいき、それは時間枠を変えても（６カ月でも、６日でも、14時間でも）うまくいった。しかし、そのあと彼はそれまでで最も雑なトレードをしてしまった。彼がオンライン日誌を始めた直後だった。もう分かっただろ

う。

　そうなのである。私は月曜日の午後のボラティリティが非常に高いマーケットでポジションサイズの管理を怠って、スクイーズの攻防に巻き込まれてしまった。マーケットに流動性を提供すれば、ときにスクイーズに巻き込まれることはあるが、それは言い訳にはならない。先週だけでなく、この10年ほど言っていることだが、絶対的真理には、良いことも、悪いことも、醜いことも含まれているのである。

　そして、ドローダウンのときはたいていそうだが、次の日は焦って最初からうまくいかない。しかし、そこで流れが変わった。2日目の昼ごろ、私は「もうたくさんだ」と叫んで私が勝手にEESM（緊急に目いっぱいスキャルピングするモード、ダメなトレードが続いたあと、「通常の状態に戻る」ことを意味する著者の造語）と呼んでいる状態に入った。これは、言い換えれば「ドローダウンを脱してリズムを取り戻すまではサイズダウンして稼ぎまくれ」ということだ。これは自らのせいでアイスホッケーで反則をしたときのようにペナルティーボックス行きになり、ドローダウンが回復するまでは毎日トレードごとの利益とドローダウンの割合を記録して地道にトレードすることである。

　私がトレードを始めたばかりのころは、ドローダウンを回復するには1カ月以上かかることもあった。このようなことは、成功したトレーダーを含めてだれもが経験している。全員だ。しかし今回、私は金曜日の午後3時15分の時点で、EESMに入ってまだ3日しかたたないのに、すでに53％を回復していた。ちなみに、午後の2回の空売りは、バーナンキFRB（連邦準備制度理事会）議長のおかげだ。週末を前に良いトレードができた。EESMの1日目は典型的な復活モードで、24回中21回が勝ちトレードになった。Eミニ（S&P500Eミニ）の平均利益はわずか0.40だったが、この日は9000ドル以上の利益を上げた。

　そして、どうなったのか。最高の安全策があったとしても、実際に

経験をしないとその本当の意味は分からないのかもしれない。いずれにしても、それ以上はあとがないような大きい架空のドローダウンだと思い込むことで、実際にはそれよりもかなり小さいドローダウンですんだ。できるだけ短い時間枠でできるかぎりのことをすれば、復活を果たすことができることは、これまでの実績が示している。

ちなみに、トレードのリスクを最小限に抑えることはできるが、完全になくすことはできないということも覚えておいてほしい。

2008年7月14日（月）　今日からは日中に日誌を書く

11:06　今日から新しく、日中にブログを更新していく。ドン、これは自分のためにつける日誌だということを忘れてはならない。マーケットが収束やちゃぶつきやそのほかの状態に向かっていると感じたら、すぐに傍観に転じて、観察したことを投稿するのだ。5分足チャートによれば、マーケットは少しちゃぶつき始めている。今週はまずまずの出足。まずは時間外取引で買いのスキャルピングをして、アメリカ市場が始まったら、金曜日の高値の上に損切りを置いて大いに空売りする。2～3ポイントを取り、何回も仕掛ける。週の初めはサイズを控えめにしておき、ボラティリティを利用して利益を上げていく。

11:18　ブレイクのあとのプルバックで、空売りを手仕舞った。取れるだけ取って肉はもう残っていないようだ。これで午前中は1万1000ドルの利益を確保し、失ったのは500ドルだけなのでまずまずと言える。Eミニは午後に大きく下げる可能性があるが、今は様子を見る。次は、みんなが降伏したら買うかもしれない。今は資金温存モード。

11:48　Eミニがぎりぎりで1235を維持している。もしダムが決壊したら、下方に注意が必要。VIX（SPXボラティリティ指数）は上昇しており、またすぐ上げそうだ。

11:58　まだ傍観中。買いの連中は朝から動きがとれず、気分が悪く

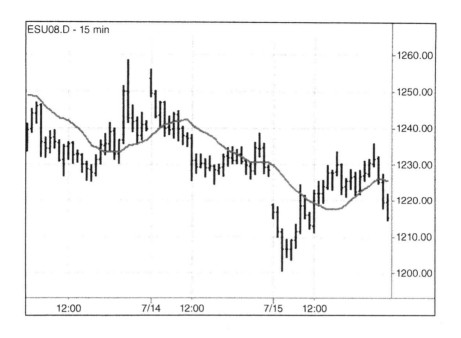

なっているはずだ。1226で買う予定。

　1.5も反発したのには興奮したが、苦しんだあとの反発を甘く見ていた。このボラティリティではもっと良い役と読みが必要。次は空売りだ。

12:04　31.75で空売りのスキャルピングして下げたら利食う。29.25で手仕舞う。ドン、読みは良いぞ。今25.25になった。ここも苦しいところだ。自分自身に宛てたこの日中のブログは、助けになるのか邪魔になるのかのどちらかだろうが、今のところ助けになっていると思う。取引時間が終わったらきちんと評価してみよう。再び傍観。

　「投資家」にとっては大変な1日だった。それに、VIXはまだ魔法の値の30を超えていない。投資家は安心しすぎている。

12:17　32台で何回か空売りするつもりだが、そこまでいくかどうかは分からない。5分足チャートのトレンドは下げている。

12:20 32.25と32.50で仕掛けた。半分は1ポイントで利食って、残りは保有する。

12:22 疲れてきて、個人的な怒りがわいてきた。ほとんどのポジションは1ポイント利食って手仕舞った。1分足の3LBチャートが上昇に転じたが、これは警告だ。5分足チャートではもう一段下げるかもしれないが、まだ傍観しておこう。

12:55 直近のトレードで利益を取りこぼしたのは間違いない。もし今日の午後にVIXが急騰しなければショックだ。

13:12 VIXは29.20になった。もっと行け。良い仕掛けポイントが見つからなくて、ただ見ている。

13:25 寝てしまった。この1時間はトレードしていない。

13:48 良いスキャルピングができた。1分足チャートで買い、35の抵抗線で空売りした。今はマルになっている。ブレイクされるまでは35にかなり明らかな抵抗線があった。ほとんどのトレードでサイズをかなり控えている（50枚以下）。今日の取引が終わったら、ブログの影響をぜひ検証してみたい。今のところ集中できているし、大事な指標も見落としていない。取りこぼしがあるのは分かっているが、今のところこれが今日最大のマイナス点だ。

14:24 多分今日はもうトレードしないだろう。もう疲れた。今日はまずまずだったので、よほどのチャンスでなければ仕掛けなくてよい。VIXは再び下げに転じた。この1時間だけで見れば損益がマイナスだということは分かっている。

ここまでで、日中のブログ更新は効果があったのだろうか。あったのかもしれない。守りを固めていたため、問題は起こらなかったし、今日はほとんどマーケットの正しい側にいることができた。1日の利益は1万7000ドルで、EESMは1週間弱で74％回復した。ただ、毎日これができるのかどうかは分からない。気分を引き締める必要がある

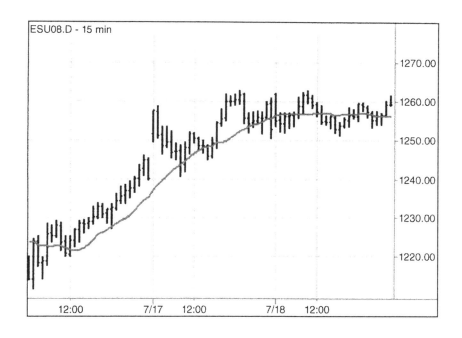

ときは良いかもしれない。いずれにせよ時間がたてば分かるだろう。

2008年7月17日（木） 時間外取引のバイアス、計画とトレード

9:08 この日誌を利用して自分を律し、時間外取引で仕掛けた空売りをしばらく保有することにする。時間外取引でＥミニ30枚を平均51.50で売り、44か45になるか午前10:30になったら手仕舞う予定。しばらくは日中のスイングやちゃぶつきを見守ることにする。リスクはサイズを抑えることで管理する。そのほかにも、明らかに下げそうなときは、さらに空売りするつもりだ。昨日、戻りで上げたあとなので、大きな窓やワナがありそうな気がする。しかし、58に向かえば、損切りを置いて60を超えたところで空売りするつもりだ。Ｅミニは火曜日

の安値よりも50ポイントも下げており、なかなかすんなりとは上がってくれない。昨日は空売りはしなかったが、今はそのタイミングだ。フィラデルフィア連邦準備銀行が残りのニュースを10時に発表する。集中するんだ、ドン。

10:13 やれやれ。寄り付き直後の動きを甘く見ていた。マーケットの動きが明らかなときは好きではない。世界中みんなが知っているからだ。59に近づいただけで空売りするのでは早すぎるから（みんな同じことをするに決まっている）。少し予定を変更するが、読みは正しかった。トレンド日の翌日は私の好きな展開になることが多い。皮肉なことに、最高利益が出たのは最初の押しの47台で大きく買い、49台で手仕舞ったトレードだった。1回深呼吸しよう。56に近づいたら空売りするか、次に大きく押したら買うのが今日最後のトレードになるかもしれない。

10:50 さっきの押しで素早く46台で買い、すでに手仕舞った。15分足の上昇トレンドの支持線まで達する押しがあれば、買ってしばらく保有したい。

11:02 今日は良いリズムで2ポイントのスキャルピングができている。上には強力な抵抗線があり、下にはやはり強力な支持線がある。今日は出来高もマーケットのペースも良い。昨日はほとんど傍観していたかいがあった。

11:26 良い押しがあったので、40台前半で再び買い、反発したところで手仕舞った。

　今日ここまでのパフォーマンスについて書いておく。早朝にブログを書くと集中できる。マーケットがどう動きそうかが分かっていたし、期待どおりにトレードできると確信していた。最初の空売りは早すぎて多少の修正が必要だったが、トレード自体は良かったと思うし、だいたいにおいてマーケットと足並みをそろえることができた。この2

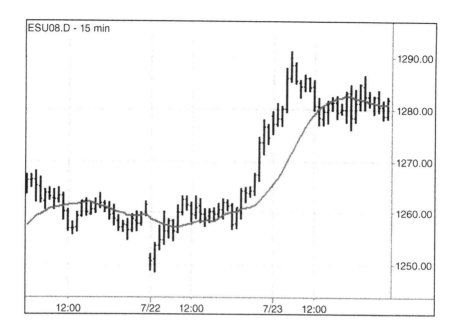

日間と違って、ここまではトレード判断に見合う利益が上がり、午前中は２万5000ドルのプラスになった。

今日はここまででやめるべきかもしれない。トレードしすぎる必要はない（これまでそういうことはなかったが）。時間外取引の計画がうまくいってよかった。

あとから一言

結局、この日の最終結果は＋２万2600ドルだった。

2008年７月22日（火）　強みを生かせ

今日は用事があって午後２時にトレードを終えたが、そのあと大引けにチャートをのぞいたら、３時半を過ぎて急騰していた。これには

2つの見方がある——①「しまった、この動きを逃した」と悔しがる、②すぐにトレンド日翌日の動きに頭を切り替えて明日の寄り付きのトレードに備える。

当然、すべきことは②だが、その前に①を「残念、この動きの一部を逃した」に訂正したい。そもそも、ほとんどのトレーダーはこの動きのすべてをとらえることはできないし、とらえようともしない。そう思うだけでも、この動きに乗れなかったという精神的な負担を軽減できると思う。

いずれにしても、次のような理由から、②が明らかな選択肢と言える。

- くよくよ悩んでも仕方がないことはよく分かっている。
- 私の強みもほとんどの収益も15:30よりも前にある。
- 私が最大の損失を被ったのは、15:30以降にトレードしたときだった（特に極端なトレンドで逆張りしたとき）。
- 私が大きな利益を上げるのは、トレンド日の翌日が多い。
- 大事なのは明日の潜在利益だけだ。それには明日トレードを効果的に実行しなければならない。
- そのために今すべきことは、明日の計画を立てることだ。

自分に向けて書いているとはいえ、説教じみていることは分かっている。しかし、トレード入門書の最初のページに書いてあることを守らなければ、簡単に何十万ドルかの損失を負うことになる。だから、これはリップサービスではなくて説得なのである。今日は鋭くスキャルピングをしてマーケットの鼓動を感じることができたが、明日は潜在利益を最大限享受できるように、さらに頭をさえた状態にしておかなければならない。ほかのポーカープレーヤーの役を読んで感じることが必要だ。おそらく彼らも今日の大引けでは敗北感を味わったのだ

ろう。マーケットは最後にブラフ（はったり）をかけたのだろうか。キングは今日のエースに敗れ去ったのだろうか。もしそうならば、明日はキングがポット（掛け金）を奪うのだろうか。おそらくそうだろう。大引けの動きは、きっと短期のパニック買いだったのだろう。

　これは予言ではない。とにかく、明日は自分の強みを生かしてトレードする。

2008年7月23日（水）　教科書どおりの「トレンド日の翌朝」

11:37　朝はまあまあだったが、そのあとマーケットの動きが止まったため、しばらくキーボードから離れることにした。日誌を書くメリットのひとつは、マーケットの動きが止まったときに余計なことをしないですむことのはずだ。だからこれを書いている。今のところ、昨日からの動きに関する私の読みは当たっており、成績をつけるならば読みと仕掛けはＡ、保有時間についてはＢというところだろう。10:30を過ぎても保有しておこうと思っていたＥミニの空売りだったが、結果はまずまずだった。ボラティリティが下がり、それによってペースが変わるのには慣れる必要がある。夜中すぎのDAXのトレードも、最初の上昇で空売りするという似たような流れで多少の利益を上げた。トレンド日の翌朝のトレードが得意になりたい。

　日中の収束から大きく下げたら、下げに対する過度な反動を期待して買いたい（15分足のトレンドには強力な支持線がある）。しかし、これ以降の今日の最大の目標は朝に上げた１万8000ドルの利益をなくさないことなので、1275近辺まで下げなければ買わない。ドン、今日を台無しにするなよ。

12:20　しまった、なぜだれかに聞かなかったのか。1278まで下げたところで買いのスキャルピングを入れたのはよかった。最近の動きを

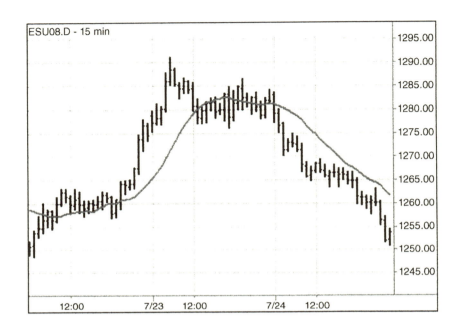

考えれば、ここはあまりがつがつしないつもりだったが、まだ支持線は残っている。スキャルピングはトントンだったが、それでも再度押せば買うつもりだ。

12:24 この15分チャートは大好きだ。直近の押しで買って、上がったところで売った。もうすぐ利益温存モードに入る。マーケットのペースは素晴らしいので、ぴったりと張り付いている。振れは少なくなっていくと予想している。利益が上がるのはここまでかもしれない。もう少し様子を見よう。1分足の3LBチャートは、大きな時間枠の支持線に向かってまだ下げているが、トレンド日の翌日は遅行性の指標になっていることが多い。

12:33 15枚という小さいポジションに1ポイントの損切りを置いた。今日最初の損切りだ。ドン、気を付けろ。VIXが上昇しているぞ。

12:40 支持線は持ちこたえ、最初の損切りは次のトレードで取り返

した。今日はここまでかもしれない。2万5000ドルの利益を守るためにいい加減なことはしたくない。

前にも書いたことだが、この日誌には良いことも、悪いことも、醜いことも書いていく。今日は良い日だった。

あとから一言
結局、この日の最終結果は＋2万4800ドルだった。

2008年7月24日（木） マーケットのバイアス

11:17 今日のブログを始めよう。トレードについては昨日ほど書くことはないが、寄り付き直後から日中の下降トレンドになってまずまずの利益が上がっている。ただし10:30〜11:00は揉み合いになった。5分足と15分足での下降トレンドの戻りで空売りして、そのあとの順行で買い戻し、戻りでも同じことをした。このトレンドは少し行きすぎているので、昼休みに1264近辺の支持線が破られるかどうかを見ている。突出安をしたときのために64台で買い注文を用意してあり、もし動かなくなったら成り行きで仕掛ける。あとひと押し欲しい（11:29）。

トレーダーはみんなそうだが、私の仕掛けと実行には不完全なところがたくさんある。まったくどうしようもない日もある。少し早すぎたり、少し遅すぎたり、サイズが小さすぎたり、大きすぎたり、システムが止まったり、執行されなかったり、邪魔が入ったり、ぼーっとしたりしてしまうのだ。これを救ってくれるのがマーケットのバイアスで、今日前半のトレードはそうだったと思う。数種類のマーケット指標と複数の時間枠で確認したマーケットのバイアスほど、不完全な実行を補ってくれるものはない。

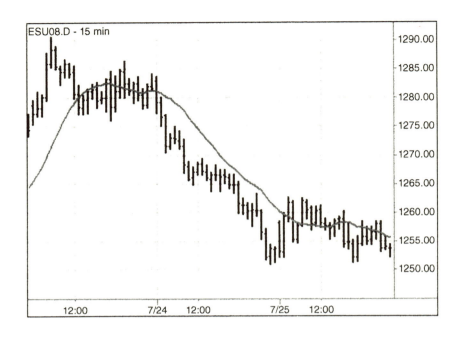

11:35 うまくいった。動きが一度止まったところで65.60という最高の価格で執行し、反射的な急激な値動きで手仕舞った。VIXはHOD（この日の高値）にあり、5分足でのトレンドも3LBチャートもまだ下げている。火曜日のレンジをブレイクしたところが強い支持線になるかもしれない。直近の下げで、TICK（NYSEのTICK指数）と強含んだ価格がダイバージェンスになった。支持線から離れても持ち続けるために、1分足で反転してほしい。ただ、もうすぐ昼休みに入ると、反転しても判断が難しくなる。抵抗線は今は1270台半ばにあり、そこが有力な空売りチャンスになる。今はそこで再度仕掛けることに集中しよう。15分足は売られすぎで、マーケットは深いリトレースメントを望んでいる。そこまで行けば、もう少し増し玉したい。

12:12 眠ってしまった。空売りできる戻りはない。

12:35 1分足が明らかに反転しなければ、ここで買うつもりはない。

しかし、もし出来高が増えてきたら午後2時には面白くなるだろう。この支持線は持ちこたえるのだろうか。5分足の3LBチャートは、寄り付きから1回も反転していない。そのためには、期間の終値が1265.75を上回る必要がある。

12:52　68で何回か空売りを仕掛ける。ただ、大きく仕掛けるにはもう少し上げてほしい。今のところはサイズを小さく抑えている。

13:30　試しに買ったが、4分の3ポイント下げた。幸い、サイズは小さかった。自分へのメモ——抵抗線のトレンドラインが下げているため、さらに上げても空売りするのはやめたほうがよいかもしれない。午後に向けてブレイクアウトモードになってきたように見える。ドン、柔軟に考えろ。68で再度買ってみよう。72に向けて空売り派をスクイーズできるかもしれない。これらの水準でやられる空売り派には興味がない。ダウは-164、Eミニは-17。15分足のVIXはさらに上げる可能性がある。シグナルが矛盾しているときは、傍観に徹する。それに私はブレイクアウトトレーダーなのだ。

14:08　今のところVIXのトレードはうまくいっている。5分足の3LBチャートの足はまだ短い。13本も短い足が続くのはとても珍しい。

14:16　VIXはブレイクダウンで出来高が急増したが、長期トレンドには変化がないため、日中トレンドの反転を狙ったトレードはしなかった。これは良い読みだ、ドン。しばらくは傍観しよう。ここまで下げてから空売りするのは難しいが、買うよりはマルにしておいたほうがよい。63に向かったら空売りのスキャルピングが1回できるかもしれない。ただ、それを仕掛けても損切りを近くに置いて長居はしないつもりだ。

14:23　Eミニが62.50を付けたが、62.75で出した注文がそのままになっている。このスキャルピングでは4分の3ポイントしか狙っていない。執行されなければ注文は取り消そう。

14:25　注文を取り下げた。不完全なマーケットになっている。スキ

ャルピングで最高1.75ポイントまで狙えるかと思ったが、執行は難しかったかもしれないし、仕掛けるとしたら買いでも売りでも大口投資家サイズにすべきだった。あるいは、1ポイントならば良かったのかもしれない。もしさらに値崩れすれば、明日のトレンド日翌日に期待できるのでそれもよい。あと90分しかないから気取っている場合ではない。

14:35　火曜日の支持線はあきらめた。投資家たちは、また歯ぎしりしているだろう。まだ生き残っていればの話だが。これこそ後悔先に立たず、である。あとから考えれば、ブレイクダウン後の空売りを逃したのは少し保守的すぎたかもしれないが、進展しているトレンドがさらに継続するほうが、損切りしたら反転したというよくあるパターンに陥るよりもマシだ。とにかくそう弁明しておこう。だから午後のトレードは嫌いだ。

直近の5分足の3LBチャート。足が19本連続で下げている。

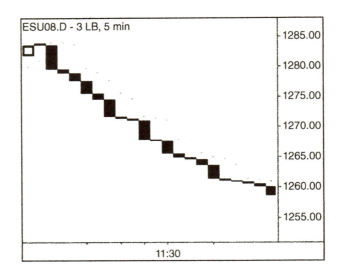

15:00 足が20本になった。61よりも上で引けてほしい。これを見ている底値狙いの連中は、この1時間の動きにイラついているだろう。スキャルピングの気が利いた（もしくは大胆な）仕掛けポイントがたくさんあるが、どうにもならない。無理だ。足をとられる危険のほうが大きい。今はむしろ、明日の計画を考えるべきだが、それも今日の引け方次第だろう。午前中の利益はまだ温存している。

15:09 だれかがパニックを起こして変なところで買い戻したおかげで、63.25で出した大口の空売り注文がやっと執行された。5分足の3LBチャートもやっと上昇に転じた。これらはよく見ておかなければならない。もう下げないだろうが、もしそうなったら朝はさらに良くなる。今は明日のことを考えよう。これまでのところわずか565枚で＋1万1000ドルになっている。この枚数は私にしてはかなり少ない。

　昼寝の時間だ。

2008年7月25日（金）　朝のトレード

8:00　朝早くDAXのトレードをしてから少し寝て、今起きた。

8:39　耐久財受注の発表を受けて、流動性が低いグローベックスでのＥミニが1260まで急騰した。小さいサイズの空売りスキャルピング。最も良い執行価格は59.75で58に向かったときに買い戻した。通常の取引開始を待って、さらに仕掛ける。ところで、私はほとんどニュースを見ないため、発表された数字も、それが予想どおりだったのか裏切ったのかもまったく分からない（多分後者だと思う）。ブリーフィング・ドット・コム（投資家向けのマーケット情報を提供するサイト）やテレビはあるが、マーケットがよほどおかしくならなければ見ない。壊滅的な事態にでもならないかぎり、ニュースを見る意味はない。ただ、経済指標カレンダーはチェックしている。ドン、今日は午前10時にミシガン大学消費者信頼感指数と新築住宅販売件数の発表があるの

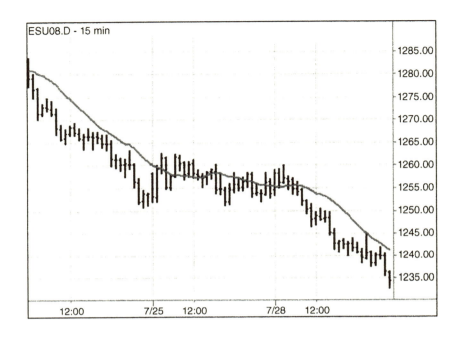

を忘れるな。

8:55 個人的にトレードしないと決めている9:00～9:30の時間帯に近づいてきた。ここでは長年さまざまな問題が起こっている。15:30～16:00も同じだ。単純にここでトレードしないことで結果は向上している。

9:01 昨日の引けのチャートを再び見て、自分のルールを少し曲げた（母はいつも、道路を渡るときは左右両方見ろと言っていた）。少し上げた57.50で空売りした。本来はトレードしない時間帯なので、サイズは小さくして、下げたところで買い戻してマルにする。最高の買い戻しは56.00だった。取引開始前のトレードはこれで終わりだ。寄り付きからは空売りを進めていくつもりだが、抵抗線は1260台前半にある。そこに集中しなければならない。午前10時に発表されるデータが計画を台無しにしなければよいが。

9:25 これが最後の戻りかもしれないと思い、再びルールを曲げて58.50で少し空売りした。しっかり手綱を引いて61までは損切りしないつもりだ。リスク管理はサイズで調整している。買い戻しの目標値は55台だ。流動性がある時間帯にさらに良い価格で仕掛けたいが、できるかどうかは分からない。寄り付きと同時にまっすぐ下げるような気がするが、成り行きを見守ろう。

9:30 58.25で空売りした。これはまっすぐ下げるだろう。

9:38 現在マル。55.25で買い戻せたのはよかった。しっかりと2ポイントの利益を確保した。もっと下げたかもしれないが、うまくいったかどうかは分からない。欲しいのはエースかキングだ。

9:50 昨日は苦しい状況があそこまで続くとは思っていなかったが、今日もここまで同じ展開になっている。TICKがマイナスになるまで保有し続けることもできたはずだ。そうはいっても、固い読みと良い仕掛けポイントで、当初の目標値には達した。DAXが窓を空けて抵抗線に達することはなかったが、Eミニはそうなった。もうすぐ経済指標の発表だ。

9:57 トイレに行っている間に、8ポイントも上げていた。好材料期待の買いだろう。ニュースで動いた場合に備えて62近辺で空売りできないかを見ている。

10:01 平均61.50で空売りした。最も良い仕掛けは62.25で、損切りは63。

10:05 57に向かってワイリー・コヨーテ張りに真っ逆さまに落ちることを期待している。

10:17 10:17はかなり荒い動きだったが、最後は下げた。リスクと損益を管理しながら、何回か買い戻したり、取り下げたり、再度仕掛けたりした。今はまだ57近辺まで下げると思っている。62に損切りを置いてポジションの一部をローリングしている。

10:22 上方でちゃぶつく気がする。57台で止まっているがまだ買い

戻していない。
10:25 57.50で手仕舞った。悪くない。もっと行けるかもしれないが、気にしない。どんなときでも4ポイント取れれば文句は言えない。ただ、この動きをまだ少し甘く見ている。30分足のEミニチャートとDAXチャートを見比べてほしい。両方が計画どおりに行くとうれしい。
10:34 今日はここまでかもしれない。チップは1万6000ドル増え、今週は堅実に終えることができそうだ。これは失いたくない。

あとから一言
結局、この日の最終結果は＋1万6200ドルだった。

2008年7月28日（月）　ファウルにする

　今日は興味深い日だった。私の体はまだ日曜日の感覚が抜けず、取引時間中もけだるくて、血の巡りが遅かった。何回かはトレードしたが、エネルギーがわくでもないし、チャートにもそんなに自信がない。14:40に急騰して空売りしたとき以外は、昨夜のレッドソックス対ヤンキース戦で好みの球が来るまでファウルを打ち続け、もちろん最後はスタンドにねじ込んだデビッド・オルティーズの気分だった。
　この日誌を少しでも読んでいる人は、私に生気が戻るのが今日ではなく明日だということは分かっていると思う。簡単に言えば、最近たくさんのトレンド日とその翌日の動きを見て、少し怖くなってきている。特に夏はそうだ。「怖い」というのは、2日目の確率が「当たりすぎる」からである。これはずっともらい続けることができる贈り物とでも呼んでおこう。そして、毎日のトレンド（1日目）や変動（2日目）のリズムに合わせていけばよい。
　そういうわけで、今日の日誌は簡単に終わることにする。明日はボールカウント2－2でバッターボックスに入るので、ホームランが狙

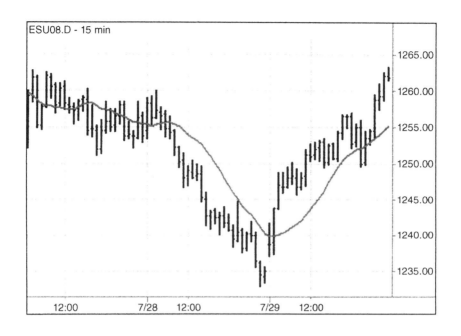

える球を待つことにする。例えばオーバーナイトで8ポイント上げたところに、ど真ん中に入って来たすっぽ抜けのカーブが来たらどうだろうか。

今週はまだ始まったばかりだ。

2008年7月30日（水） まだ仕事は残っている

6:08 欲求不満になりそうだ。ピッチャーとバッターのにらみ合いは2日を超え、バッター（私）は何回も滑り止めの松脂を塗り直している。確かにDAXはヨーロッパの大引けの支持線に向けて押したが、ペースが難しいため、小さい利益しか上がっていない。そうこうしているうちに4:30～5:00の落とし穴にはまってしまったが、今日1日で見れば多少プラスになっている。3分足チャートでくねくねと5回も

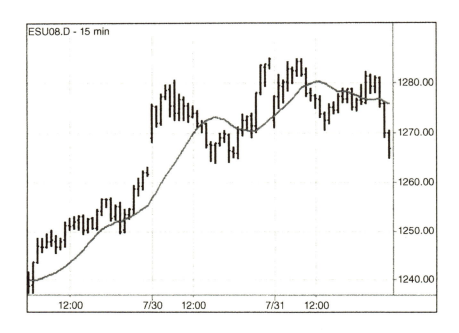

底を付けながら強力な30分足での支持線に向かっていく展開は、反転するまで底値買いのトレーダーをイラつかせる。オーバーナイトのレンジは比較的狭く、Ｅミニは1260近辺にとどまっている。寄り付いたら1250台後半でＥミニを買いたいが、オーバーナイトではまだそこまで下げていない。仕方がないから早めにDAXでトレードしよう。スイングが若干早すぎるのはバットをきつく握っているからだと気づいた。まるで資金がないのにトレードしている人みたいだ。日中の取引が始まったら、バットの芯に当てることに集中しよう。

7:08 早めに計画を立てておこう。今回は、1250台初めの強固な支持線まで達する最初の妥当な押し目を探し、それを利用して浮上しようと思う。また次善の策としては、TICKが高めのときに、1270に近づいたら空売りすることもできるが、できれば押しのほうがよい。

16:02 前の投稿から９時間も空いてしまった。この間のことを書い

ておこう。新たに窓を空けてそのまま進んでしまったため、計画の修正を迫られた。最初の高値は分かったが、そのあと席を外さなければならなくて最初の大きな反転を逃した。日中はうまくいかなくて、それまでの利益を一部減らした。午後に入ると上昇してきたので、いくつかの妥当なスキャルピングができた。全体としてはプラス日になったが、出入りの激しい夏のトレードにおいて自分のトレード管理にはまったく満足していない。

あとから一言

結局、この日の最終結果は＋3200ドルだった。

7月の成績と評価

トレードの実行と管理　C

久しぶりに、1日の利益の半分以上を大引けまでにマーケットに返上してしまった。これはよくない。今日は1445枚トレードしたが、マーケットの状況を考えると多すぎた。仕掛けをもっと厳選する必要がある。

マーケットの読み　B

実行は多少遅れたが、読みは良かった。最後まで非常に夏のマーケットらしいペースだった。寄り付きのリズムに合わせるためには、これまで以上に調整していかなければならないことにも気がついている。これは少し予想外だった。

DAXとEミニの両方がそれぞれの30分足での支持線に向かって醜く反転したのは興味深い。醜いというのは、複数のでこぼこがある底

を形成しているため、仕掛けポイントが少し分かりにくいからである。ここから再度大引けに向けたトレンドができるのかどうかには大いに興味がある。そうなれば、Eミニの終値は3日連続で強力なトレンドを形成することになる。ひとつ確かなことは、これが永遠に続くわけではないということだ。

　月末が近くなり、今月のパフォーマンスには満足すべきだと思う。出足は良かったが、頭が真っ白になったこともあれば、これまで経験したこともない速さで反転して予想外に伸びてしまったこともあった。そして、今日は3日連続の強いトレンド日にもかかわらず、それを最大限生かすことができなかった。今月の損益は、数字は非常に良いが、機会損失を考えると満足はしていない。簡単に言えば、まだまだやることがある。チップはまだまだ増えているが、最高の結果でなければ満足してはならない。

　チャートが多くを語ってくれる。

　77ページのチャートは昨日のEミニの5分足チャートでも、マニー・ラミレスをトレードするかどうかに関するレッドソックスファンの投票結果でもない。私の7月の資産残高だ。もしこの日誌をずっと読んでいれば、パフォーマンスとコメントがぴったりと合っていることが分かるだろう。

　7月を振り返り、8月に備えるうえで、今月、目についたことをまとめておく。

- スタートは良かったが、今年最大の間違いを犯し、そのあと素早くEESM（緊急に目いっぱいスキャルピングするモード）で復活し、もうひと頑張りしたあとは横ばいだった。
- プラス日は18日、マイナス日は5日。
- 1万5000ドルを超える利益が出た日が7日、1万5000ドルを超える損失が出た日が2日（私は1万5000ドルを妥当な日とひどい日を分

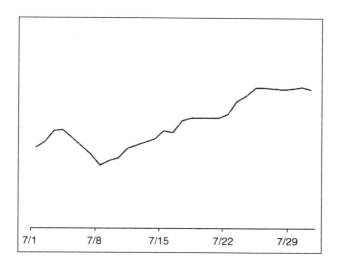

けるベンチマークとしている)。
- 最初のポイントに戻るが、先週くらいからは明らかにパッとしないパフォーマンスが続いた。

　結論は2つある。まず、EESMの復活モードは、明らかにその月の後半に損失をもたらす。復活するために極度に緊張が続く週は、単純にきついからだと思う。この状況のときは、熱湯をかけられてもおそらく気がつかないだろう。それでも、これは1～2年ごとに起こる失敗に対処するための必要な期間なのである。

　次に、夏の終わりのトレードペース(取引時間の最初と最後の30分間は、出来高が限定的で、同じ水準に売買が集中する)に十分調整できていなかった。今日も、下げていたポジションを手仕舞わざるを得なかった。このような引け方はもう4日目だ。早く秋になってほしい。

　チャートでは分からないが、今月の純利益の約3分の1はDAXのトレードから上がっており、この割合は私にしては極めて高い。ただ、

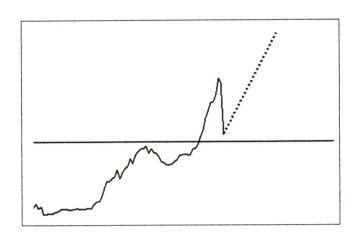

　早朝の時間帯にトレードをすると、そのあとのアメリカ時間のトレードで後半の集中力が下がるというしわ寄せもあった。
　このことを書く理由のひとつには、トレードという仕事が単純にチャートパターンを読むよりもはるかに深いということを自分自身にも、サイトの読者にも思い出してほしいということがある。トレードは、このことを含めたトータルパッケージなのである。この1週間の今ひとつの結果を最初に見て、それからチャートのパターンを見直したとき、私は大いに困惑した。しかし、1カ月の結果や1年におけるこの時期を考慮したら、この結果の意味がはっきりと分かった。
　過去何年かの私の投稿や、書いたものを見れば、私が自分の成功よりも挑戦について書いてきたことに気づくだろう。しかし、今年に入って10万ドル以上の利益を上げた月が5回を数える今でも、8月を前にして自分を強制的に「復活」するときの思考モードに切り替えている。つい最近も、退屈モードに陥ったばかりだからだ。先週の資産残高は、実際には横ばいだったが、大事なことはそれを頭のなかで深刻なドローダウンに変換して、本当にそうなったと信じ込むことである。
　ということで、私は8月を落ち込んだ状態から始め、復活の月にし

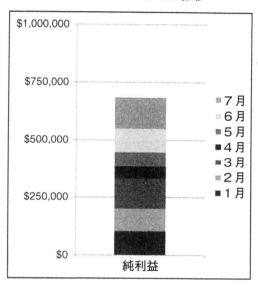

なければならない。今年8回目の、トントンを目指す戦いを始めるのだ。自分は資本の大部分を失ったばかりで、失墜したおぞましい状況で胃がキリキリ痛むのを感じながら、再起をかけて全力で臨まなければならない。どうしてこうなってしまったのだろうか。どうすればこうなるのを防げたのだろうか。簡単に言えば、地図と指示書をきちんと見なければならないということだ。

　ここは、だれかに褒めてもらいたい人が来るところではない。私はまだ何も成し遂げていない。何もだ。私たちは、常にたった1回の失敗——残り2分でイーライ・マニングがデビッド・タイリーへのロングパスを通して土壇場で逆転されるようなこと——で1年間の努力を台無しにしてしまいかねない状況にある。敵は陣を進めて点数を上げている。しかし、幸いまだ復活を遂げるだけの時間は残っている。ただし、そう長くあるわけではない。

2008年8月の日誌より

2008年8月2日（土）　グレースの物語

　2008年のレースの最終段階に備えて中国の竹の成長について考えていると、約6カ月前にひどいトレードをしてしまった2日間のことを思い出した。あれは、それまで乗っていた2000年モデルのタンドラピックアップを買い替えようと自動車ディーラーに行った週末のあとの月曜日と火曜日だったことをはっきりと覚えている。

　過去20年間、車を買うときは、3年が経過し、走行距離が約5万マイル（約8万キロ）のきれいなのを選ぶ戦略をとっている（保証が切れて車を手放す人が多い）。これは割安に車が手に入る素晴らしいニッチ市場だと私は思っている（トレーダーとして宣言する）。

　当時の私は、それから10年間、私の主な交通手段になる快適で価値が高い車を探していた。そして、選んだのが、1998〜2005年に製造されたBMW・3シリーズのE46だった。あとは、四輪駆動で状態が良いものを選ぶだけだ。ただ、これは全社を通じて最も人気があり、評価も高いモデルのひとつなので、なかなか見つからない。この週末も何カ所か見て回り、希望にかなうものが見つからないでいた。ただ、つまずきの芽はここにあった。今年はおおむね順調で、人生もトレードも当時は安定していたため、私はいずれ買う車について浮かれていたのだ。

　そして、それは月曜日と火曜日に突然「起こった」。今考えれば、あのときの私は「月曜日にうまくやれば車代を稼げる」というワナにはまったのだということが分かる。水曜日、私はネットで欲しかった車（黒の2003年型325xiで、走行距離が約4万6000マイル、状態が良く、値段も妥当）を見つけた。問題は、その前の2日間、胃に大きな穴が開いた気分でもう車など買えないとあきらめていたことだった。これ

は中古車で、最終的な支払い差額もそう高くはならなかったが（タンドラは中古価格が下がりにくい）、それでも私にとっては大きな買い物だった。しかし、月曜日と火曜日の結果を考えると、いくら中古でも「BMW」と付いた車を買う資格が自分にあるのかと考えてしまうのだった。

　正直に言えば、私は90マイル（約150キロメートル）離れたディーラーに向かう途中、その車が気に入らなければいいのにとまで思っていた。しかし、実際に見て、試乗してみると、「これだ」と思わざるを得なかった。私の心は大きく葛藤した。そこで、私は妻に電話をして、とても気に入ったが思い切って買う決心がつかないと伝えた。妻にはこの2日間苦戦していたことについてはあまり言っていなかったが、彼女は私が苦しんでいたことをちゃんと察していた。そして、私がどう思うかと聞くと、「買いなさいよ。あなたは一生懸命働いてきたのだからその資格があるわ」と言ってくれた。私はこの言葉にほっとし、背負っていた重荷が取れた気がした。そして、すぐに思い切ってその車を買った。

　ただ、車を買う前に、私は妻の「あなたにはその資格がある」を「あなたにはその資格がない」に変換しなければならなかった。本当になかったからだ。私たちが何かを手に入れるときに、その資格が十分あることなどまれにしかない。それでも、自分の楽しみのために散財してもよいのだと信じて、私は車を買った。帰り道で、私はこの車に「グレース」（神の恵）という名前を付けた。資格のない私が持つことを許された車だからだ。私はこの車を大いに気に入っている。

　グレースを買ってから何年かが過ぎ、よく見ると運転手同様、小さな傷や不具合がある。明日が、地下で根を伸ばしていた竹がやっと地表に顔を出して空に向かって伸びていく日になるのかどうかはまったく分からない。長年の苦労とイラ立ちのなかで、私は種をまいておいたことすら忘れてしまった。

2008年8月5日（火）　FOMCの開催日

13:17　これまでのDAXのトレードのまとめ──トレードはしないで、一晩しっかりと寝た。Ｅミニのトレードのまとめ──ポーカー用語で言えば、フォールド（ゲームから降りる）、フォールド、フォールド、フォールド、スモールブラインド（少額の強制賭け金）、ビッグブラインド（スモールブラインドよりも高い強制賭け金）、フォールド、フォールド、フォールドといったところだ。言い換えれば、今日は試しに２つ仕掛けたが、「フロップ」を見てすぐに降りた。フロップとは、表向きに配られる３枚の共通カードで、最初に配られた裏向きの２枚と合わせて使うことができる。今日は、１時間後にFOMC（連邦公開市場委員会）のデータが発表されるため、動きが遅い。今のところ、ボラティリティも低く、トレード機会がほとんどないという標準賭け金なFOMC前のパターンになっている。ヨーロッパがすでに寄り付きから上げているため、Ｅミニも早い時間に窓を空けて寄り付きから上げている。早い時間のプルバックで買いを仕掛けようと思っていたが、どれも大した役ではなく、結局、一番の仕掛けポイントは午前10時ごろにISM（米供給管理協会）の指標が発表されたときだった。ちょうど賭けようとしたときにウエートレスに飲み物をかけられたような感じである。

　退屈なトレードから離れて、午後の計画を立てるために、日誌に戻ろう。今日の１番の目的は、トラブルを避けることだ。１年間にはトレードできる日が250日もある。今日がダメならば明日トレードすればいいのだ。２番目の目的は、FOMC関連の動きが極端で、TICKがおかしくて、価格が上下に突出したら小さいサイズで逆張りし、平均回帰したところで手仕舞うことである。

　通常、私はFOMC開催日には低～中程度のリスクのチャンスしかトレードしたくないため、仕掛けポイントはそう多くないと思ってい

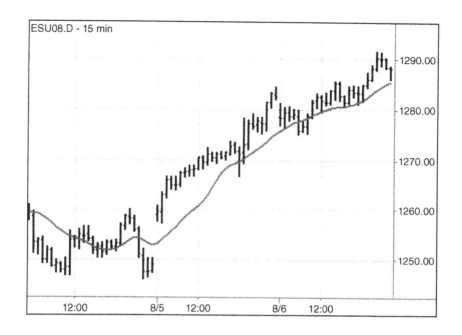

る。しかし、そうなると午前10時というのは発表から近すぎる。失業率が発表されたときにすでにトレンドができていれば、「たいてい」それが継続するが（手元の8のペアは「たいてい」良い役につながるのと同じこと）、私はそれをあえて見送って、もっと良い役を望んでいる。

　発表を控えた自分用メモ——収支をプラスにしたいが、刺激はいらない。チャンスがあれば仕掛けるが、なければ動かず、水曜日に向けて十分な資金とともに準備を整えておく。退屈な日誌になるが、仕方がない。

14:00　発表を受けて1260台半ばまで下げればうれしい。ここには今のところしっかりとした支持線がある。

14:08　板情報の表示を1ティック間隔から3ティック間隔に変更した。下げた場合に備えて66.00の買い注文はそのままにしておき、あ

とはサイズでリスク管理をしていく。

14:15 下方に1.00も急落したが、執行されなかった。TICKは極端な値とまでは言えない。最大で、－541……ここまでなのだろうか。人生そんなものだ。

14:29 しなかったことやできなかったことをくよくよ考えるよりも集中だ。次の仕掛けポイントはどこか。明日なのか。サイズは小さく。唯一トレンドがあるのは15分足で、マーケットが上げれば展開する可能性が高い。もしマーケットが上げて何人かがトレードすれば、それはノイズになるのだろうか。今、それらしい動きがあったのだろうか。まったく分からない。今言えるのは、最後の1時間はトレードしないということだけだ。

14:36 自信がないうえに、午後になってほとんどトレードしていない。まるで休日のように時間がすぎていく。

14:47 TICKと支持線を見て、Eミニの最初の買いポジションをとる。7.50から8.25まで75ポイントも上昇した。TICKが極端な値を付けたのを見て買い玉を売り、狭い値幅のスキャルピングを手仕舞った。

14:50 今日のトレード管理には非常に満足している。今日はもう終わりにしよう。大きく下げたところで素晴らしいチャンスがあったのに、ほんの少しタイミングがずれた。大失敗。2つは取り下げ、1つはスキャルピングというおかしな展開になった。大引けがどちらの方向になっても、朝すべきことは変わらない。魔の時間である午後3時が近づいている。ここでは無理にトレードしてはならない。

あとから一言

結局、この日の最終結果は＋5000ドルだった。

2008年8月6日（水） FOMCのあと

13:06 期待した利益はとれたが、その潜在利益を考慮してもずさんなペースだった。狭いレンジの値動きで、出来高もかなり少ない。条件がすべてそろった仕掛けポイントがまだないため、サイズを抑えてマーケットから目をそらさないためだけに流動性に多少貢献するスキャルピングをしている。

DAXとEミニをトレンド日翌日の考え方で、押し目と1分足が反転したところを中心に買っている（VIXが下降トレンドにある）。結果は素晴らしくはないがまあまあだ。ヨギ・ベラ風に言えば、秋になっても夏のトレードがなくなりそうもない、といったところだろうか。昼休みの前にこれまでで最高の上げがあった。

トレンドがインディケーターに遅行するマーケットでは、トレンドをとらえるのが遅くなる3LBチャートはあまり使わない。しかし、午後には役に立つかもしれない。

14:24 何らかの理由で、この1時間に書き溜めていた日誌の下書きが消えてしまった（良いことも書いてあったので残念）。急いで何とか思い出してみる。ちゃぶつきが長引いて（この間トレードしていない）かなり心配になってきたし、過去3日間、Eミニの小さいポジションしかトレードしていない（月曜日が1720枚、火曜日が150枚、今日の昼までが846枚、火曜日はトレード人生でもっとも少ない日か）。頭がどうかなりそうで、集中力を失わないよう注意する必要がある。

午後2時を過ぎてすぐにVIXが崩壊し始め、価格トレンドは継続していることからやっと買う気になり、2:11と2:12に8375と8475で仕掛けた。損切りは、1分足の3LBチャートが下げに転じたときとする。8800に近づいたら手仕舞い始め、あらかた売った。ここまでで最高の手仕舞いポイントは8725だったが、ほとんどは8650で手仕舞った。「念のため」小さいポジションを残してある。

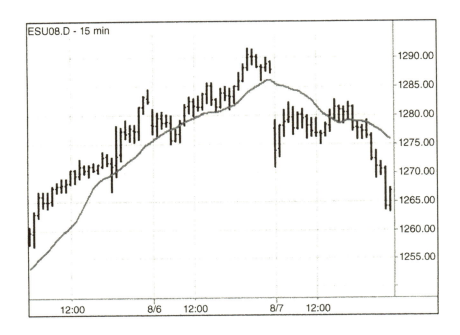

　久しぶりに、短期的な見方については自信がある。トレードサイズはある程度抑えているが、縮んだバネが反発するときの読みと実行は良かったし、抵抗線までの値動きが読める気がした。最近の条件のなかでは最善のトレードで、管理もうまくできていたと思う。ホームランが出る日ではないが、やっとまともにバットに当ててシングルヒットも何本か打てるようになってきた。

14:34　TICKが上げたので、この辺りでさらに手仕舞う。最も良い執行価格は8775だった。

14:43　8875で横ばい。今日はここまでにしようか。

　確かにこれは私の得意なパターンではないが、目の前のメニューから選ぶしかない。
　今日の利益は控えめに7700ドルだった。これはトレンド日のあとに

しては低いほうだが、今日のトレード管理はまずまずだった。大引けで高値を更新してくれれば明日はさらに期待できるし、未熟な私ももう少し頑張れる。ただ、引けまではまだ1時間ある。

2008年8月7日（木）　ブラインドとアンティと忍耐

11:29　今朝は少しちゃぶついて、明確なトリガーはあまりなかった。グローベックスのトレードはまあまあだったが、アメリカ時間の寄り付きでは苦戦している。大口投資家サイズの仕掛けは私が「逆張りに備えて待つ」モードと分類している状態になっている。これは、極端に突出した価格を付ければ逆張りして、あとはマーケットが平均回帰するかレンジが終わるまで待つという方法だ。今は、まともな時間枠のどれも明確なトレンドがないため、連続したトリガーはないし、トリガーのプレミアムが潜在利益に大きく食い込んでいて、1分足チャートでさえ動きが遅い。私にとってはチャートパターン以上にペースと感覚が重要だ。

　早い時間帯と遅い時間帯に集中的なトレードが増える夏の相場にはもう慣れたが、取引開始後の8ポイントの落ち込みは、窓埋めを狙った逆張り派を少なからず引き込んだ可能性が高い。

11:52　天井で何回か買い、底で何回か売ってこのレンジに流動性を提供した。良い戦略とは言えない。しばらくおとなしくしている。今日はリズムがつかめないため、負け日になりそうだ。今日これからの目標は、アンティとブラインド（ポーカーの賭け金）をうまく管理することとしよう。

　夏も終わりかけているが、日中の10時から15時のチャンスは相変わらずなしに近い。9月はまだ遠い。前回100枚のポジションを持っていたのは思い出せないくらい前のことだ。

13:13　VIXはどっちつかずで、目安にならない。

14:16 今日はブラインド賭け金もアンティ賭け金も次々と支払うことになりそうだ。資産は若干減ったが（4000ドル）、それはあまり気にしていない。まずはプールに入らなければ泳ぐことはできない。明日も出来高とペースがどうなるかは分からない。上がり続けていたら、トレードを休むかもしれない。

14:47 戻りを空売りしたいが、マーケットは7525と7550で停滞している。

14:50 7500で空売りして買い戻しの注文は73台に置く。損切りは1分足の3LBチャートが反転したときとする。

14:55 7550で増し玉した。一気に下がることを期待している。何回もダマシになったあとでやっとレンジをブレイクした。買い板が減ったところで売り増した。

14:59 下げたので買い戻す。7250で横ばい。

15:03 いつもどおりの最後の1時間だ。苦手なところだから注意しろ、ドン。急騰したら、味方はみんな逃げ出す。観察を続ける。

15:10 大口投資家サイズのスキャルピングをいくつか行っている。1分足のTICKチャートが強力なダイバージェンスになって下げている。出来高のほうはどうだろうか。これはほとんど忘れていた。

　これがそうかもしれない。今日は難しいマーケットで、実がある仕掛けは1～2回しかできないかもしれないうえ、その場にいてしっかりと打つ準備ができていなければならない。サイズを大きくしてもよいが、今日はほとんどトレードしていないのでそれも難しい。その意味では、昨日の状況とよく似ている。

15:22 VIXが密かに上げている。金曜日の早い時間の仕掛けは、実は悪くないのかもしれない。横ばいなので観察を続ける。

15:27 TICKは、多くの空売りの買い戻しか、大口投資家の足の速い買いかの目安になり、良いリズムでトレードできている。

15:33 底が抜けた。VIXが先行している。

15:49 1日の終わりに、良いスキャルピングが連続してできた。最後の1時間でも、マーケットがチャンスをくれればトレードすることにする。以前はそんなことは考えもしなかった。ただし、管理はしっかりと行うつもりだ。うまく立ち回って多少のプラスで終わった。

明日の寄り付きが楽しみだ。

あとから一言

結局、この日の最終結果は＋9000ドルだった。

2008年8月8日（金） 1回はだまされたが……

6:23 グローベックスは動きが遅かった。Eミニは1274まで上げたが、クリーンショットはない。もしかしたら、今日そのチャンスは寄り付き後にどちらかの方向に最初に大きく動いたときしかないかもしれない。

10:22 そのとおり、猿まねだ。完全なコピーだ。またすぐに戦略を変えたが、ドレスリハーサルの時間はあった。最初の大きな押しで買いたい。1277近辺まで行けばうれしいが、それは無理だと思う。ひとつ明らかなことは、今マーケットには行き詰まった空売りポジションがたくさんあり、次に下げたら一斉に買い戻しが始まるということだ。

11:13 悪くない。うまく調整して流れに乗ることができた。この水準では押しは浅く、深いのはない。6:23のコメントに書いたとおり、寄り付きの5分後にみんなが殺到したが、反応する時間はほとんどなかった。すぐに船を出して、その波で月まで行かれればよかったとは思う。しかし、私はワールドシリーズ・オブ・ポーカーで優勝者に贈られる金のブレスレットが欲しい。マイケル・ミズラヒ（ポーカーのトッププロ）を見習って猛勉強するつもりだ。

11:22 夏の昼間の何も起こらないモード。

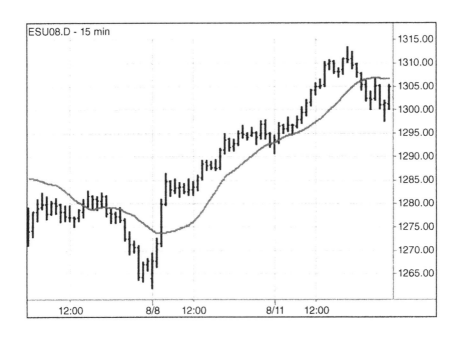

12:07 面白いことに、計画していたDAXとEミニの戻りでの空売りは、もしそれぞれのマーケットが開く前に（DAXならば午前2～3時）仕掛けていれば、それなりの利益が出ていたはずだ。通常の取引時間では、単純に割に合わない。

13:53 13:42に強含みの1分足のTICKと価格がダイバージェンスになったことで、最後の突出高で空売りしたい気分にやっとなれた。それまではずっと傍観していた。平均9475で空売りし、TICKが0まで下げたら買い戻す。これはそれなりの利益になった。

14:03 今日と今週の利益温存モードに入っている。早い時間に仕掛けた空売りの試し玉と損切りのコストを考えれば、今日のパフォーマンスはまあまあの＋7000ドルだった。この2日間は、思ったよりも苦労した。それについては検証してみる必要がある。今回のちゃぶつきではサイズを比較的小さくしたことで、間違っても大きな問題にはな

らなかった。ただ、今週はたくさん間違った。

　まだ仕事がたくさん残っていて当分寝られない。あくまで目指すは2008年12月31日だ。

あとから一言
　結局、この日の最終結果は＋6900ドルだった。

2008年8月11日（月）　リズムの変化

13:20　昨日は家族の行事があり、夜遅く帰宅した。正直、今日はなかなかやる気が出ない。金曜日の支持線から跳ね返されたときに仕掛けた分は一部を手仕舞ったが、残りは上昇するのを見守っている。日中、5分足での支持線まで押したところで、やっと少し自信を持ってある程度のサイズで仕掛けることができた。今は買っているが、損切りを1分足の3LBチャートが反転したときとしたうえで、少しでも上げたら手仕舞おうと思っている。押しでの買いの最も良い価格は1307.50で、1分足が反転したところで増し玉した。勝率は高いが、フォーレスト・ガンプならば「マーケットの動きこそがマーケットなんだ」とでも言うだろう。15分足のVIXが下降トレンドを継続するかどうか見守っている。そうなれば、価格は反転することになる。

13:25　上げたので手仕舞う。1310以上になればすべて手仕舞おうと思う。

13:32　マル。セットアップとペースは良い。高勝率の反応をした。月まで駆け上がるかもしれないが、知ったことではない。

13:37　Eミニが1313を超えたため、1310で手仕舞うのがバカらしかったのは分かっている。しかし、この前はこれがピークで自分が天才に見えたのだ。もちろんどちらが正しいとは言えないが、とにかくギ

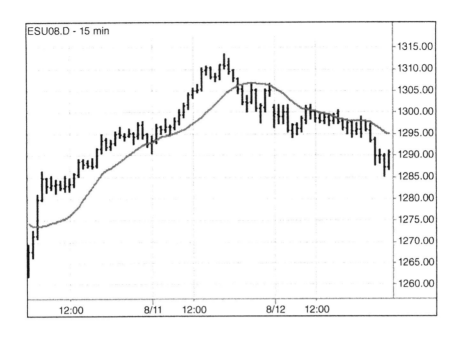

ャンブルではなく高勝率のトレードをしたい。サイズはまあまあだが、反転したら少し増し玉して、極端に上げたところで手仕舞うつもりだ。ドン、いつもどおり、一歩一歩進め。12月31日だけを見据えるのだ。

13:50 利益温存モードに入りつつある。今日の利益は7000ドルで、今週も良いスタートが切れた。5分足の高勝率な動きがすでにあったため、15分足での支持線に向かってすごい押しがあるはずだ。

13:59 1305に向けて急降下してほしい。遅く買って逃げ出したがっている人たちがいるかもしれない。ただし、かなりの役でなければダメだ。もしボラティリティが回復してきたら、押したときに大きなサイズで軽くスキャルピングをするかもしれない。

15:10 早めに手仕舞ったほうがよいのかもしれない。かなりおかしい。午前中のブレイクアウトレンジのすぐ上まで下げたのには少し疑問を感じる。Eミニは、私が13:59に希望した価格を5ポイントだけ

超えてくれた。3LBチャートはリトレースして買いを示していないことで、今でもSOOT（トラブルは避ける）の素晴らしい指針になっている。下げたところで少し利食ったが、大玉のトレードを最善のタイミングで仕掛けるのは少し難しい。世界中が同じものを見て同じものを望む状況は嫌いだ。

15:21　早い時間に天井を突き抜けたため、逃げ場を失った買い手がいるのは間違いない。今日はマーケットのリズムは良かったが、小さいトレンドがたくさんあった。出来はまあまあで、利益を8400ドルまで増やした。ただ、今日のトレードには気に入らない点もいくつかあった。サイズ管理もそうだし、午後は慎重になりすぎたかもしれない。それに、1日の利益が長いこと5桁に達していないため、対策を講じる必要がある。サイズ管理について再度見直してみるべきなのかもしれない。

　さらに改善していかなければ。

2008年8月13日（水）　2つのマーケットの話

12:03　理由は分からないが、私は機嫌が悪いときのほうがうまくトレードできる。アメリカ市場が始まる前にオーバーナイトのDAXでは終了近くで保ち合いからブレイクダウンしたチャンスを生かせなかったが、怒りながら入ったアメリカ市場ではマーケットと足並みをそろえることができた。私の脳はきっとそのようになっていて、だからこそドローダウンだと思い込む方法がうまくいくのだと思う（信じ込めば、それを悩みにできる）。

　15分足と30分足は、最初は1280台半ばに抵抗線があり、次に下げたときに買うか、明らかなリトレースメントである程度のサイズで逆張りをするかしたい。マーケットに協力するのが前か後かというだけのこととも言える。ここではささやかな利益しか期待していない。

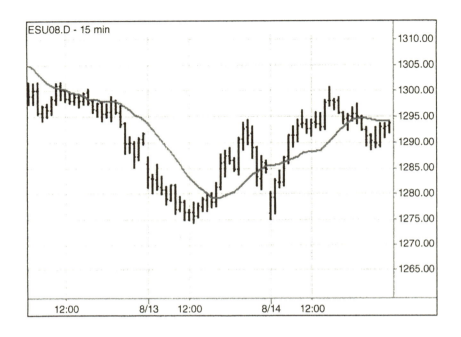

　夏も終わりに近いこのごろ、サイズも関心も縮小するときがあるが、自分はそれで満足しているのか、それとも自分のサイズ管理のおかげでトラブルを免れているのか（もしそうならば、理由もなしに自分を責めていることになる）。そんなことを見極めようと独り言を言いながら、昨夜遅く日誌を書きかけた。しかし、それは時間がたてば分かることだと考え直して、しっかり寝ることにした。結論が出るのは、あと何日かトレードしてからだろう。そうしないと、おかしな結論に達してしまいそうだ。そのうえ、レッドソックス対レンジャーズの合計36点も入った試合を見てしまったせいで疲れている。

　ときどき私は、ハーブ・ブルックスが常にチームを励ましていたことに思いをはせる。彼は1980年の冬季オリンピックで「氷上の奇跡」を起こしたアイスホッケーの米国代表監督で、チームにはいつも「自分らしいプレーをしろ」と言っていた。不安なときにいつも心に響く

この言葉は、夏が終わりかけているのに足踏み状態の私にとって、大きなよりどころだった。しかし、自分らしいプレーとは何なのだろうか。毎日チップを手放してマーケットにいくらかの流動性を提供し、ときには足踏みし、いつか私がきっちりとチャンスを生かせるようになったころには、ディフェンス陣はすでに退場、オフェンス陣もくつろいでいるということだろうか。今、ディフェンス陣は疲れているようで、コーチに向かってもう交代したいと叫んでいる。そして、オフェンス陣もウォームアップをサボっている。

12:42 もしＥミニが1283に達したら、できれば1285〜1286辺りで空売りをしたい。最近、日中に上げたときには空売りに興味がある。ただし、サイズは小さめで、保有時間も短めにしている。

13:16 金曜日のブレイクアウトを再び下抜いたため、買いのほうでやることがある。

13:28 これ以上上がらない場合に備えて1282で一部空売りした。しばらく逆行させておく。リスクとサイズは管理している。30/60分移動平均に達したら損切るが（1286〜1288）、まだ下降トレンドは続いている。

13:32 84.75で少し増し玉した。

13:48 スクイーズの読みは正しかったが、価格の伸びは読み違えた。サイズ管理と再仕掛けについては、少し踊らされた。今はマルで、30/60分移動平均とダイバージェンスを見せれば再び仕掛けたいと思っている。

14:04 88.00で再び空売りを仕掛けた。できれば１分足が反転したときに増し玉したい。損切りを90.00に置くのは難しいため、TICKが下げたら手仕舞うことにする。

14:11 下げろ、TICK、下げろ。

14:12 買い戻してマルにした。最安値は86.25。増し玉はせずに、今ある分だけにする。やることが多すぎて、すべてを覚えてはいられな

いが、要点は押さえている。下げて空売りを何枚か手仕舞おうとしていたうえに、その下でも売り注文を出していたため、13:50に反転したときに買いを仕掛けるチャンスを逸した。これはできればやり直したい。今日のＥミニは過剰反応によるスキャルピングのチャンスがたくさんある。複数のチャートがピンポン状態なので、見比べて再評価してみる。

14:25　簡単な自己査定をしてみる。サイズ管理はきちんとしており、サイズや損切りでリスクも管理できるということを思い出すことができる。満玉で仕掛けたことはないし、最初に空売りしたときはかなり余裕を持たせていた。結局、一連のトレードはトントンで終わった。私も時には目先の動きで逆張りしてマーケットに流動性を提供してしまうこともあるが、シートベルトとエアバッグで備えは固めているということを読者に言っておきたい。私は１分足のトレンドでトレードするのが好きだが、初めは逆行するのを分かったうえで試し玉の仕掛けをすることもある。

14:34　13:50の反転を見逃したことをまだ悔やんでいる。ど真ん中に投げ込めるはずだったからだ。５分足の強い上昇トレンドが30分足と60分足の抵抗線に対して攻防を繰り返している。この死闘のなか、今再び仕掛けるつもりはないし、空売りも考えていない。

15:01　日中のトレンドと２つのチャンスに関するエピソード。午前中は下降トレンド、午後の初めは上昇トレンドが優勢だった。また、午前中は買いに過剰反応し、午後は空売りも買いも過剰反応した。今日はマーケットのバイアスの変化についていけるかどうか、トレーダーの柔軟性が試される１日だった。個人的には、両方のサイドで儲けるのは難しかったと思う。どちらかはSOOT（トラブルは避ける）すべきだったのかもしれない。今日は変化にはうまくついていけたと思うし、少なくとも後半に空売りから離れていたのは良かった。少し反転したので長いトライアングルの可能性もあるが、大きめのレンジと

良いペースのなかで、大口投資家には妥当なチャンスと言える。また今日のマーケットは、移動平均線はモメンタムと強さの指標と合わせて使わなければ意味がないということを示していた。

15:04　利益温存モードに入っている。

15:45　バンジージャンプ的なスキャルピングをいくつか終わらせて1日を終えた。早朝のDAXの混乱から持ち直し、Eミニでしっかり稼いで最終的には＋8700ドルになった。ただ、たくさんのチャンスを逃し、たくさんの間違いも犯したため、明日もやることがたくさんある。それは悪いことではない。

　残すは140日。

2008年8月18日（月）　トレンド日

13:36　今日は、突出的な値動きによる保ち合いで小さな戻りを繰り返すという面白いリズムの日だった。こうなると、極端な突出安でも大きな戻りでも大口投資家には仕掛けるのは難しい。今のところヨーロッパの午前中半ばの上昇に合わせてDAXを買い、Eミニは下落するなかで買いと空売りを仕掛け、平均に向かうリトレースメントで買い戻してまあまあうまくいっている。最初のトレードは、早い時間の下げに合わせた9:37の買いだったが、さらに弱含むのを見て早めに損切りした。そのあとは、早い時間に弱含んでいたことと、15分足のVIXが1日中上昇トレンドにあることから、空売りに集中している。

　Eミニを3～4回トレードしたが、どれも利益は小さかった。アメリカ市場が開いてからの損益は見ていない。ただ、ここまでは読みもトレードもある程度良いリズムでできている気がする。マーケットには適度な動きがあり、午後には先物のチャンスもありそうなので、まだ利益温存モードにはなっていない。ほかのトレーダーも金曜日のよ

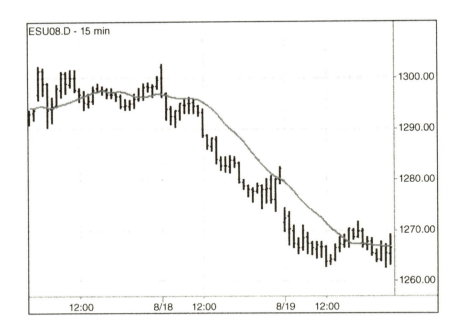

うな早仕舞いはしないだろう。マーケットはだれにも支配されていないように見えるが、次に上でも下でも大きく動いたときは逆張りするかもしれない。

14:58 3LBチャートの足が長くなっていて難しい展開だが、そのあとはちゃぶついて助けになっていない。ただ、継続的な買い手がいないということは、午後にスクイーズもない可能性がまだ高い。今はトレンド日翌朝のセットアップに関心を向けつつ最後の１時間に注意を払う。

15:33 ペースもリズムも期待どおりにいかず、うまく仕掛けられないが、私がうまく同期できていないだけなのだろうか。15:03から１回も仕掛けていない。今日は午前中が仕掛け時だったのかもしれない。トレンド日における私の典型的なパフォーマンスで、最低レベルの利益（＋3800ドル、半分はDAXのトレード）しか上げていない。しかし、

大勢に影響はないだろう。今日のことは忘れて、むしろ明日に期待したい。今は1280台後半に強い抵抗線があり、大きく下げて引ける場合に備えて明日の朝のリズムをつかもうとしている。

15:55　大引けに向かってみんなが必死で泳いでいるのを眺めている。私はゴーグルが曇っているので、参加する気はない。引けに向けてはかなり荒い価格スイングになっている。できれば明日の朝に少し持ち越してほしい。明日は信頼できる仕掛けポイントが１つか２つはあるはずなので、準備を整えておかなければならない。

2008年８月19日（火）　とにかくプラスで終わればよい

11:13　昨夜に心配したとおり、トレンド後のトレード可能な上下動は昨日の最後の１時間に起こってしまい、Ｅミニは最後の25分で安値から８ポイントも上昇した。そのため、これまでのところ15分足の下降トレンドの支持線（下降トレンドに「抵抗」する代わりにそれを支えているトレンドラインのことを私はこう呼んでいる）の方向に最大の戻りがあったのは、昨日の終値とグローベックスだった。そのため、最低限のトレードしかしていない。戻りを期待して２～３回買いを仕掛けたが、執行されることはなく、小さな利益と小さな損失が相殺されて今日は基本的にマルになっている。

　今朝の買い手のストライキと、VIXが上昇していることと、TICKが狭くなって辛うじてプラスを維持していることを考えれば、次の保ち合いをブレイクする気がするため、それを注視している。ただ、短期的に売られ過ぎのマーケットで空売りするのは非常に難しい。また、強いトレンドがあった翌日にトレンドが進展しているシグナルで仕掛けるのは、普通は破滅への道と言える。マーケットの次の動きを見ることにする。

11:32　まだ自信がないが、その状態もいずれ終わるだろう。今はマ

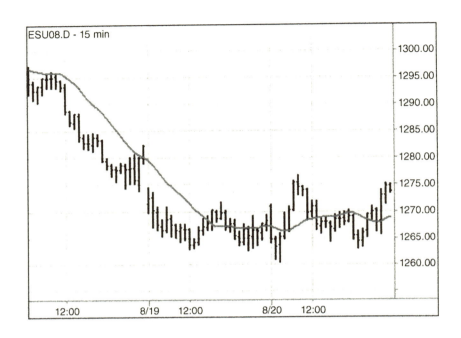

ーケット以外の用事に集中するが、ときどき画面はチェックする。

13:00 ゆっくりと上昇するのを見ている。できればスクイーズで力強く上昇したところで空売りしたいが、これまでのところはどちらの方向もカタツムリのペースで進んでいる。前述のとおり、私にとってマーケットの「ペース」はテクニカルのセットアップと同じくらい重要なのである。これはコムキャスト（ケーブルテレビ会社）のコマーシャルに出てくる亀のスロウスキーがゆっくりのペースを大切にしているのと同じだ。上昇に合わせてつもり売買をしてみたが、実際に資金を賭ける自信はまだない。つもり売買ではうまくいきすぎることは理解している。15分足のトレンドはまだ下げている。

13:38 今日のペースにはリズムがまったくないため、自信を持って仕掛けるのが難しい。

13:41 決意して70.25で空売りして損切りを71.50に置き、高値が切り

下げるのを待つことにした。過去のパターンから考えて、サイズは小さめにする(これについては後述する)。やはりやめた。70.75で損切り。

13:46 あまりに素早くて捕まえられない。みんな同じものを狙っている状況は嫌いだ。次にもう少し上げたときが良い仕掛けポイントになるだろう。

13:48 TICKがあまり上げなかったが、1270で再び空売りを仕掛けた。

13:53 買い戻した。最安値は1269。これまでで最高だ。この状況で1ポイントはごちそうだ。おかしいな。残りは68.25に指値を置く。

13:56 今だ。マルにする。このまま行けば、やっとまともなスキャルピングのペースになるかもしれない。どちらの方向でもいいからとにかく動いてほしい。

14:05 マーケットが下げすぎたところで大玉の買いを仕掛けて2〜3ティックの利益を上げた。今は予想利益もサイズもしっかりと管理している。長期「投資家」にとってはあまり良くない時期だ。頭上には1280台付近にたくさんの抵抗線があり、価格は8月初めと似た水準でもチャートの状況は良くない。

もちろん、それを打ち破っていくことも可能だが、それにはすべきことがある。

ちなみに、早い時間の短期的な動きはこの夏の典型的なリズムだった。仕掛けた人は、高値の切り下げや安値の切り上げを期待し、前の高値や安値に損切りを置いてきた人は、ちゃぶつきで反転する直前に損切りに遭ってきたはずだ。もし夏の間の短い時間枠のEミニチャートを見れば、そのパターンが何回も見つかると思う。私は、最初の仕掛けでこのパターンに気づき、同じことを危惧して損切りに達する前に手仕舞ったため、何ポイントかを失わずにすんだ。

たくさんのトレードを詰め込むことはあまり興味がないが、プラスならばなんでも良いという日が続いている。わずか900ドル(ゼロ2つで間違いない)だが、銀行に入金して、大引けに向けてどちらかの

方向に賭けるかもしれない。これも夏の極めてよくあるパターンと言える。

今日はトレードしすぎなかったことがよかった。最初にスーツの違う5－8が配られてもできることはあまりないし、ブラフをかける（弱い役でも強いふりをして掛け金を上げること）こともできない。

14:35　寝てしまった。

14:42　5分足チャートが下げかけたが、長い時間枠のチャートが行きすぎになっているため、自信を持って仕掛けられる高勝率のところがない。

15:07　反動の上げで空売りしたのは良さそうだが、注視はしておく。

15:48　大引けは脱水機のごとくみんなをけちらした。今日は辛うじてプラスで終わったが、今日のような日はどんな利益でもプラスだっただけマシだ。

あとから一言

結局、この日の最終結果は＋6000ドルだった。

2008年8月20日（水）　ボラティリティ再び

8:10　今日は6:15に起きたら、オーバーナイトの高値と火曜日の抵抗線の辺りでDAXとEミニが教科書どおりにリトレースした直後だったため、少しイラつきながら早めに日誌を書いている。今は、この怒りをこれからの1日の生産的な行動に転換しなければならない。ただ、オーバーナイトに少し上げても火曜日の抵抗線はまだ有効で、早めの時間帯は核となる空売りのポジションを、できれば1270台後半（通常の取引時間内にその水準を回復すれば）で注意深く建てていくことに集中しようと思う。そこまで上げて、止まり、それから反転して1分足が下げてくれればうれしい。もしそうなれば、最初に逆張りでポジ

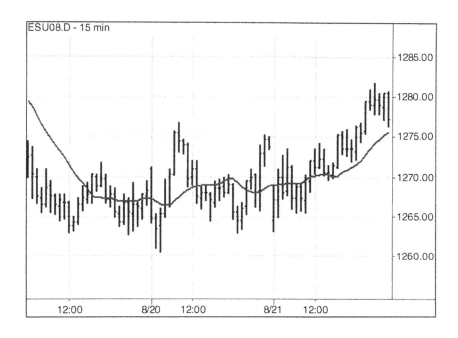

ションを建て、サイズでリスク管理をしながらしばらく保有し、反転したら増し玉しようと思う。

　通常、私は「最初のトレンド日の次の次の日」であればブレーキから足を離してアクセルを踏む。しかし、今回はマーケットが行きすぎていることと、オーバーナイトの動きを考えると、本来ならば昨日起こるはずだったいくつかの良い変動が今日にずれこむ気がする。結局、神経を尖らせて、必ずガソリンを満タンにしておき、臆病にならないこと、つまり、高勝率のチャンスだと思ったら、リスクをとる必要があるということだ。マーケットは、私が眠っていたオーバーナイトの時間帯にエースを配ったが、日中の取引時間に最低でも2回はキングを配ると予想している。

12:20　やった。どこから始めればよいだろうか。書くことはたくさんあるのに、時間がない。とにかく、トレンド日の翌日の動きがずれ

こんだことについては、予想どおりに行動できた。そして、1日の遅れが日中のボラティリティをさらに大きくし、それが12:20の時点でも続いている。前回、このようなことが起こったのはいつだっただろうか。言い換えれば、水面が静止しているプールにマイケル・フェルプスが飛び込んだら、それは「さざなみ」なのだろうか。1時間も下降トレンドも継続しており、出来高は増え、マーケットは1270台後半にある。

朝の時間帯に、短期的な山と谷でTICKとEミニのダイバージェンスがたくさん起こっている。ちなみに、もし11:14の突出高での空売りができれば素晴らしい。この夏はずっと「スイングの高値で損切りにあったあと、大きく下げる」というリズムだったことは昨日書いたし、直近の動きで大きく空売りしようと構えていたら底が抜けた。結局、マーケットは私が8:10のブログで止まってくれと言ったのを聞いていなかったようだ。仕掛けるのは難しく、次のチャンスもあまり期待できない。そのあとの1分足の反転は仕掛けるには高値から離れすぎているように思う。ただ、あとから見れば、実はそうではなかった。

皮肉なことに、最初は空売りを考えていたが、実際には買いのほうがはるかに多かった。早い時間に下げたあと、11:14の速い動きで「みんなが死ぬほどイラついた」からだ。それでも、リズムをつかめれば、大引けに向けてたくさんのチャンスが出てくるだろう。さらに言えば、今日は最初の予定よりも小さいサイズでトレードしている。もしかしたら、動きが荒いからかもしれない。30〜40枚のトレードをいくつか仕掛け、いくつかの良い仕掛けチャンスを逃した。ただ、今日は2〜3の素晴らしいチャンスをものにできれば、ある程度の利益は上がるという好例でもあった。

今日のトレードに関しては、ブレーキからアクセルにうまく踏み換えられるかどうかも非常に心配だった。最近の冷え込んだマーケットで足がしびれてしまっていたからだ。実は、日曜日の投稿に対する読

者のコメントが、グローベックスでチャンスを逃したイラつきを日中の取引に集中するほうに切り替える助けになった。あのコメントは本当にタイムリーだった。ありがとう。

　今日、これ以上のトレードは絶対にできなかったが、まともな監督ならば、勝ったあとは明日に向けてすべきことがたくさんあると言うだろう。ただ、私は早朝の荒れた相場で比較的小さなサイズながら１万3000ドルの利益を上げたことには満足している。そして、もし11:14の空売りもできていれば、簡単にその倍の利益が上がったかもしれない（ドン、もうあきらめろ）。これから引けまでの目標は、その機会損失を埋め合わせることではなく、ブレーキに足を置いて次の大きな役を待つことだ。

13:37　水面がまた静かになった。Ｅミニは５分足も15分足も、15期間単純移動平均のすぐ上を推移している。

14:04　反転しそうなところで素早く空売りを仕掛け、小さいサイズで１～２ポイントを狙いたい。3LBチャートの足は短くなり、２分足チャートは直近の高値から下げてきている。3LBチャートが上昇に転じたら、損切りを1271辺りに置く。少しでも下げたら、買い戻しを始める。

14:12　いいぞ。平均67.50で仕掛けることができ、下げたところで64.75で買い戻せたのが一番良かった。さらに下げたが、急に上昇に転じた場合に備えて勝率の高いところで手仕舞った。少し疲れたので、もうすぐ店仕舞いしたい。それに、今はまだ日中のレンジのなかの大きなトライアングルパターンのなかにいる。

14:59　おかしすぎる。Ｅミニが強い上昇に転じたため、手仕舞ったほうがよさそうだ。これは驚きだ。さっきまでは失敗した間抜けだったのが、反転したらダニエル・ネグラヌ（ポーカー界のスーパースター）になった気分だ。私は勝率が高い時間帯に仕掛けたい。みんなはギャンブルすればよい。

15:30　マーケットは横ばいに戻った。今日はもう終わりにする。今日の利益は１万4100ドルに達した。グランドスラムとは言えないが、ファウルを打った割には全体として出塁率が高かったし、何回かはホームベースも踏んだ。あと133日。明日も頑張ろう。

2008年８月21日（木）　レンジ、レンジ、ブレイク

13:44　いつの日か、この停滞したレンジから抜け出し、そのときには大きくブレイクするのだろう。確かなことはそれだけだ。しかし、それがいつかはだれにも分からないが（なぜ、どのように起こるかはどうでもよい）、きっとみんなが寝静まってからになるだろう。このところ１分足で少しずつ仕掛けている。１日の大半は、長期のレンジを超えているため、早めの損切りを置き、それ以外のトレードはレンジの高値に近づくといつものようにほとんどのポジションを手仕舞って、残りはダイバージェンスや下落に転じても緩く管理している。そうすれば、いくらかの利益を確保し、大きく動いたときのために小さなポジションを残すことができる。もしうまくいってもサイズが小さければ実際の利益は小さいかもしれないが、勝ちには変わりない。

　今日は、Ｅミニ360枚を２回（買いと売りをそれぞれ360枚）と、DAX38枚を２回しかトレードしていない。これは、私にとってはかなり少ないサイズで、Ｅミニはほとんどが13:00～13:30に上昇してレンジをブレイクしかけたときだった。

　これについてはあまり不満はないし、4000ドルという控えめな利益にも満足している。もちろん、早い時間帯の上昇に合わせてもっと積極的にトレードすることもできたが、そのときはその先の展開を見極めることにした。

14:27　イタチがポンと跳ねた（童謡の言葉）。同じ戦略で、その一部をつかまえた。今回はVIXがその方向を示していたのだ。

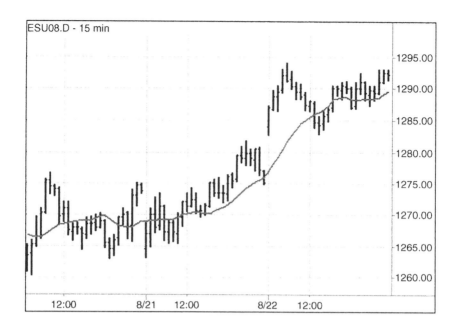

　最初の強い押しを待っている。これは強く跳ねると思っているので、あるとしても少し先かもしれない。レンジトレーダーは逃げ場を失っているはずだ。

15:02　いいぞ。リトレースメントに合わせて78.75で仕掛け、上げたら手仕舞う。マーケットのペースが良く、自信を持って仕掛けられた。一か八かのシュートだ。もしそのまま大引けまで行けば、明日はトレンド日の翌朝になるので、ギアを上げていく。今は時計を見ながら、利益を温存していこう。3LBチャートは、最後の大きなリトレースで下落に転じたため、これ以上波乗りを続ける気はない。

15:09　今のところ良い判断を下せている。マーケットは手仕舞った価格からさらに2ポイント下げた。ここで止まって次の動きが始まるかもしれないが、それに付き合うつもりはない。私はすでに明日の朝のことを考えている。手元の利益は7000ドル。実は、レンジトレード

の空売りで逃げ場を失っている人たちの数を考えると、もっと強く上げると思っていた。しかし、まだ時間はある。5分足で久しぶりにトレンドができている。

15:14 期待以上だ。素早く3ポイント上昇した。最初の動きをとらえ、2回目は見送った。もし3LBがそのままならば、大きくリトレースしたときに買いを考えただろう。そのあと2ポイント以上下げた。あと40分あるが、疲れすぎた。今日は終わりにして、ほかのみんなに譲ろう。まずまずの日だったが、ダメだったところを探して週の終わりまでに改善したい。

あとから一言

結局、この日の最終結果は＋6900ドルだった。

2008年8月22日（金）　電話を持ったまま

8:11 うわぁ。まるでこれはある程度のサイズで空売りしているときに、7:45にDAXが45ポイントも突出高を記録して、それに巻き込まれた日と似た形になってきた。まるで早朝の望まないモーニングコールだ。私は、マーケットに流動性を提供していたときに、この形が形成されていくのを見て、なぜか突出高が起こるような気がしていた。それなのに、そのまま仕掛けてしまったのだ。もちろん、その直前に家からどうでもよいことで電話があった。これは偶然なのだろうか。違うと思う。ちなみに、良いニュースのほうは、「週末を台無しにする」ことになりかねないトレードの3分の2を、集中力を取り戻して損切りし、最初のリトレースで買い戻し、2回目の突出高で衰えていくモメンタムをつかみ、2回目のリトレースで買い戻したことだ。

つまり、復活モードは、久々に「本物」感がある。例えて言えば、月曜からずっとワルツを演奏していたバンドが、突然曲目をロック調

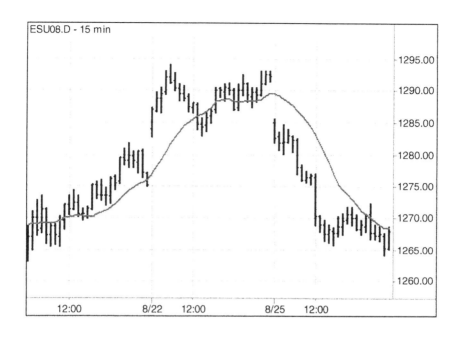

のマンバに切り替えたような感じだ。昨日も書いたように、だれも予想していなくても私にはそうなる気がしたし、金曜日のグローベックスは、少なくともその時点では、その状況を示唆していた。今日は、これ以降はすぐにEESM（緊急に目いっぱいスキャルピングするモード）に入る。FRBのバーナンキ議長が10時に会見することになっているため、注目していればチャンスがあるかもしれない。昼まで日誌は更新しない。

12:31　EESMモードで、Eミニで激しくスキャルピングをしているが、もうひとつ調子がつかめないでいる。寄り付きから、機械的にEミニをトレードしたら、今回は速い時間帯に空売りしたときのような問題は避けることができた。目先の目標は、かすり傷程度にまとめることだが、仕掛けるときは自信を持って行えるものだけにする。夏の金曜の午後に向かって少し自信がなくなっている。今週も今月もこれ

まで堅実に利益を上げてきた。ぜひともこれを続けていきたい。

　自分用メモ――これも「日々の目標」がいかに無意味かを示す好例。仮に１日1000ドルというバカげた目標を立てたとしたら、おそらく今は6000〜7000ドル損していると思うが（正確な数字は分からないが、私は今の状態で十分満足している）、選択肢は２つある――①8000ドルの利益を求めて少しリズムが合わなくても無理をし、結局は損失を２万ドルに拡大してしまう、②気にしないでその日の結果を記録し、あとは月曜日に期待する。現在、開催中の北京オリンピックの例で言えば、競泳のリレーで今はフランスチームがリードしているが、ゴールタッチは12月31日だ。

13:23　今日は明らかにボラティリティとペースが変わった。日中は何回か素早く反転したため、思ったほどうまくトレードできなかった。

14:43　最後の押しで今日最後のスキャルピングを終えた。自信を持って仕掛け、91.50で小口投資家の買い圧力にぶつけて手仕舞った。全体としては、かなり復活し、損益は3500ドルのかすり傷と言ってよいだろう（Ｅミニのトレードはプラスだった）。月曜日に向けてフランスチームにほぼ追いついた。ただし追いかけているのはドイツ人のDAXトレーダーなのかもしれない。

　結果はまあまあだが、興味深い週だった。チップのほとんどは、水曜日と木曜日に獲得したものだ。

　重要なのはたったひとつのチャートだということは分かっている。今日以降も強い集中力で臨んでいける。

　残りあと19週。そのとき、この挑戦の意味が分かるだろう。

2008年８月26日（火）　銀なのか、金なのか

2:05　仮眠から起きた。トレードはしないが、火曜日のトレードに頭

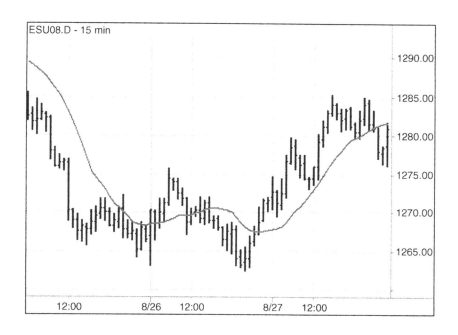

を切り替えようとしている。どうしたわけか、辛い気持ちで１日を始めなければ、トレードの魂を目覚めさせて、８月のパフォーマンスに満足してしまっている自分を奮い立たせることができない。精神的な痛みは、足踏み状態の２日間を地獄から這い上がった２日間に転換してくれる。わざわざ辛い思いをするのは苦しいが、それがこの８カ月間とてもうまく効いている。今回も、実際に経験することなく、その気分を味わうことにする。

　２日間の足踏み状態は、私にとって典型的かつ大きな警告になっている。この２日間に資金を維持できた「満足」についてまっとうな言い訳はいくらでもあるが、この2008年の実験兼レース兼パラダイムシフトが終わるまでは、「合計利益」について考えることすらすべきではないし、感情をはさむべきでもない。

　別の言い方をすれば、私は直近のラップの半分は、となりのレーン

で前を行くフランスの選手の波に便乗していた。しかし今すべきことは、遅れをとっていることの痛みを感じ、そのときが来たら攻めることなのだ。月末まで、あるいは年末まで流しても銀メダルは取れるだろうし、99.9％の人はそれで大いに「満足」する。しかし私はそうはならない。まだ時間はあるし、私が欲しいのは金メダルなのだ。

今年は欲張ってはいない。むしろ、今年はトレーダーとしての腕を磨き、それまで想像し得なかったレベルを目指すことだけを考えてきた。オリンピックの例が刺激になるのならばそれもよい。ただ、私はだれかに促されてしているのではなく、ただひとつの結果が欲しいだけなのだ。

レイバー・デーを控えた今週は、多くのトレーダーが秋のパフォーマンスを押し上げるために休暇を取る。ただ、2〜3ストロークは流しても良いが（この先、連続してスパートをかける前に、むしろ必要なことかもしれない）、今分かっていることは、前を泳いでいるのがたったひとりだということだ。世界記録のペースを示す緑の線が私に追いついてきて、私の内面のコーチが次のスパートのタイミングを間違えるなと叫んでいる。

私のコーチはタフで、ときどき彼が憎くなる。それでも彼は正しい。

あとから一言
結局、この日の最終結果は＋1400ドルだった。

2008年8月27日（水）　ちょっと一息

11:48　自分なのかマーケットなのかは分からないが、今日はどちらかのリズムが良いようだ。両方が少しずつ良いような気もする。DAXのトレードでやっと良いスタートが切れ、それがアメリカの時間帯に続いていった。昨日は利益はあまり上がらなかったが、個人的

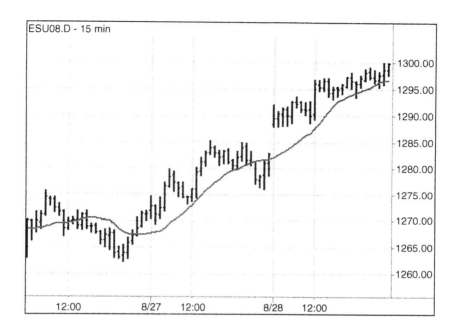

なモメンタムは今朝に引き継がれて良い慣性モーメントになっている。

　面白いことに、DAXは寄り付きからほぼ下降トレンドになったが（ほとんどを空売りした）、Eミニは寄り付きから上昇している（そして私は買っている）。8:30に経済指標が発表されたことが、転機になったようだ。このように書くこと自体が非常に啓発的なのかもしれない。マーケットは実際に10分以上トレンドがあり、今日は２つの取引時間にマーケットにうまく同期することができた。５分足と15分足のトレンド途上での押しは、どちらのマーケットでも良いチャンスになり、VIXはEミニの指針となって昨日の高値で空売りするのを阻止してくれた。

　今日は自分のゲームができている気がするし、マーケットの流れがまったく違うと、いつもよりもマーケット間の移行が難しくなるものだが、それもいつもよりもうまくいった。しかも、だれの足も踏まず

に踊ることができている。そのせいか、午前中の結果は１万ドルに上った。今日も夏の日のトレードになるが、これをリスクにさらすつもりはない。スリーエースでなければ賭けないということだ。まずはゆっくり昼休みをとろう。

12:12 ランチはあと回しだ。VIXが急落して、Eミニが急騰している。ある程度行きすぎになるか押しが期待できる。

　　最初のカードはエースだった。次のカードを待っている。

13:14 上昇に合わせて両方向に0.50〜0.75ドル程度の流動性を提供するスキャルピングを行うことで、ブラインド（参加賭け金）の一部を回収している。ペースは相変わらず良い感じだ。最後のトレードは、もしあれば、上昇しすぎか深いリトレースの下げに対して逆張りすることになるだろう。ただ、１〜２ポイントの利益を生み出すためには、極端な動きが必要になる。それ以外は、ティック単位のスキャルピングになる。

　　この時点でも、自然な感覚でトレードできている。ストロークごとに、先を行くフランス人に近づいている気がする。少なくとも、水が顔に当たってこない。素早くて短いストロークを心掛けている。今日最も役に立った指標と言えばVIXだろう。

　　結局、昼食を食べ損ねた。休憩も休暇もすべてマーケットが決めているのだと改めて思う。ナポレオン・ヒルも、「成功とは、ほとんどの人がやらないことをやろうとすることだ」と言っている。

13:32 あと一押しだ。そうすれば、遅く仕掛けた買いの連中をふるい落とすことができる。

13:46 バスに乗り遅れてしまったようだ。スートが違うエースとジャックが来たので高いペアを狙っていた。仕方がない、次に期待しよう。最初の押しでのトレードは何ティックか利益があったが、安全に仕掛けるためにはあと一押ししてほしい。マーケットは今、完全にコイン投げと同じ状態で、この確率では意味がない。

午後に向けて、利益温存モードに入っている。今のところチップは＋1万4000ドルで、最近のなかでは良い感じでトレードできている。

13:52 うーん、さらに下げたら仕掛けたくなりそうだ。シーッ、とにかく静かにしろ。ドン、バカなことをするんじゃないぞ。低リスクで買いのスキャルピングをしたいならば、Eミニが76～77になるまで待たなければならない。

14:00 空売りで少し負けた。前回の上昇では3LBチャートが上がっていなかったことに気がついた。日中に長期の支持線まで下げる可能性がある。82.25で小さいサイズの空売りを仕掛けており、一部はすでに手仕舞ったが、ほんのわずかだけ残している。今は79.75で止まっているが、いずれ上がるだろう。

14:04 良い読みだった。サイズは小さいが、80.50で買い戻した。早くからのDAXのトレードと、どっちつかずのマーケットで疲れた。

14:07 81.25で最後のトレードを手仕舞ってマル。今日は終わりにする。まだ下げる余地はあるが、集中力とスタミナが明らかに落ちてきた。最終利益は1万4700ドルで、3分の1弱はDAXのトレードから来ている。リレーの続きはチームに任せるが、少なくとも損益は一息つける状態にある。大引けに向けての動きは、木曜日の午前中のセットアップになる。

14:14 おかしなことに、Eミニが今79.75になった。これは明日のヒントになると思う。悪いことではまったくない。

今日はここまで、目の前のチャンスと今月の利益を温存することのバランスを取りながら、面白いダンスを踊ってきた。そのために、最初の1時間の下げで逆張りして損失が出たときも（普通ならば強いトレンド日の翌日は高勝率の動きになることが多い）、サイズを小さめにしておいたことで、すでにある利益を大きく減らさずにすんだ。

これで今年8回目の1カ月が終わり、また、新たな根が完成した。

結果はと言えば、7月に比べると変動が小さく、はるかに安定していた。日々の損益比率が17対3というのはまずまずだが、1万4000ドル以上の利益を上げた日が3日しかないことは少し気になる。一方、最大の損失は5万2000ドルだが、これは大丈夫だと思う。それよりも、リスク・リワードとポジションサイズについて保守的すぎないかをかなり心配している。これについては考えてみなければならない。

非常に興味深いのは、7月と8月はまったく違う経緯だったにもかかわらず、ほぼ同じ結果になったことである。また、約2カ月分の完全な投稿記録は、自分の考えをこのような形で書き残しても、トレードの大きな妨げにはならないということを示している。どちらの月も6桁の利益を上げることができた。ただ、自分を過度のリスクにさらさないでさらなる潜在利益があったかどうかを測るのは難しい。

もう手順は分かったと思う。9月もまたゼロから始める。いつものことだが、過去は（近い過去も遠い過去も）まったく関係ない。私が知っているのは、これからあと4つ穴を掘るということだけで、必要なのはシャベルだ。

2008年8月30日（土）　地表に向かって掘る

8月の結果を見直していると、今年の大いなる実験について毎月のパフォーマンスのトレンドを詳しく見たくなった。ただし、このあともこの挑戦を推し進めていけるように、レースの途中で振り返るという危険は避けたい。

そこで、このおかしな47歳は、クイックブックス（会計ソフト）と、エクセルと、ソフトのなかのクレヨンを使って、この月別パフォーマンスのチャートを作ってみた。できれば、集中力の低下と衝突を避けるために前方から目を離さずに、手早くバックミラー分析も行っていきたい。

私の2008年個人積立年金のパフォーマンス

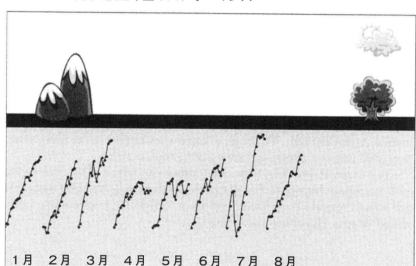

　この日誌をしばらく継続して読んでくれていれば、このチャートがこのような形になっている理由はすぐに分かるだろう。これはクイックブックスのデータをエクセルにダウンロードしてチャートにしてから、いくつかの調整を加えたものだ。調整のひとつは、X軸（図のなかの地表）を、Y軸の私が最高のパフォーマンスを上げた月の数字の少し上に設定したことで、そうすれば毎月穴の底から始めて地表を突き破ることが私のゴールになる（まだできていない）。ちなみに、地中の線は、それぞれが日々のパフォーマンスを結んで1カ月のパフォーマンスを示している。

　このようにして全体像を見直してみると、いくつか興味深いことが分かる。ひとつは、日誌を始めてからのパフォーマンス（直近の2カ月）を相対的に評価できることである。3月と7月はほかの月よりも積極的だったことで結果も変動した（7月のミスを含めて）が、それ

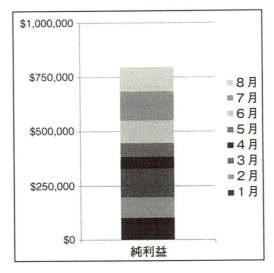

でも8カ月のなかでトップタイの成績だった。もしかしたら、今後も「地表を突き破る」挑戦を続けていくにあたって、このことが最も役に立つ結論かもしれない。これは、失った積極性を取り戻し、最終結果につながるスイングを受け入れる（ただし、思考停止しないで）必要があるということなのだろう。その一方で、4月と5月の結果が低迷した意味はよく分からない。

　今後、このチャートをさらによく見ていくが、その方法にも興味があると思う。あと4カ月で、地面を割って地表に出なければならない。早く新鮮な空気を吸いたいものだ。

2008年9月の日誌より

2008年9月4日（木） ゾーンに入っている

11:00 怖いことになってきた。今日はＥミニのいいリズムに乗っていたし、出来高も良い感じに増えてきた。ただ、次の展開（1260に向かうところでの空売りか、次に下げたときの買い）が終わるまで損益がどうなるかはまったく分からない。これまでのところ、ある程度のサイズで２ポイントを狙うトレードがいくつかできた。特に、10:42の３回目の押しでＥミニを52.75で買い、54.75に向かうところで手仕舞い、そのあと10:50にもサイズは小さくなったが再び52.25～52.75で仕掛けることができた。

　このまま、レンジ下限近くにしばらくとどまるかもしれないが、1260に最初からあるはっきりとした抵抗線に向かえば、今日でも明日でもぜひ仕掛けたい。

11:22 最も良い買値は48.25で、45枚仕掛けた。しばらく泳がせてみる。50を超えたら利食うことを目指している。

11:28 ５枚残して、あとはほとんどを59.75と50.00で手仕舞った。最後の分は50.75で止まっている。

11:31 何てことだ、49.00で増し玉した。簡単に50を超えるはずだ。もし50をブレイクしたら、52辺りまでいくだろう。まだ50.75に止まっているが、51台で手仕舞おうと思う。

11:42 50.75で手仕舞った。再び小さいポジションだけが残り、それは51.50で手仕舞おうと思っている。今日は間違いなくゾーンに入っていると感じる。1260に近づいてから空売りをするのは、天の恵みに違いない。

11:49 今だ、51.50で手仕舞った。次は、価格が上昇してTICKの値も高いときに空売りを仕掛ける。

11:54　52.50で小さいサイズの空売りを仕掛けた。5分足のトレンドがあり、再度1～2ポイント下げるだろう。

11:57　今だ、50.75でやっと買い戻した。

　今日のマーケットペースは特別だ。ここ何カ月かで最高だと思う。

　昼の損益確認。売りと買いそれぞれ681枚で＋2万3000ドルだった。レッドソックスのダスティン・ペドロイア並みの効率だ。ドン、安心するな。まだ日数もチャンスもたくさん残っている。

12:05　ここから強く戻ればいつでも空売りできるが、問題はみんなもそれが分かっていることだ。それまでに1日かかるかもしれないし、バカな空売り派がせっかく急落しても手仕舞うのを忘れるかもしれない。Eミニはレンジの端にあるが、私は16:15:01までパソコンの前を離れないぞ。

12:22　まともなチャートはみんな1260近辺に達している。見失いた

くはない。TUB（ブレイクするまでは信じろ）である。Eミニは今のところ、どっちつかずの状態にある。

12:35 今日はこれからドローダウンから復活する精神状態を適用して、午前中に大きな損失を被ったような気持ちで、午後のトレード（行き詰まっているたくさんの買い手はそう思っているだろう）を処理しようと思う。

　ドン、集中力を高めて、いいかげんなトレードや無理なトレードでこれ以上損失を大きくするな。頑張れ。

12:58 VIXはもう一段上げそうで、Eミニはもう一段下げそうだ。今は見るだけにしておく。だれも買おうとはしていない。長期投資家にとって9月は下げ相場になりそうだ。頭上には強い抵抗線が横たわっている。

13:42 底入れに近いような動きがある。足先をつけては離し、また入れるといった感じだ。42.00で買った大きなポジションを保有していて、午後にスクイーズが起こるのを期待している。

13:56 43.75でさらに買った。1分足の3LBの足が長く、すでに行きすぎになっている。あと一押しで力尽きる気がする。損切りは、41.50か3LBチャートが下げに転じたときとする。もし45を超えれば、激しいスクイーズが起こる余地もある。

14:04 とりあえず42.75で損切りした。

14:06 直近の上げにはまったく「活力」がない。空売り派にパニックの買い戻しを促す45を超えることはできなかった。

14:10 ドン、ひどい損切りだった。マーケットは醜いことになっている。ダウ平均は310ドル安。

14:15 再び「パニック相場での買い」スキャルピングモードだ。朝の嫌な状況と似ている。反転を狙ったが、ダメだった。極端な状況でスキャルピングしている。

14:40 この辺りの展開は難しい。しばらく傍観しよう。

15:05　マーケットと同期できていない。読みが難しい。今は利益温存モードに入っている。

15:50　トレードはしていない。

　午後は、小さいサイズのトレードを2～3回しただけだった。今日の結果は、妥当かつ非常に効率的な＋2万5100ドルだった。投資家にとっては、辛い1日だったに違いない。今日のカギは、自分にとっても辛い日だと信じ込むようにしたことだった。

　しかし、今日はもう終わった。大事なのは明日だ。

2008年9月8日（月）　最高のパフォーマンスとはいかなかった

23:32（日曜の夜）　今の時点で、Eミニが金曜の終値から37ポイントも上げていて、金曜の大引けで空売りしたスイングトレーダーたちに打撃を与えている。看板プレーヤーのトム・ブレイディが膝の怪我でシーズンを棒に振るペイトリオッツよりもひどい状態だ。

　私も複数日にわたるスイングトレードのほうがストレスが小さいため、補足的な戦略として持っておくべきではないかと思うこともある。しかし、今日のようなことがあると、個人的にはマーケットが開いていないオーバーナイトの時間帯に破滅的な出来事が起こるのを避けるため、ポジションをオーバーナイトで持つことはけっしてしたくないと改めて思う。ちなみに、今回の動きをもたらしたのは、もちろん日曜日の朝にフレディーマックとファニーメイに対する連邦政府の救済措置が発表されたからだった。

　皮肉なことに、今日は結婚23周年を祝うため、ほとんど外出していた。ニュースを知らなかった私は、その夜、グローベックスの寄り付きが金曜日の終値で60分足での抵抗線の辺りならば小さい空売りポジ

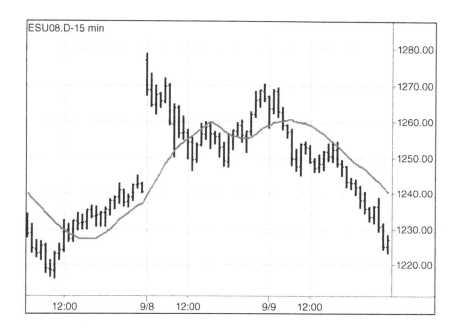

　ションを建てようと思っていた。しかし、17:45ごろにグローベックスが始まる直前の状況を見ようとマーケットをのぞくと、何と気配値が1260台になっていたのだ。

　再び、作戦変更だ。月曜日は面白いことになりそうだが、マーケットが落ち着くまではほとんどトレードしないかもしれない。木曜日と金曜日の自然で緩やかな流れは明らかに中断され、マーケットが新しいリズムに慣れるまでには少し時間がかかるかもしれない。

10:47　しまった。日誌に書いたことにもっと注意すべきだった。ここでも、寄り付き後最初の上昇ではもっと積極的に逆張りすべきだったし、TICKが一時的に上昇して1分足が下げたら、増し玉すべきだった。この目で見て、正しく読んだが、月曜日の急展開の直後に積極的に攻めるのは難しかった。ただ、言い訳はしない。最初にキングが配られても、じっくりプレーしていこう。

11:11 マーケットは神経質で噂に踊らされている。UAL（ユナイテッド航空）が破産申請する・しない、何年か前に考えたなどといった噂につられてＥミニもかき回されている。15ポイントも乱高下しているのだ。かなり前に、元掃除機セールスマンだったアナリストが登場してインターネット株の予想を発表したのだが、その株が以前に分割していたことを忘れていた（私にとっては過去最高のトレードになった）という話を思い出した。この調子だと、Ｅミニはトム・ブレイディのMRIの結果が発表されるころまでには変動しているだろう。今日は点が入らないトレードになりそうなので、私も日曜日のペイトリオッツと同様、守りを固めることにする。当面の目標は、多くのトレーダーが倒されているなかで、両膝とも無傷の状態で明日を迎えることだ。ドン、あとからああだ、こうだと言うよりも、今日は絶対に離れておけ。ブレイディだって、あと一歩右に除けておけばよかったのだ。

11:37 中断はあったが、15分足の上昇トレンドを信じて小さいサイズでトレードしていた。ところが、UALのフェイントで、すでに最初の大きな反転が起こっていたため、次は試しがあったとしても１分足が明らかに反転しないかぎり信用はしない。11:00の噂による急落と小休止があとほんの少し長ければなお良かった。あきらめて、前に進め、ドン。

11:55 NQ（ナスダック）が25ポイント下げた。行き詰まった買い手にはよくない。

12:02 3LBチャートは、１分足は上昇に転じたが、15分足はそのまま。NQが暴落してVIXも下げに転じたため、3LBチャートを信じて買うつもりはあまりない。もしＥミニが1250を割れば、注意が必要。

12:07 １分足の3LBが下げに転じた。51.75で小さいサイズの空売りを仕掛けた。すぐに下げるだろう。

12:11 下げたところで買い戻す。46.25で停滞している。まだ、最後

にワイリー・コヨーテ張りの逆さ落ちを期待している。

12:13 TICKがおかしいので、47.50で手仕舞った。やっと「少し」リズムが見えてきた。しかし、マット・キャッセルだって「1回は」タッチダウンできるのだ（キャッセルはブレイディが怪我で退場後クオーターバックを務めた）。ただ、これが私の最高の球ではない。

12:44 狭いレンジでの流動性を提供しているが、思ったほどうまく大きなスイングに適合できていない。最初のスキャルピングの仕掛けはいつも0.50～0.75早すぎ、自然にトレードできている感じがない。日中の利益は＋6000ドルだが、根をつめすぎた。

12:59 1260が再び重要なポイントになっているようだ。

13:05 1260近辺になると空売りがなくなる傾向があるため、空売りするときは損切りをそこに置くことにする。

13:14 読みと展開は良いが、全力モードから利益温存モードに移行。今日これまでの勝ちトレードは、ペイトリオッツ対チーフスの試合くらいひどいものだった（この試合でブレイディは痛めていた膝にタックルを受けてシーズンを棒にふった）。良い判断も悪い判断もあったが、このなかには行動をしなかったことも含まれている。良いほうが多かったが、悪いほうはパフォーマンスに対する大きな警告になっている。頭を整理する必要がある。

13:25 マーケットはどちらにも転びそうな感じがするが、1260は今も空売りのカギとなっている。3LBの足はまだ短く、VIXは上げようとしている。長期的な買いのボタンは今は封印しておく。

13:54 次の戻りで空売りする。

13:56 50.50で空売り。目標値は日中の新安値を付け、VIXが上昇したときとする。

13:59 一部を利食って損切りを仕掛け価格に動かしたので、あとはこのまま流れに乗っていく。

14:04 不注意から、最後の買い戻しは53を超えてしまった。最高の

買い戻し価格は48.25だったが、最後に一部の利益をマーケットに返すことになってしまった。ドン、前回の投稿をもう一度読み直せ。「仕掛けたら損切りを置く」を忘れてはならない。今回はサイズは小さかったが、そういう問題ではない。不注意はダメだ。

14:08　今日はここまでにする。パフォーマンスにはまったく満足していない。＋8800ドルという利益に意味はない。読みはAだが実行とキレはCだった。

2008年9月9日（火）

10:19　昨日は大きく上げて終わったものの、結局、始値と終値にはあまり差がなかったため、今日は明らかな「トレンド日の翌日」とも言えず、午前中の読みが難しい。今週はまだリズムにうまく乗れていないし、午前中の流動性を提供するトレードは明らかに利益が出ていない（－1万1000ドル）。そのうえ、ほぼ1年ぶりに接続スピードの問題まであった。今週前半の損益は累計でマイナスになっており、あと3.5日で1週間分稼がなければならない。これは楽しむしかない。

　最近の早朝トレードの予期しない問題が、イライラの原因になっている。早朝は、これまで何年もパフォーマンスが良い時間帯だったが、最近の「急いで撃たなければやられる」というペースのマーケットで、なぜためらってしまうのかが自分でも分からない。

　今日はトントンを目指し、あとは小さいサイズのトレードを実行していくことだけに集中する。気を引き締めて集中力と努力で乗り切るつもりだ。

10:44　わずか15枚のトレードだが、5分足の押しで1ポイント利食った。読みも実行もうまくいった。今は損益のことはまったく考えていない。今日の目標は、リズムを取り戻し、自信を少し取り戻すことにある。それができるまで、この状態をミニEESM（緊急に目いっぱ

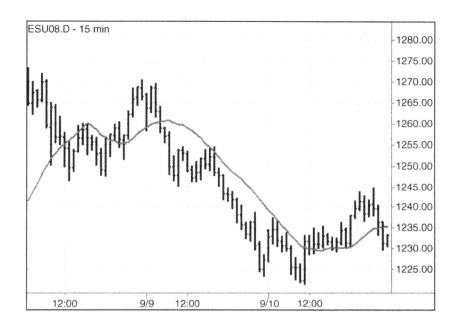

いスキャルピングするモード）と呼ぶことにする。

10:51 2回目は、TICKの極端な値で30枚買った。

10:54 3回目も。もしかしたら、日曜日の「BMWのエンジンくらいスムーズに走っていた先週の流れを台無しにする」ニュースと月曜日の偽りの上げ下げのあと、マーケット（あるいは私）が足がかりとリズムをつかみ始めているのかもしれない。ドン、それでいい。怒れ。血を沸かせ。

11:00 TICKはプラスの値が続かない。月曜日の痛ましい上昇トレンドがブレイクされ、今週初めて5分足に暫定的な下降トレンドができた。大きくリトレースしたら少しサイズを大きくして空売りしようと思っている。1255に近づけばうれしいが、その間少しずつサイズを大きくしていく。

11:14 4回目、小さい戻りで空売りした。行きすぎは危ない。

11:17 5回目、TICKの極端な値で買った。引き返したら危ない。サイズはまだ小さい。

11:45 6、7、8回目と55に向かう小さなプルバックでスキャルピングしてしっかりと利食った。

12:00 驚いた。朝の損失をすべて取り戻した。ひどいスタートだったことを考えると、正直信じられない。午前中後半のトレードが朝に比べて良くなっている理由はまったく分からない。面白いことに、早朝のチャートを見ると、いつもとかなり違うがトレードは可能だった。しかし、月曜日と同じで、私は早くポジションを取りたい衝動に悩まされ、マーケットとうまく歩調を合わせられなかった。利益のことばかり考えるのは一度やめたほうがよいのかもしれない。

13:05 トレードしていない。

13:20 流動性を提供するだけの小さいトレードを仕掛け、0.50ドルで利食った。キングかエースが来なければ、これ以上トレードするつもりはない。VIXの値と1260を下回っているEミニから判断して、まだ下落する余地があることを示唆している。

13:30 いいぞ。50.25の戻りをつかまえ、49.50～48.50で買い戻した。もし今日の安値がブレイクされたら注意が必要だ。昨日、一部の人たちが待っていた気持ち悪い状況になるかもしれない（昨日の14時ごろ損切りにあった最後のポジション）。

13:34 1248で空売り。VIX指数はEミニが下がることを示唆している。午後はサイズを小さく保とう。最も良い買い戻し価格は46.50。残りは昨日と同様、今日の安値をブレイクするまで流れに乗っていこうと思う。

13:44 47台後半で増し玉した。VIXが上げそうに見える。2時ごろの出来高になるまで待つべきかもしれない。だれがこんなマーケットで買うのだろうか。チャートの形も良くない。ワイリー・コヨーテ御用達のACME社のダイナマイトが必要かもしれない。

13:48 ドッカーン、42.50で仕掛け始めた。結局、41.25で値動きは止まっている。ポジションサイズはずっと小さめに保っている。今はリズムに乗れていればよい。自分の仕掛けの平均値を見なければいいのだ。

13:59 Eミニ1枚の板が抜けずにいる。41.25でまだ止まっている。原則に従うことが何よりも大事だ。

14:05 とにかく静かに静かにしている。

14:08 2ティック違いで機会を逃した。最近、損切りの使い方について質問があったが、その好例と言える（トレイリングストップを含めて）。たった1枚のトレードでも関係ない。私にとって、損切りはほとんど意味がない。大事なのはサイズだ。

14:12 マーケットは思わせぶりに1ティックまで近づいた。それ以上ブレイクしないので、43で手仕舞った。昨日14時に学んだ教訓だ。

14:17 ひどすぎる。今になって吹っ飛んだ。このダマシはいじわるな誘いだ。しかし、読みも全体の展開も良かった。最後の展開も結局は楽しんだ。ただ、今でも下げるとは思っている。

ペースを落とすことにした。Eミニはどっちつかずで、この先は見当もつかない。短期的には行きすぎだが、反転するふりをして多くの押し目買い派をイラつかせている。

15:34 大引けに向けてトレンドができ、明日の寄り付きが本当の「トレンド日の翌朝」のセットアップになるかどうかを注視している。ゲームに参加し続けるため、いくつか小さいスキャルピングで利益を上げたが、寂しい結果で今日を締めるつもりはない。明日には明日のチャンスがある。

16:00 やった。引けに向けて少し降伏の兆しが見えた。この水準からはこの先、大きな動きが期待できる。

日中の利益は1万7000ドルから大きく減らして+6200ドルになった（最近読み始めた読者のために書くと、この日誌の数字はすべて取引

手数料を引いた額になっている。実際の総利益はこれよりも大きい）。この程度の利益でこれほどうれしいとは思わなかった。早朝の成績は、読みがC、実行はD－、それ以降の成績は、読みがA＋、実行もA＋、大引け近くで格好をつけて押し目買いをしなかったことに加点。

できれば、特に重要な日である明日はリズムに乗りたい。
楽しみにしておく。

2008年9月10日（水）　堅実なパフォーマンス

3:50　頭を切り替えて、パフォーマンスを改善するために1年ぶりにナスダックのトレードをいくつかするとともに、昨日のグローベックで「やろうとした」アイデアも試してみたい。特に、Eミニがオーバーナイトで火曜日の盤石な抵抗線のほうに近づいたらそうしたい。ちなみに、ヨーロッパの寄り付き（およびその前の時間帯）でDAXとEミニが頑丈な壁に3回も跳ね返されているのには驚いた。

　DAXの寄り付きで空売りを仕掛け、下げたところでかなり利食えたが、Eミニでは意図的にサイズと保有時間を増やして何回かの変動をとらえようとしている。正直、一番大変なのは寝ないでトレードすることだが（まだ寝てない）、読みと実行と自信（これが最近欠けていた）はみんなそろっていたため、良い状態で「1日」のスタートが切れた。これから少し寝る。

6:57　2時間しか寝ていない。つまり、今日はせいぜい14時ごろまでしかできない。チャートを見ると、グローベックスの時間帯に起きていたのは良かったが、オーバーナイトで予想どおり跳ね返されて、Eミニが1240近辺で4回以上明確な空売りの気配があったことを考えると、日中の時間帯は予想どおりにいくかどうか分からない。オーバーナイトにこのような動きがあると、通常の取引時間には同じような動

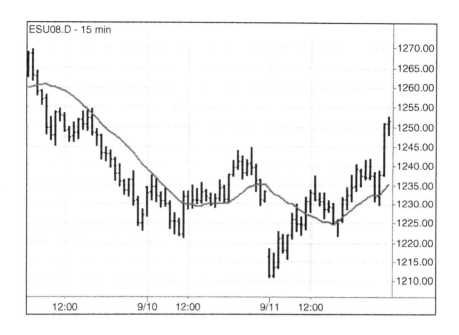

きはしないことが多い。ただ、もちろん抵抗線とその根底にあるトレンドに十分な力があればそうなるため、今朝はブレイクするまでそれを信じておこう。

10:42 Eミニは、典型的な「トレンド日の翌朝」モードにあって、夜寝ていた人たちに新しいチャンスを提供している。皮肉なことに、グローベックスのペースはトレードしやすくなったように感じる。しかし、私は15分足での抵抗線で空売りを仕掛けた。ただし、9:30～9:45の好調はまだ取り戻せていない。今は一歩下がってディーラーが良いカードを配ってくれるのを待っている。長期的には下降していると思うが、短気的にはコイン投げと変わらない。

11:48 11:30の価格とTICKのダイバージェンスから、いくつか底値買いをしたら、売られ過ぎの反動で得た利益が前に仕掛けて試しで損切りに達した買いトレードの損失の一部を相殺してくれた。寝不足の

ツケがだんだん回ってきて、動きが悪くなっている。今日は極端で良いスキャルピングのマーケットになっており、教科書どおりの「トレンド日の翌日」らしくボラティリティも高い。自分でも、逆張りするタイミングが昨日ほど「早く」ないのは分かっている。このマーケットでは大事なことだし、今後のマーケットペースに対する私の自信が表れているのだろう。

　Eミニはどっちつかずのまま昼休みの時間帯に入る。これは少し面白いかもしれない。

　前に、頭を少し切り替えるためにナスダックをトレードしたと書いた。頭をすっきりさせるために別のマーケットをトレードする必要があったのだが、これは助けになったと思う。純利益はたった25ドルだったが、目的は達した。

12:48　トレードはしていない。逆張りするための極端な値を待っているが、だいたいは狭いレンジに収まっている。

13:17　流動性を提供するだけの小さなスキャルピングで、レンジを小さくブレイクして0.75ドルで利食った。しかし、ほかにはチャンスがないし、電話ボックスで卓球するようなことはしたくない。

13:39　このレンジをブレイクしかけたところで買いを仕掛けた。34.75で買い、1ポイントで一部を利食ったが、もし押しがあれば、増し玉する。あとは流れに任せよう。VIXがEミニを上昇させそうだ。

13:43　34.75で増し玉した。これは、もし空売り派がスクイーズに遭えば、40に向かって急騰するかもしれない。損切りを32.00に置く（この辺りで1分足の3LBが下げに転じるはずだ）。

13:47　33.00と33.25で損切りした。素早さが足りなかった。もし前の高値をブレイクすれば、もう1回仕掛けるかもしれないが、今回はうまくいかなかった。

13:51　ドン、損切りしたのは良い判断だった。良い読みだ。今後は36.00をブレイクしたときのみ買う。

13:58 空売りのスキャルピングが32.75で含み損を抱えている（これ以上上がると困る）。前回上昇したあとで、買い手が逃げ場を失っていると思う。ただ、サイズは小さい。午後は利益温存モードでいこう。

14:02 マル。最高の買い戻しは31.00だった。これからどちらに向かうのだろうか。5分足のトレンドはまったくの横ばいになっている。チャンスもないし、勝率はコイン投げとまったく変わらない。2番目の風が吹いてきたようだ（マーケットではなく私に）。ただし、それがずっと続くと思ってはならない。さらにカードを見ないと決められない。ドン、推測はやめておけ。

14:13 35.50と36.00で買う。1ポイントで一部を手仕舞って、残りは流れに任せる。40に向かうはずだ。

14:15 38.00で手仕舞う。残りは39.75と40.75で利食いたい。

14:16 39.75に達した。良かった。午後はサイズを小さくする。なぜまだプレーできているのかよく分からない。今日は長い1日だった。ドン、いちいち考えずにただ反応しろ。

14:18 40.75に達した。うれしい。空売り派が買い戻しをあきらめて突出高があれば空売りするが、そうでなければ今日はもう終わるかもしれない。抵抗線は40台半ばにあるが、1250近くまで突出高がないかぎり空売りはしない。今日は利益も上がった。このチップはだれにも渡さない。

14:25 疲労の限界に近いが、今は逆張りに集中しなければならない。トレードはスポーツではないなんてだれが決めたのだろうか。リリーフ投手はどこにいるんだ。ただし、パペルボン（感情の起伏が激しい投手）はやめてくれ。少し水を飲もう。

14:36 抵抗線の範囲に入ったが、仕掛けるにはもうひとつはっきりとしない。反応も悪いので、ここは見るだけにする。今のところ1236～1244に明らかにレンジがある。グローベックスのように15ポイントの突出高を空売りするなどということはできないのだろうか。

14:54 41をブレイクダウンしたので、1ポイント狙いの空売りを仕掛けた。

14:58 37～38で買いトレードを1ポイントで利食った。

15:02 トレードの利益が明らかに減っている。それに続かない。不安だ。

15:23 ここに、自分が機能していないことを宣言する。

今日は＋2万7400ドルを確保した。

あと111日。もしかしたら行けるかもしれない。

だれかタオルをくれ。

2008年9月11日（木）　午前中は攻撃、午後は守備

11:25　早朝に、DAXが15分足での抵抗線に向けて教科書どおりのリトレースだったのに、それを逃した（これほどのセットアップがあったのにどうしたらDAXの利益がマイナスになれるのか）。このことを含めて、早朝のグローベックスの時間帯を大いに無駄にした（利益は出たが、ぐっすり寝たあとということを考えれば十分とは言えない）。しかし、そのあとは再び午前中後半のリズムがつかめてきたようだ。15分足での抵抗線に向けた11:04の残酷な突出高でEミニが損切りに引っかかるということはあったが、DAXの教訓を得たあとだったのでうまく処理でき、結果は大丈夫だった。

11:34　Eミニはスクイーズに向かっているのかもしれない。このところ、戻りで簡単に空売りできるようになっているが、空売り派は後場は注意したほうがよい。最後に15分足での抵抗線で空売りしたトレードは、1223で買い戻した。Eミニは今は1230になっている。

　はっきり言って、トレードがものすごく簡単に思えるときは、注意したほうがよいが、私は今まさにそう感じている。この2週間は火曜

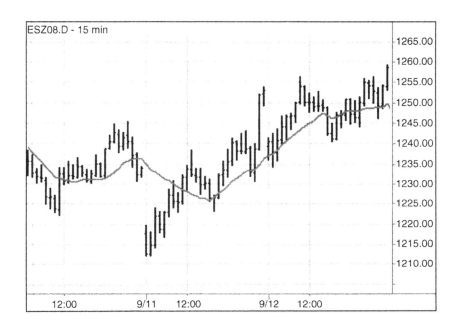

日早朝に苦戦したことを除いて、おおむね変にうまくいっている。執行がうまくいかなかったときでも、読みは正しかった。これは大きな警告シグナルだ。ロイヤルストレイトフラッシュ並みのセットアップができないかぎり、午後のトレードはやめるかもしれない。

今日はゆっくりと昼休みをとろう。

11:52 昼休みに向けて空売り派がスクイーズに遭っている。Eミニは1233で、グローベックスの高値に迫っている。空売りのポジションが残っていないか3回確認した。60分足での抵抗線が見えているが、これはあえてパスして昼食後に状況を再評価しよう。ナスダックがEミニのパフォーマンスを上回っている。興味深いが、だからこそ空売りに注意すべきなのかもしれない。3LBチャートは、1233で反転してから足が長くなっている。

12:34 60分足での抵抗線は今も続いている。何回か小さいスキャル

ピングをしたが、ほとんどは傍観している。これから昼休みをとる。

13:56 昼から戻った。ちゃぶつきは別にして、大きな動きを見逃したことはなさそうだ。ダウ平均は＋0.41、S&P500は＋0.00．Eミニの日中の時間枠とVIXはすべてどっちつかずの状態にある。ここ2〜3時間は出来高も少ない。静かな午後になるのだろうか。

14:11 出来高は少ないが、小さなスパートは何回もある。14時の上昇でいくつか買いを仕掛けたが、午後に入ってサイズは非常に小さくしている。VIXは上昇を示唆しているが、出来高が非常に薄い。1分足チャートの反転のタイミングを見ている空売り派の状況がみるみる悪くなっている。この間違いは犯さないようにしよう。

14:25 面白いことに、今私は買うべきだと思っているが、あまりトレードしていない。それよりも、空売りのトラブルに巻き込まれたくない。どちらにしても、午後のトレードはあまり得意ではない。空売りは、突出高や明らかな反転があったときのみ考える。このようなときは、見たことについての考えを声に出すことで、日誌が本当に役に立っている。

14:58 取引時間終盤だが、マーケットのリズムと同期できていない。軽く「ゲームに参加するためだけの」スキャルピングをしているが、少しマイナスになっている。ただ、サイズは抑えているし（今日前半は30〜60枚だったが、今は5〜10枚）、午前中の利益もほぼ残っている。出来高が薄いまま、おかしなリズムが続いている。

15:14 何カ所か紙で手を切りながら、読者のコメントを見返していた。返事に書いたとおり、私の今日の勝率はおそらく50％くらいだろう（感覚的には、午前中は80％超、午後は20％といったところだろうか）。ただ、勝ちトレードのサイズが大きく、午後はかなり抑えていたことが損益の差になり、午前中の利益を温存できた。何年も前ならば、利益をすべて失っていただろう。

15:31 午後の空売りにマーケットの不満がたまっているのは間違い

ない。意地悪な反転で、信頼できる空売りポイントはあまりなかった。
16:00 リーマン・ブラザーズが買収されるという噂が広がり、引けにかけてEミニがさらに20ポイント上げた。午後、空売りした連中はさらにイラついているはずだ。

　今日は興味深い日だった。振り返ってみると、3つの時間帯のうち、私の基準では2つがダメだった（グローベックスは損失で終わり、午前中はある程度のサイズでうまくいき、午後は小さいサイズでうまくいかなかった）。最終利益は1万5700ドルで、午前中の利益の95％を確保できた。午後は少し雑になったが、サイズはうまく処理した。サイズ管理に関しては、間違いなく良い日だった。
　午後のトレードがうまくいった人はおめでとう。しかし、私は守備を選んだ。

2008年9月12日（金）　楽しいことには……

10:52 そのときが来るのは分かっていた。マーケットとぴったりと歩調を合わせられたとしても、それが永遠に続くことはないのだ。今朝は明らかに自分のゲームができておらず、まるで木曜日の午後の途切れがちなリズムがうつったかのように、マーケットのペースに合わせることができなかった。理由のひとつは12月限への乗り替えが始まっているからかもしれない。ちなみに、今週では初めて、損失からの回復をあまり考えなくてよい。
　早朝に、やっと木曜日の15分足での支持線で反転したが、とてもちゃぶついていた（寄り付きである程度のサイズの買いをしようとしており、それは勝率が高いトレードになる予定だったが、砕け散った）。前にも書いたが、マーケットの「ペース」は、ほかのことと同様、私にとって非常に重要なのだが、それが昨日の正午辺りからあまり合っ

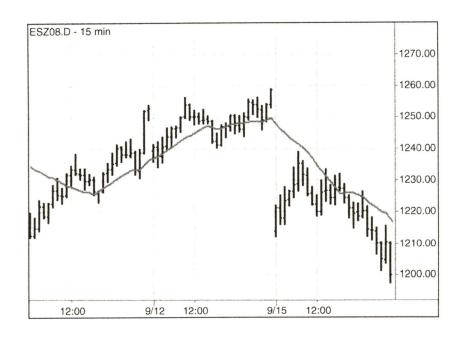

ていない。チャートを見ると、7月や8月に非常によく似たペースで（暫定的な高値や安値がついたと思ったら突然急騰して損切りに達するようなマーケット）、買い手も売り手もイライラしているのが分かる。長期的に見れば、この上昇はサケが川を遡上していくように見えるのだろう。

　そこで、今日は自分の傷をなめておくだけにして（－1万ドル）、今週を終えることにする。1万ドルという損失は、私にとってある程度の警告シグナルになる。私は1日を1つのトレードと考えているが、これは私なりの「損失を最小限に抑える」方法なのである。

　これで13日間の連勝が終わり、月曜日からまた出直しだ。金曜日のドローダウンは嫌いだが、今週は全体的にうまくいったし、何回か大きい利益もあった。そのうえ、今朝のDAXのトレードもプラスだったのだ。

12:03 う〜ん、先の発言は少し早すぎたかもしれない。やっとEミニに何らかのペースができてきた。行きすぎのところで、良いリズムでスキャルピングを2〜3回行った。ドローダウンを少しでも減らせるだろうか。

12:20 この上昇はあまり信用できない。VIXは上昇している。もしかしたら、やっと右のショルダーの高値に達したのかもしれない。

12:48 Eミニが下にブレイクし、出来高も多い。

13:05 戻りに合わせて、44.25〜44.75で空売りする（12月限）。サイズは控えめ。

13:09 一部を利食いし、残りは流れに任せる。目標は40.50。

13:24 まずまずだった。最良の買い戻し価格は41.75。抵抗線は、前回ブレイクした1248の下限にあり、そこに近づいたら再び仕掛ける。

13:33 47.25で空売りし、45.75までの間に買い戻した。最後の小さいポジションのみ流れに任せている。

13:37 44.00で手仕舞い（大玉のトレードなのによく出来たものだ）、今日は終わりにする。驚くことに、1日の結果は辛うじて900ドルのプラスだった。午前中のパフォーマンスが振るわない日がときどきあるが、これはなくさなければならない。

ちなみに、今日の投稿のタイトルは後場の前に付けたものだが、このままにしておく。もしかしたら、楽しいことには、本当に終わりがあるのかもしれないが、結局今日はそうはならなかった。良い1週間だったが、いつものようにやるべきことはたくさんある。

2008年9月18日（木） マーケットの恵み

最初にはっきり言っておく。これは、私にとってこれまでで最も難しい投稿になる。どこから書けばよいのかすら分からないが、やって

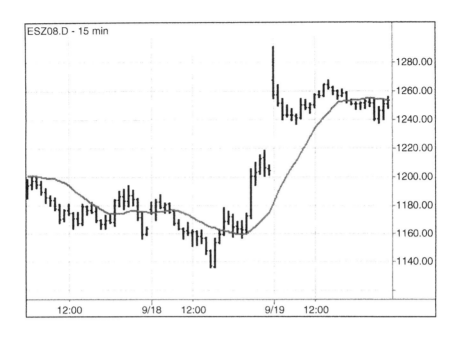

みよう。

　通常、私は特別の日でも気後れすることはない。何年も前から言っていることだが、1年、もしくはトレーダー人生のなかで見れば、どんな日でも単独ではさほど重要ではない。1回のトレードや1日を終えたらもうそのことは忘れなければならない。その時点で唯一大事なのは次のことだからだ。もちろん、こうしてカウントダウンしている2008年12月31日までが利益を上げるために残された時間であり、私にとってはなによりも重要なのである。

　しかし、今日はトレードという仕事において受けた恩恵にひどく感動した。今日は、実質的なトレーダーとしての1日は、正午で終わっていた。私はこれまで自分の損失や間違いについて率直に書いてきたが、今日は利益についてもそうしようと思う。

　それは最初は何の変哲もなく（実際には少しイラついていたかもし

れない)始まった。昨日のマーケットがパニックで終わったため、私は昨夜から朝になったら買おうと考えており、ユーレックスの寄り付きに合わせて午前3時に起きるつもりだった。ちなみに、オーバーナイトのポジションはマルだった(性格上、ポジションを残しては寝られない)。ところが、目が覚めたのは朝5時で、いくつかの素晴らしいチャンスを逃していたことを知った。もちろんあまりいい気分はしなかった。しかし、じっと待っていればチャンスが来る気がなぜかしていた。

　もしかしたら、早朝のチャンスを逃したことに対する不満が、集中力を高めることにつながったのかもしれないが、そこからは本当にすべてがうまくいき始めた。Ｅミニは9:45くらいに下げ始めたが、TICKを見ると昨日よりも安値が高くなると思い、私は激しく買い始めた。それからの2～3時間は、無我夢中でマーケットについていった。サイズ、仕掛け、手仕舞いはほぼ完璧で迷いもまったくなかった。これは映画「大逆転」の最後近くでウィンソープとバレンタインがデューク兄弟をやっつけたシーンに似ていた。そして、午後は完璧に利益を温存(最低限のトレード)しつつ、少し上乗せしたのである。まるで、この10年の経験が、この一瞬に花開いたような感じだった。本当に押し寄せたという言葉以上にこの感覚を表現することができない。

　結局のところ、Ｅミニの総利益は7万6600万ドルというすさまじい金額で、投資口座の残高は7万0400ドル増えた。年間利益目標の7％を、1日で稼いでしまったのだ。今でもとても信じられないが、総利益はトレード・プラットフォームで確認した数字なので、現実だ。

　もちろん、うまくいかないこともあった。午後の買いを避けることができなかったし(ただし、空売りのほうはうまくいった)、朝のDAXのトレードでも損失が出た。しかし、それが明日への意欲につながっている。ここで文句を言うのは、レッドソックスが2004年にワールドシリーズを制覇したときに、マニー・ラミレスの髪型が気に入

141

取引所	商品	買い(枚)	売り(枚)	差(枚)	最終損益
シカゴ先物		3291	3291	0	
		3047	3047	0	
	ES	3047	3047	0	76625.00
ユーレックス先物		244	244	0	
	FDAX	244	244	0	-2012.50

らないというようなことだ。

　私のトレードを長年見てきた人ならば、私が強い信念を持っていることを知っているだろう。ただ、私はそのことを叫ぶよりも身をもって示したいと思っている（なかなかそうはならないが）。そして、今日は神の恵みがあった。率直に言って、今の私にはできすぎだからだ。今日のことは、もう少し実感できるまで、どう言い表せばよいのかよく分からない。

　ただ、このことは忘れて先に進まなければならないことも分かっている。ドローダウン（最近では火曜日と水曜日）から復活できることはときが示している。そして、自分が必ずどん底から這い上がってこられるということを信じることが私の拠り所となっている。しかし、今は今日のことを逆にとらえて、最高の日ではなく、最大ドローダウンの日だと信じ込まなければならない。

　今週はあと1日あるし、残り104日がすべてだ。挑戦はまた続いていく。

2008年9月19日（金）　忘れ難い週

15:40　昨日のトレードを終えて、自分をそれまでよりも理解できるようになると思ったら、実際には、大金を儲けたあとはうまくトレー

パート2　100万ドルのレースを記録する

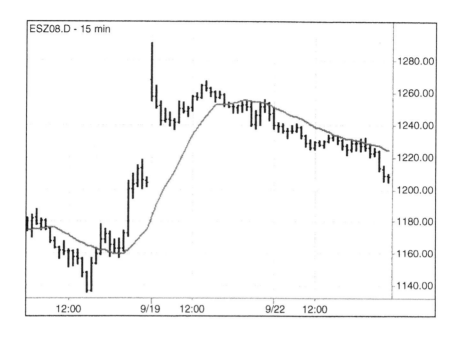

ドできないということを学んだだけだった。最初のトレードに大いに出遅れ、そのあとも何かと躊躇してしまったのだ。とにかく集中できていなかった。実際、時間外取引で仕掛けた「おまけ」の空売りが、1260台で値幅制限に遭い（もともと10～15ポイント下げる予定だったが）、さらなるニュースで、損切りも再度仕掛けることもできなくなってしまった。そして、このとき（Eミニが一時停止しているとき）、まだトレードできて高値圏にあったDAXを空売りするということに頭が回らなかった。結局、このことが寄り付き以降に損害を最小限に抑えようとあたふたすることにつながった。今日は昨日の素晴らしい利益とはほど遠いトレードだった。マーケットのブレーカーは、ほんの一瞬で＋3万ドルを－3万ドルに切り変えてしまうことができるのである。

今週は、来る日も来る日も自己資金をリスクにさらしている多くの人にはなかなか忘れ難い週になった。破綻したトレーダーも数多くいるだろうし、最終損益が大きくプラスになった私でも、癒やしが必要な傷をいくつか負った。

　今週のことは、12月31日には遠い記憶になっているかもしれない。資産曲線の今週の伸びは、実質的に木曜日の利益であり、今週経験した大きなスイングや傷（この仕事においてときに避けることができない要素）はそこに埋もれている。しかし、トレードという仕事において、傍観して安全にプレーするということはあり得ないのである。

　私は、自分が辛い思いをしたあとにうまくトレードできるということは分かっていたが、今日はそのことを再確認した。今年初めて、「ドローダウンから復活する」（この道の挑戦において不可欠な精神状態）と思い込むことができなかった。そして、集中力のなさとキビキビ実行できなかったことは、結果によく表れていた。昨日はエネルギーに満ちていたはずだったが実際にはそうではなかったし、1週間で2回も2万ドル以上のドローダウンに陥るというのは単純に許されることではない。また、1日休みをとるというのも選択肢にはない。トレーダーの休みは週末だからだ。「利益にあぐら」をかいていたら、資金を増やすことはできない。しかも、今朝は間違いなくチャンスがあったのだ。

　今週の結果には満足していない。今週のことは、完全に忘れて次に目を向ける必要がある。

あとから一言
　結局、この日の最終結果は－2万5700ドルだった。

2008年9月23日（火）　最終ラップに向けてハードルを上げる

　第3四半期の終わりまであと1週間、しっかりと自己分析をした私は、このレースの最終コーナーに備えて2つのことをすることにした。自己分析は、ここにきて少し疲れが出てきたことと、日々の資産残高チャートをのぞき見たことがきっかけだった。

　まず、この9カ月で初めてのことだが、ギアを入れ換えて第3四半期の最後の5日間は積極的に守備を固めようと思っている。つまり、この四半期の終わりに、積極的に収益温存モードでいくということである。理由は簡単だ。この2～3日のパフォーマンス（今日は回復したが）を見ると、記録的な利益を上げたあと、自分がかなり疲れて集中力を欠いている（ボラティリティが高いマーケットには向かない状態）ことが分かった。そこで、これまで順調だった第3四半期の利益を固め、年末の追い込みに向けて頭をすっきりさせたいと思ったのだ。いずれにしても、私は月末に力を出すタイプではない。

　この日誌には新しい読者も古い読者もいると思うが、最近の私の行動を見て「少し落ち着け、DAXのトレードをやめろ、ゴムハンマーに代えて衝撃を和らげろ」と人々は言っていたが、頑固な私もやっと聞く耳を持ったということだ。確かに、私は疲れている。それは投稿にも、読者のコメントにも、この何日かの利益が減ったことにも表れている。ぜひまたコメントをしてほしい。そうすることで、お互い力をつけていくことができるからだ。

　ただ、そうするにあたってひとつ心配なことがある。私をここまで導いてくれた攻撃性を失ってしまうのではないかということだ。そこで、2つ目の調整として、年間のハードルを1段上げることにした。目標額を「ストレッチ」して125万ドルとするのである。そうすれば、12月31日に最終利益を集計するときまで、意欲を持ち続けることがで

きる。「ストレッチ」と言っても、私の最初の目標額はあくまでそのままで、「ストレッチ」分はボーナスと考える。達成できたときはその一部を慈善団体に寄付したり、トレード業界に何らかの形で還元したりしたいと思っている。

　3本目のラップがほぼ終わり、ゴールまで残りあと3カ月となった。カウンターは、100日を切っている。しかし、レースはまだ終わりではないし、その間にすべきことはたくさんある。今は、最後のスパートの前に、少しだけ顔を上げて息継ぎをしているだけだ。

2008年9月26日（金）「トレード」を手仕舞う

11:39　準備万端整えているが、ほとんどトレードはしなかった。ただ、寄り付き直後のTICKが定まらない時間帯に買いを仕掛け（チャート参照）、ゼロに向かったところで手仕舞った。これは、かなり堅実なトレードで、リスク回避のために素早く利食った直後にまた仕掛けた。このときは、ブッシュ大統領の会見が迫っていたため、いつもよりも少し複雑な処理になった。TICKの安値を付けていたEミニが8ポイント急騰して、押しを付けることなく、一瞬でまた元の水準にまで下げたため、素早く機転を利かせなければならなかったのだ。もしブッシュ大統領の会見がなければ、もっと買っていたかもしれない。しかし、それ以外は、素人しか信じない救済の噂に反応するどっちつかずの展開で、興味を引く動きはあまりなかった。いつものように、ニュースは聞かずに需給パターンに注目することにする。

　VIXは昼に向かって上昇を続けているが、午後に入って週末を控えた買い戻しがあればどうなるかは分からない。今はEミニの20〜30ポイントの窓が相場を支配しているが（毎晩、現金に戻しているので本当に安心だ）、もし週末にあまり芳しくないニュースがあれば、月曜日に再びどちらかの方向に窓が空きそうな気がする。ちなみに、あく

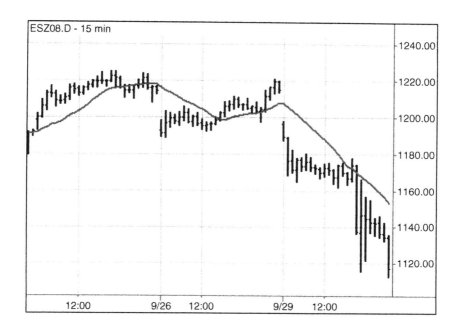

まで トレーダーとして言うと、18日のような一方的な相場がもう1回あればうれしいが、そんな当てはない。今欲しいのは、次の高勝率の短期パターンだけだ。

13:34 12:30から13:30の上昇は、まずまずのスキャルピングのリズムとペースだった。1分足と5分足のトレンドで少しずつ買っている。もしＥミニが1203に向かって下げれば（今は1206辺り）、鋭い押しを待ってスキャルピングを仕掛けようと思っている。もちろん、金曜日の午後は積極的になりすぎるつもりはない（知ってのとおり、私は金曜日のドローダウンを嫌っている）。

13:42 Ｅミニは心配の壁を駆け上がっているが、私は巻き込まれていない。先に仕掛けたスキャルピングを手仕舞い、リスクが高いトレードは避けている。狙った価格でなければ仕掛けないだけのことで、トレードできなくても気にはならない。今はＥミニが1206に近づくの

を待っている。

13:59　1206.50〜1207.50で仕掛けた。

14:04　1204.75で買いをいくつか仕掛けた。近いうちに手仕舞うつもりだ。

14:05　1206〜1207で手仕舞った。

14:25　この動きを甘く見ていた。金曜日の午後は手の内を隠してプレーしなければならない。

14:30　良かった。やはり間違ってはなかった。

15:02　スキャルピングのチャンスが豊富な面白い午後だったが、何でも仕掛けるのではなく、確実な利益に絞っている。例えば、素早く2ポイント動きそうでも、0.50〜1.00で利食うのだ。チャートを見ると、14時ごろに5分足で見たら押しがあったようだ。

15:47　大引けにかけて一掃されそうな雰囲気になっている。空売り派は絶対に週末ポジションを持ち越したくないのだろう。いくつか小さい空売りスキャルピングを仕掛けた。今日は、間違いなくいくらかの利益を犠牲にしたが、15時に一時的に嫌な相場になったときは、2回目のチャンスがあってもよかった（ドン、そろそろ慣れろ）。ただ、良い点もある。みんなが買い戻しに殺到する大引け間際の混乱には巻き込まれなかったからだ。そうなったら、週末は台無しになるところだった。

確かに、その前の金曜日と月曜日に続けてマイナスになったことを受けて、月曜日には多少マイナスになっても攻めの姿勢に戻ると言った。私は1週間の結果を1つのトレードと考えているため、結局、その「トレード」は、チップを2万8000ドル増やしてくれた。この日の「役」は5つで、結果はそれぞれ－1万1100ドル、＋1万2100ドル、－2000ドル、＋1万7300ドル、＋1万ドルだった。月曜日のマイナスを含めてすべてを考慮したうえで、最終四半期を前に少しペースを落

2008年IRAの先物基金のパフォーマンス

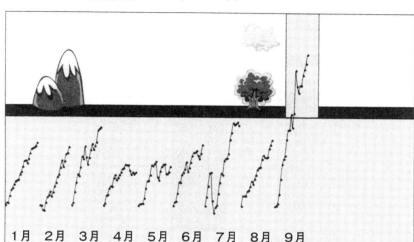

とすことを決めたことは、素晴らしくはなくても、許容できる結論だと思う。この四半期の残りはあと2日で、最終ラップは96日ある。あっという間に雪の季節になる。竹が寒い季節に耐えられることを祈ろう。12月31日には室内に入れるつもりだ。

2008年9月30日（火） ここからが難しい

　この図の意味については、8月30日の投稿を見てほしい。
　ここからが難しい。残りはあと1ラップで、ゴールはもう見えている。今日で正式に第3四半期を締め、これ以降はこの途方もない2008年の挑戦の最終ラップに集中する。最後まで力強いキックで泳ぎきらなければならない。そのためには、過去、特に9月のことは過去として当分忘れる必要がある。

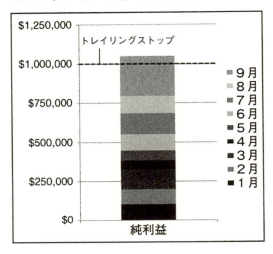

2008年の「レース」の進捗状況

　それでも、まずは今日の手の内を見せないプレーについて、もう1回振り返っておこう。今日の午後はほとんどトレードせずに、「早すぎる」空売り派が「遅すぎる」買い手と四半期末の結果を取り繕いたいファンドマネジャーを相手に攻防するのを眺めることにした。要するに、この見通しを欠くマーケットで、疲れて集中力が落ちている状態のままトレードしてチップをなくしたくはなかった。今日は、むしろアメリカの時間帯よりもグローベックスの時間帯のほうがペースが良かった。今日の利益の1万4000ドルは、ほとんどがプルバックでの買いから来ている。

　そこで、今日の成績は、規律とマーケットの読みがA、パフォーマンスはB－とする。ちなみに、四半期全般ではB＋＋とする（厳しい評価だが、愚かな行動が2回と、利益を最適化できなかったことが何回かあった。資産は大きく増えたが、教訓を込めてこのようになった）。

そして、いよいよ最後のラップが始まる。ハードルが上がり、明日はまた新しい穴を掘る。すでに9つ掘って、残りは3つだ。75％は終わっている。しかし、75％は100％ではない。あと92日ある。目標は125万ドルだ。もし成功すれば、大晦日にみんなにフォックスウッズで一杯おごることにする。ただ今は頭を切り替えなければならない。人生最大の損失を経験したばかりで、ムカムカしている。これから復活劇だ。シャベルをくれ。

2008年10月の日誌より

前置き

　レースには必ず、終盤にランナーといまだ着かないゴールとの間に立ちはだかる壁のようなポイントがある。ボストンマラソンならば、それはスタートから20マイル（約32キロ）ほどのところにある心臓破りの丘という上り坂で、多くのランナーがここでゴールが見えているのにくじけそうになる。

　私のレースでは、2008年10月の初めが心臓破りの丘だった。予定よりも約２カ月早くほぼ100万ドルに達して、そこでさらなる動機となる25万ドルの「ストレッチ」（ボーナス）を目標に追加したあと、屈服しそうになったのだ。

　そこで、この月のカギとなった日の日誌を紹介する。この時期を乗り切るための処方箋になるだろう。

2008年10月６日（月）　混乱の月曜日

　今日は、まともにくらってしまった。今朝の私は調子が悪く、トレードに十分集中できずにいたが、意地を張ってこれまで必死で上げてきた利益の一部をホームラン狙いで「投資」することにした。寄り付きでVIXが何年かぶりかで50を付け、9:31の安値を10ポイントも上回ったのに、マーケットが朝の安値を下回るとは思ってもみなかったのだ。

　トレードは9:45までは完璧だった。最初の急落で買い、突出高のところで売った。しかし、間違いはそこからだった。最も致命的だったのは、最初に上げたあとに3LBチャートを無視したことと、サイズ管理を間違ったことかもしれない。Ｅミニが朝の安値からあと40ポイン

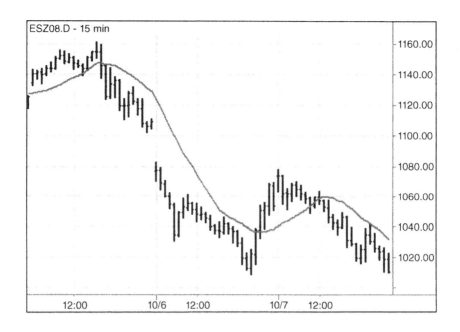

　トも下げるなど、思いもしなかった。マーケットが下げ、VIXは60近くまで上がった。60である。私はディフェンス陣に取り囲まれて膝を狙われるトム・ブレイディの気分だった。マーケットは音を立てて崩れていった。

　もしかしたら、週末に年初からの利益を見たのがいけなかったのかもしれない（12月31日よりも前に利益を見るときは気を付けなければと言い続けてきたのに）。もしかしたら、おごる気持ちが出てきたのかもしれない。もしかしたら、昨夜レッドソックスの試合を見たせいで寝不足だったのかもしれない。もしかしたら、神が次のトレードに向けて謙虚になれと告げたのか、あるいは神なりのユーモアで年末まで休めと告げているのかもしれない。もしかしたら……。

　本当の理由は、実はどうでもよいことで、追求するのはもうやめる。分かっているのは、それが起こったことと、避けられたはずだという

ことなのだ。私はホームラン打者ではない。せいぜい単打か二塁打でマーケットに流動性を提供し、それで肉離れを起こすようなバッターなのだ。荒れる夜に向けて、今はとにかく前向きに考えるしかない。

- 傷ついてはいるが、死んではいない。時間が癒やしてくれる。
- すべての利益（損失）は、時間を生む（なくす）。つまり、私は2～3週間分若くなっただけだ。
- 午後の取引は良かった。
- まだ学びの途中なので、今年2回目となる勉強のための投資を行っただけだ。
- 今日のことは12月31日には昔の記憶になっていて、傷あとしか残っていないだろう。
- 損失の割合で言えば、過去最大ではない。
- 10万ドルを超える損失ではない。
- それでも今年中に目標の100万ドルの利益を上げる。
- 信じられないかもしれないが、これよりもはるかに大きな損失もあり得た（ある時点ではそうだった）。

といったところだろう。醜さという人間的要素が、再び頭をもたげてきた。

あとから一言
結局、この日の最終結果は－9万3600ドルだった。

2008年10月6日（月） 混乱後の分析

今日は分析しすぎないと言ったことは分かっているが、少しだけ振り返ってみると、そこまで悪い気分ではない。観察したことをいくつ

か挙げておく。

　TICKから始めよう。まず、安値は何と−1684だった。そんな値は10年間のトレードで見たことがない。次に、TICKが0近くまで上昇するのに約90分かかった。これは寄り付きから90分間絶え間なく売られたということである。そんなことは、いつ以来かすら分からない。

　ここで、今日19年ぶりの高値を付けたVIXを見てみよう。19年前と言えば、私のプラットフォームのデータにはもちろんないし、現在、大学生の長女はまだ生まれてもいないころだ。

　取引所会員のひとりとして、私たちは流動性を提供するという役割も担っている。自己資金でリスクをとってトレードすることで、パニック時でもみんなが売買ができるようにしているのである。このようなことは頻繁にあるわけではないが、あったときは辛いことも多く、今日もそうだった。しかし、長い目で見れば、役に立っていることだし、たまの鋭い痛みに対しては適切以上の恩恵も受けている。

　この仕事は、まさに「苦労なくして得るものなし」であり、私は将来の利益を信じてトレードしている。

2008年10月7日（火）　仕事に戻ろう

　昨日の暴落で、私はマーケットと歩調を合わせることができなかったが、今日はミスがほとんどない。この調子で、FOMC議事録が発表されて今日のトレードが終わるまで続けようと思う。

　昨日の暴落のあとでトレードを再開することについて言えば、私は通常、自動車学校の衝撃的なビデオを見たあとでも平気で仕事ができるし、それが私の強みであり、今年のこの挑戦をするうえでもそれが基盤となっていたのだが、昨夜はいろいろ考えて眠れなかった。

　そこで、今日は仕事を始める前にチェックリストを作ってみた。

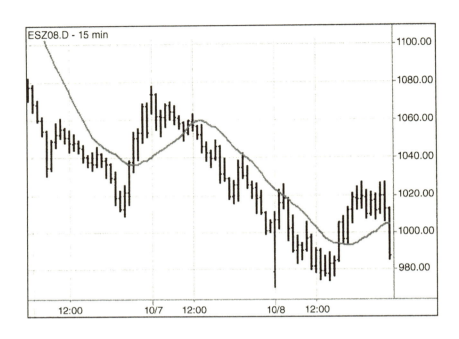

サイズを小さくする	チェック
無理なことはしない	チェック
EESMモードになる	チェック
午前中をプラスで終える	チェック
今日をプラスで終える	チェック

　少し前に、マーケットは２日目も前日と同じことをすることはめったにないと書いたが、それは今日も例外ではなかった。流動性を提供する逆張りは非常に高勝率で、どれもうまくいった。

　ただ、率直に言って14時までに月曜日のドローダウンの30％を回復し、現在のところ月曜日の最悪の時点から70％近くも回復できたことには驚いている。自分でも信じられない。ありがたいことに、人生にはたくさんの明日がある。そして、今日にも明日がある。

あとから一言
結局、この日の最終結果は＋２万5400ドルだった。

2008年10月8日（水）　86％を回復する

どこから書けばよいのだろうか。とにかく書いてみる。今朝は、6:53にグローベックスで空売りしていたポジションを買い戻してからシャワーを浴びに行った。そして、戻ってきたらＥミニは金利引き下げのニュースを受けて1000以下から1040に急騰していた。おかしなことに（冗談ではなく）、さっきシャワーを浴びながら、万が一、金利の引き下げがあったときに備えて、グローベックスでどんな水準にあっても、Ｅミニで小さい買いのスイングポジションを建てておくべきだと思ったのだ。買い手がいなくなって、通常の取引時間にさらに安く買うチャンスがあるなどとだれが想像しただろうか。

今日うまくいかなかったのはこのことくらいだった。私はあまり「誇りに思う」という言葉は使わないが、この２日間のパフォーマンスには極めて誇……（いや、そこまでではない）満足で、特に今日はそうだった。もしかしたら、暴落のあとのEESMモード（大きいのは今年２回目、何よりも集中力を高めるということ）については、昨夜のコメントに対する答えがすべてかもしれない。とにかく、今は疲れきっているが脳はそう感じている。

今日は、これまでで２番目に良い日だったと言ってよいだろう。月曜日の事故の損失を２日弱で86％も回復したのだ。まるで自動車事故にあって車は大破したのに、２日後に病院で目が覚めたときには指にバンドエイドを貼る程度の傷しか負っていなかったような感じだ。ほとんどの利益は、金利引き下げニュースで1030台まで上げたのを空売りしたものだ。まず、寄り付きで買ってマーケットの上昇に合わせて増し玉し、15分足の抵抗線に向かって大きく上げたところで手仕舞っ

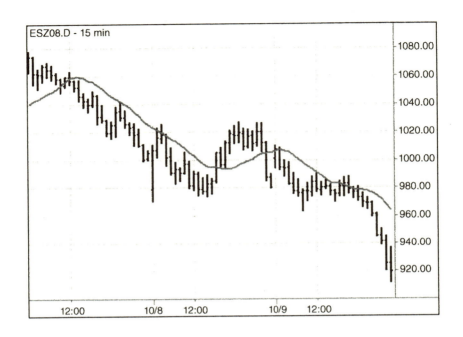

て、空売りに転じた。これこそトレンド日の翌日の大相場だ。マーケットがなぜ早朝７時の金利引き下げによる利益以上を寄り付き前に放棄したのかは分からないが、その理由を調べるのは、評論家に任せておけばよい。私の仕事は反応することだけだ。

　私がドローダウンのあとにより集中してうまくトレードできる理由について完全に解明することはできないだろう。ただ、そうなるのだ。いつものように率直に言う。月曜日は、資金も自信も壊滅状態に近かった。ゴムボートで100年に１回の高潮に襲われたのだ。私はこの２日間、意図的に具体的な数字を挙げず、割合（％）だけを明かしてきた（それも今日までで、詳しくは後述する）。これは数字を隠そうとしたわけではなく、すべきことに集中したかったからだ。今はドローダウンからの復活期だ。ただし、今回は架空のドローダウンではない。

　それが人生だ。とはいえ、人生の問題と比べれば大したことはない。

例えば、私の兄が死産でなければ、私は生まれていなかった。また、何年か前には、盲腸の感染症で妻を失いかけた。前にも書いたが、私の娘は10歳で1型糖尿病になった。私自身も、高校最後の年に足首を骨折し、ひどいウイルスにも感染して、バスケットボールの州大会優勝を逃した。そして、10年前にはフルタイムでトレードするために企業幹部の職を辞したが、その直後に破産しかけた。

このように、何らかの理由で、僭越ながら、私は何回も復活してきた。傷つけられても、いじめられても、蹴られても、怪我をしても、あざ笑われても、障害があっても、私に止めを刺すことはできない。精神力は揺るがず、ただ、強くなっていく。率直に言えば、その根底には、神と、神がときには試練を与えながら磨いてくれた能力に対する信頼がある。わざわざ自分の信念を誇示しようとは思わないが、今年の竹のような躍進は、過去47年間のみんなの激励がなければできなかっただろう。

月末と年末のチャートには、月曜日の－9万3600ドル（私の資金の5％）に続いて火曜日の＋2万5400ドルと今日の＋5万6200ドルが載ってくる。月曜日のことは、少なくともあれほどの規模で起こるべきではなかったが、私はここでも学ぶことにする。起こってしまったとしても、人生は一歩一歩進んでいく。そして今、まだ2日もたっていないが、それがほとんどなかったように見えるところまでこぎつけた。ようやくまた第4四半期のボーナスについて話すことができる。

傷は驚くほどの速さで癒えた。これは間違いなくみんなの協力があってのことだと言ってよい。なぜこの指にバンドエイドが貼ってあるのかは、もう思い出せない。

2008年10月10日（金） 惨事を避ける

わーわーわーわーわーわー！

何から書けばよいのだろうか。まず、忘れがたいチップ勘定について書いた。

月曜日　－9万3600ドル
火曜日　＋2万5400ドル
水曜日　＋5万6200ドル

ここまではみんなすでに知っている。ところが、そのあと木曜日は－4800ドルで、今日は＋5万6200ドルだったのだ。ここはスコアカードを詳しく掘り下げて、このジェットコースターのような展開を正しく評価したい。

まずは、木曜日から始めよう。この日は午前中は堅調だったが、せっかくの利益を午後遅くの急落でマーケットに返してしまった。この下げは、その時点では（あくまでその時点でだが）、ほとんどの人が最後に降伏したと思った。私は通常、午後遅くはトレードしないのだが、このときの大きな下落は大事だと思ったのだ。あえて言えば、この日は「苦労なくして得るものなし」だった。これを執筆時点で、VIXが73になっていることがまだ信じられないでいる。

そして今日になると、水曜日から木曜日にかけた「トレンド日の翌日のモンスター版」がかわいく見えた。実際、「今日」は昨夜から始まっていた。私は空港に親戚を迎えに行かなければならなかったが、ダウ平均が600ポイント以上（7％強）下げたため、大引けでスイングの小さいポジションを仕掛けておきたかった。そこで、18時にローガン空港に着くと、Eミニを908で15枚買った。これはオーバーナイトの反発で上げたときに920台で手仕舞うつもりで、しばらく推移を眺めていると、915辺りまで上げた。しかし、ここはもう少しだけ寝かせることにした（これは私にとってはほんの小さいポジションだったということを覚えておいてほしい）。空港からの帰りに食事に行き、

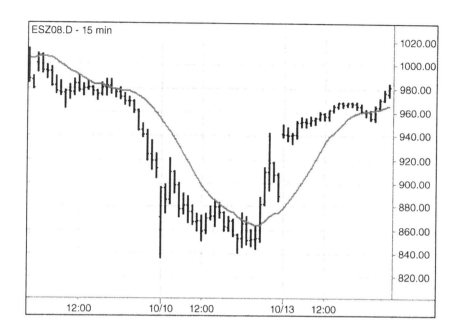

　そこで相場を見たときも、910近辺だったので、仕掛けには満足していた。それから家に戻り、1時間後にパソコンの前に座った。すると、マーケットは再び降参して880台に下げていた。

　この時点で、私は損失を減らすため、上げたときに部分的に手仕舞って、何とか嵐をやり過ごした。その夜は2回、短い睡眠をとったあと、時間外取引で小さなトレードをしてまずまずの利益を上げた。そのあと、私は再び小さい買いポジションを寄り付き前に仕掛けようかと思っていたら、マーケットは再び降参してワイリー・コヨーテ張りに真っ逆さまに落ちて行ったのである。

　そして、（書きながら息を整えている）私は寄り付きと同時に買いを仕掛けると、Eミニはすぐに10ポイントほど突出高をしたため、半分を8か9で利食い、最初の押しで前に手仕舞った分を再び仕掛けた。ところが、このあとEミニはVIXを完全に無視して、またもや下げた。

下に窓を空けただけでなく、始値を超えて30ポイントも下げたのだ。

そのときの私は、いずれ止まるまで待って、その瞬間に買うことしかできなかった。そして、何回か損切りしたあと、最高かつ最終的な価格である839.25で買ったのだ。そこからは、＋10、＋20といった具合に段階的に手仕舞って、最終的にこの日の利益はプラスになった。そして何より大事なことは、このおかしな相場のリズムがやっとつかめたことだった。そのおかげで、そのあと3〜6ポイントの利益を数回とることができ、大引けまでに妥当な利益を上げることができた。

はっきり言って、今週はほとんどの人にとって生きるか死ぬかの週だった。今週、生き延びた数少ない人たちは、この先もやっていけるだろう。そして、できなかった人は、ほかの人にとって代わられ、その人たちのなかにも生き延びる人とそうでない人がいる。この仕事は消耗戦で、生き残った人はチップを獲得し、それ以外の人にはヤケ酒しかない。チップは常に大量の敗者から少数の連勝者に移っていく。

今週の成績は今のところ＋3万9400ドルで、年末の目標としている25万ドルのボーナスに向かって、順調に進んでいると思う。しかし、やり方を変えれば、より良い結果が出たはずだ。私ときたら1時間おきに天底が更新されるマーケットで、(ニューヨークのヤンキースファンには悪いが)ロドリゲスがプレーオフ前にピークを超えるよりも頻繁に、天底を早く見切っていたのだ。幸い、私は行く先々にある惨事を避けながら、何とか翌週のトレードができる状態を維持してきた。しかし、不運にもそうならなかった人がたくさんいることは分かっているし、彼らの痛みも理解できる。

週末にあるビデオを投稿する。ただ、その前に心を落ちつけたい。

あとから一言

そんなわけで、心臓破りの丘で一度落ちたあと、血だらけになりながら、なぜか、何らかの方法で、どうにか2段、3段、4段ギアを見

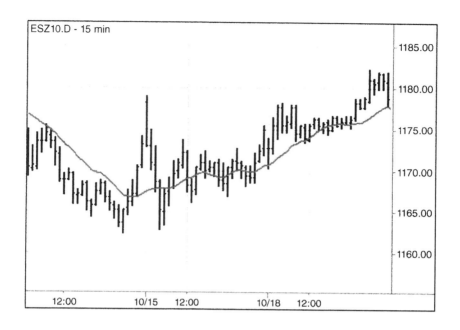

つけて必死で反対側にたどり着いた。そして、驚いたことに、自分がつまずいてつけた血の跡を拭き取ると、ボストンの街とプルデンシャルセンターが見えたのだった。

2008年10月15日（水） 休日

　理由は分からないが、2日続けて自分のいつもの機敏さと集中力が感じられないため、今日は思い切って軽めにトレードすることにした。ほんの数回だけトレードしただけなので、利益も＋5500ドルにとどまった。もしかしたら、今朝は寄り付きで自信が持てるセットアップがなく、日中もさまざまな時間枠のチャートが矛盾していたため、ほかの計画も立てられなかったことが原因のひとつかもしれない。
　もしかしたら、集中力を欠いて損失を被るのを避けられたことが一

番良かったのかもしれない。特に遅い時間になって下げたときはその可能性があった。これは一種のデイオフ（休日）だったが、オフデイ（ついてない日）よりはマシだった。

あとから一言

　本書執筆のために過去の投稿を選ぶとき、一定期間の利益はほとんどが派手なホームランや二塁打ではなく、単打の積み重ねだということが分かる例を探した。これについては、パート7で詳しく述べる。野球の話を続ければ、次の投稿は2008年に私が払った犠牲（特に当時は熱心なレッドソックスファンとして）の一端を示している。

2008年10月17日（金）　7回表で見限る

　それは最高の席だった。打席が見える3塁側の法人用の特別観覧席だ。部屋も食べ物も素晴らしい。しかし7回表までに、そこは死体置き場のようになっていた。この部屋だけでなく、球場もボストン市全体も、である。フェンウェイ・パークは静まり返り、レッドソックスは疲れ、打ちのめされていた。パペルボンが7回表に二塁打を打たれて7対0になったところで、私もほかのみんなも家路についた。電車のなかで、7対6という声が聞こえたが私たちは気にもとめなかった。そして1時間後に車に乗ってラジオをつけると……ドリューがサヨナラヒットを打ったところだった。

　これは史上2番目のプレーオフ復活劇だった。1900年代以来の出来事で、レッドソックス史上最高のゲームのひとつだった。しかし、その復活の最中、私は地下鉄のなかで居眠りしており、サヨナラヒットが出たことをラジオで聞いたのだ。友人と私はみんなにからかわれると同時に、自分も同じことをしただろうとも言われた。それに、私たちは予定が詰まっていて疲れ果てていた。そこで、今日は警戒してお

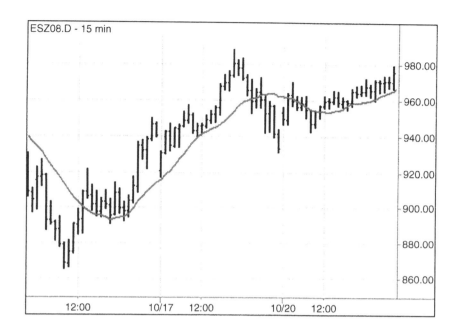

きたかった。そしてその結果、この頭に来たファンはしっかり2万6300ドルの利益を上げた。理由のひとつには、あのときあきらめて帰ってしまったことで、適切な警戒心が働いたこともあると思う。

　年初から言っていることだが、今年は犠牲と集中の年である。みんなができないことや、やろうとしないことをしなければならない。昨夜、私は犠牲を払った。痛みを感じた。しかし、その痛みは今はかなり和らいでいる。この仕事は、小さなことが大きな意味を持つ。私は1日中疲れていた。しかし、それは何とかなる疲れだったが、金曜日の15:30を過ぎた今は消耗しきっている。今日はバカな間違いはしなかったし、14:30～15:30のちゃぶついたマーケットでもうまくトレードできた。

　この日のトレードは、ほとんどが支持線（木曜日から続いている寄り付きの15分足での支持線を含む）か、一時的な押しでの逆張りで、

ボラティリティが高いなか1〜4ポイントの利益を上げていった。

今週は、最初に1万1100ドルの損失を被ったが、結局＋11万8500ドルで終えることができた。そして、レッドソックスも7回には0対7で負けていたのに、結局8対7で勝利を収めた。

結局、欲しいものはそこにあった。文句を言ったり叫んだりしても、いずれそこにたどり着く。ただ、「限りなく黒に近くても」あきらめずに全力で取り組まなければならない。私たちはそう簡単には死なないのだ。

そして、レッドソックスにとっても私にとっても挑戦の旅は続く。

2008年10月21日（火）　グチャグチャ言うな、ドン

この特別な投稿は、ひとつには自分に「グチャグチャ言うな」と活を入れるために書いているような気がする。理由のひとつは、今日は少し躊躇しながらトレードし、マーケットが少し動くと、かなり早すぎるタイミングで利食ってしまったことにある。また、攻めの週にはすべてのチャンスを最大限利用しながら守りもバランスよくできたことで、若干の自己満足が心に忍び込んできたのを感じたからでもある。

ポーカーと同じで、トレードでもギアチェンジが重要だが、今日はそれがうまくいかなかった。例えば、アクセルを踏むべきところで、そのまま流してしまった。今日のことを思い返すたびに、そのことを強く感じる。先週の好調さと今年のこれまでの成績を考えればなおさらだ。

もしかしたら、今週はマーケットの出来高が減ったことで、このことがはっきりとは表れなかったかもしれない。しかし、今日のさえない結果と躊躇について日誌に書くという気が進まない作業をすることで、このことを心にとどめておくことができるだろう。

そして、これもポーカーと同じだが、カギとなるのは、過去2日間

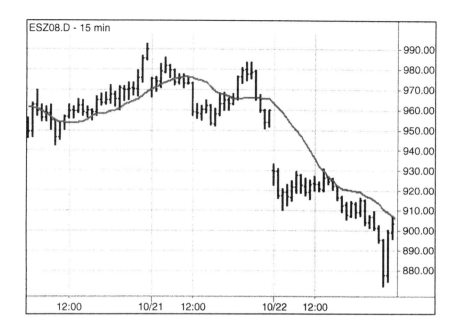

の少ない出来高のなかでレンジブレイクを使ったトレードを試みて失敗してきたたくさんのトレーダーのイラ立ちに気づき、感じ、その結果できたセットアップを利用することなのである。

　私は、過去を忘れ、満足感にひたらないようにする必要がある。今日はそれに失敗したが、再び怒りのモードに切り替えなければならない。今年のゲームも今夜で残り20％をきる。別のギアを探さなければならない。

あとから一言

　結局、この日の最終結果は＋9900ドルだった。

2008年10月22日（水）　壁にぶつかる

私のトレードは明らかに壁にぶつかっている。今日、2008年10月22日の時点で295日が経過し、年間目標の100万ドルを優に超えているが、私は空回りして時間を無駄にしている。これは不本意だ。今朝のトレードは良かった。しかし、この1時間は私に合ったペースだったにもかかわらず、ひどいトレードをしてしまい、今週の損益をゼロに戻してしまった。

これはまったく許容できることではないため、先に進む前に決意が必要だ。今の私は、頭はさえていないし、極めて不注意で、現状に甘んじている。これこそ避けたい状況だ。ここは厳しい決断を下さなければならない。

あとから一言
結局、この日の最終結果は−7500ドルだった。

2008年10月23日（木）　立場が違うぞ

まず、昨日の「短くて不愉快な」投稿に対して夜のうちにコメントをくれた人たちに感謝したい。私は、自分のだらしなさから良い日を台無しにして怒っていただけだった。今年はずっとそうだが、不機嫌になってそれがひどい結果をもたらした日もたくさんある。しかも、それで少なくないチップを失っている。ただ、それでも14時の悩みにはまったく及ばない。むしろ、これは何日か前からの気が散ったらしさによるもので、それが今、私を苦しめている。

昨夜はいろいろと考えた。最近の午後遅くなってからの状態に当てはまる表現が20は載っている『ザ・タオ・オブ・ポーカー』に立ち返ろうかとも考えた。疲労、注意散漫、初心者のような間違いを犯すと

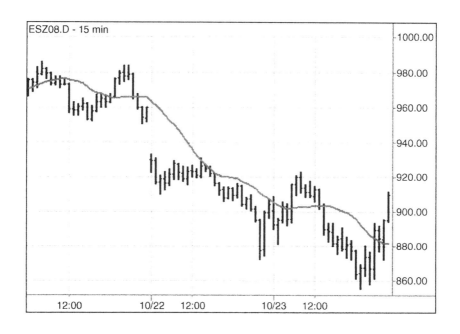

思えば、先の先まで考えて結局早すぎたなど、どれもぴったりと当てはまるのだ。これらのことや、自分自身の「愚かさ」などをもんもんと考えていた。

　そもそも自分が午後のトレードが苦手なことは分かっていた。特に15時以降はダメだ。それに、疲れているときもうまくトレードできない（そしてレースの終盤に入った今、より頻繁に疲れを感じるようになっているが、バトンを渡す相手はいない）。マーケットの読みは完璧でも、頭と指の動きが連動しないのだ。そして、かなり久しぶりのことだが、頭で決めていたトレイリングストップを過ぎてしまった。

　一番困るのは、前の晩によく眠れないと、うっかりと「イワン・ドラゴ」モードになってしまうことだ（ロッキー4の敵のロシア人ボクサー）。ドラゴが切り傷を負えばアナウンサーは「ロシア人が出血しています」と絶叫し、プロモーターのデュークはロッキーに「ヤツは

動揺している。ダメージを与え、痛めつけるんだ。分かるか、あいつは機械ではない、あいつも人間なんだ」と激励している。

つまり、私はイワン・ドラゴのほうになってしまっている。本当はロッキーのはずなのに。一介の負け犬で、復活に賭け、変なしゃべり方をするほうだ。

今日がどんな日になるのかは分からない。しかし、私は毎日生肉を連打している。これが役に立つかどうかはいずれ分かるだろう。

　　ロッキー　　　　　　　　　　　　　　　　　　　　　　敬具

2008年10月23日（木）　虎の目

少し良くなった。強い集中力が持続しており（昨夜はワールドシリーズであまり寝ていないが）、早い時間の15分足での上下動とダイヤモンドパターン（昨日の終わりから今日の朝早くにかけて）に気づき、うまくトレードすることができた。このパターンは、60分足で継続している下降トレンドのなかにあり、14時の変な動きもとらえることができた（買いも空売りも）。高勝率のチャンスで仕掛け、手仕舞い、利益をトレイリングストップで1日中追いかけた。そして、遅い時間帯の突出高でうますぎる空売りを小さいサイズで仕掛けた以外は、15:15にトレードを終えたことが何よりだった。

その結果は、売りと買いそれぞれ1565枚で＋4万4800ドルのチップを上げ、このなかには早い時間帯に堅実に稼いだDAXの＋8600ドルや、Eミニの＋3万7700ドルが含まれている。今日は思い出すほどの大きなミスがなく、多少の利益を取りこぼしたり、適切な仕掛けチャンスをいくつか見過ごしたりしたところはあったが、それは許容範囲だと思う。

私は何年も前からトレードはスポーツだと言っているが、この2日間は、トレードがチャートパターンと分析だと思っている人たちにも

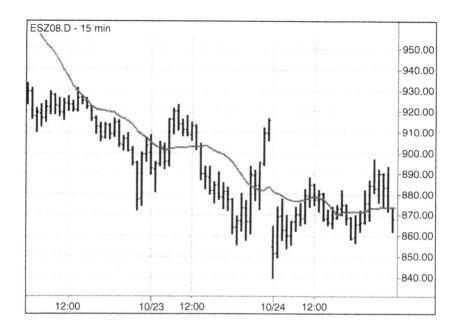

そのことを示すことができた。これは体を動かすわけではないが、必要とされる心的要素は同じであり、毎日、毎時間パンチを打ち、受けることも変わらない。

今日も、私は怒っているときのほうが集中してうまくトレードできるということを示す1日となった。この先もずっとそうなのだろう。ただ、自分の手が生肉のような臭いがする理由だけはよく分からない。

2008年10月24日（金）　防御的勝利

12:19　私は、朝の防衛戦を戦うことにして、ここまで売りと買いをそれぞれ303枚のみ行い、6500ドルを稼いだ。半分はDAXでの利益である。今朝は3:30にいったん起きてDAXでいくつか空売りしてからまた少し寝たのだが、その間にヨーロッパでEミニが-60でストップ

安に達し、木曜の終値で買った人たちを動けなくした。

　水曜日は一晩中寝られなかったが、昨夜は熟睡できた。起きてストップ安を見たときに、私は今日の薄商いのマーケットでは、ゆっくりかつ単純に高勝率の突出高や突出安で逆張りのみを行おうと決めた。

　5分足はヘッド・アンド・ショルダーズになってさらに下げる可能性がある。今日は空売りがよさそうだ。

12:29　いいぞ。73.25〜66.75で買い戻して、最高＋4.5で利食えた。ただし、サイズは10枚のみだ。すでに今週の利益温存モードに入っていて、今日さらにトレードするかどうかは不明。今日の利益は今のところ8000ドルを若干上回っている。

13:13　眠ってしまった。マーケットが動いていなくてよかった。最近の日足チャートは、私だけでなくみんなも消耗していることを示している。5分足のADXは9を下回っているが、出来高が少ないため、午後にもう一段動くかもしれない。

13:20　そら来た。マーケットは上方にブレイクしようとしている。

13:32　今回の動きはあまり続かなかった。押しは良さそうだったが、それ以上の進展がなさそうなので手仕舞った。ダマシかもしれないし、急落して時間足の下降トレンドが継続するかもしれない。もしこのあとＥミニが今の高値で引けたらショックだ。

13:39　「もし上がらなければ」理論に基づいて空売りのスキャルピングをした。

13:50　まだ（戻りを利用して65.50で空売りし、61.00で買い戻した）。これまでの利益を守ることとチャンスを利用することのバランスをとって、サイズはかなり小さくしている（5〜10枚）。それに、このマーケットは相変わらずろう紙並みに薄い。

13:55　まだ（65.00から62.75）。戻るたびに空売りして、下げるたびに買い戻している。売りと買いそれぞれ356枚で利益は1万1000ドルになった。効率的だ。

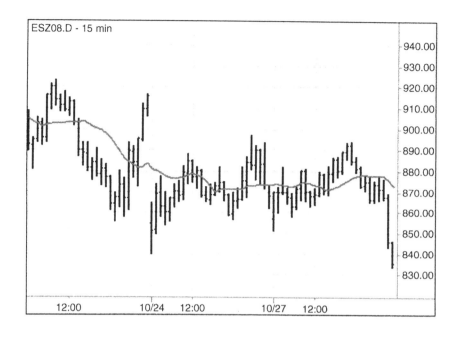

14:02 トレンドはまだ下降しているが、薄商いも続いている。再び傍観モードに入る。

14:18 マーケットはちゃぶついている。バカなことはしたくないので、今日も今週もこれで締めることにする。

　全体として見れば、この2日間はかなり良い判断が下せたし、今週の日々の利益は−1100ドル、＋9900ドル、−7500ドル、＋4万4800ドル、＋1万2000ドルで、合計は＋5万8100ドルというなかなかの結果になった。ただし、まだ改善の余地はある。特に、水曜日のいい加減さとイラつきを示すスコアカードはいただけない。これについては、まだ納得がいかないが、それは私のトレードにとっては良いことでもある。老体に鞭打って頑張るためには、トレード中や、日中や、週や月のどこかで忍び込んでくる満足感が命取りになる。このような要素

は、何としてでも取り除いておかなければならないのだ。

　あと1週間で11月になり、そのあとは短い2カ月（祝日も多い）と、ゴールが視野に入ってきた。第4四半期のボーナス分の経過は近いうちに97％になりそうだが、これは来週の金曜日の状況次第で、残りの2カ月がフリーロール（ポーカーの参加賭け金無料のゲーム）になるかどうかも決まる。また、状況によっては、今年の竹の成長を過小評価していたことになり、さらにハードルを上げなければならないのかもしれない。

　ただ、先走りはよそう。今月を締めてさらに2回ターンするまで、あと5日間掘り進めなければならないし、すべきこともたくさんある。それに、来週には避けるべき地雷がもっと出てくるだろう。

　しかし、その前に2日間の休みがある。そして、この驚きに満ち、比類なく、思いどおりにならず、素晴らしく、顔を殴られるような、疲れるが活力を生む世紀のレースはまだ続いていく。

　終わったことを後悔しても仕方がない。今はこの先の道だけに目を向けるしかないのだ。月曜日にディーラーが戻ってくるまでに、チップを用意しておかなければならない。

2008年10月28日（火）　地雷を避ける

13:35　日本とヨーロッパの取引時間帯であるグローベックスで大きく動いたので、月曜日の午後の急落とレンジの安値の下へのブレイクからアメリカを救い、Eミニは再びはらみ足を形成しながら、その日の終盤の取引に向かっている。私はオーバーナイトのある時間帯で、月曜日の遅くにあった抵抗線に向けての空売りに集中した。そして、Eミニがこのオーバーナイトの時間帯をあきらめたわけではないということが明らかになるまで何回か損切りをした。良かったのは、そのことを予想してサイズをかなり抑えていたことで、試しに4～5回仕

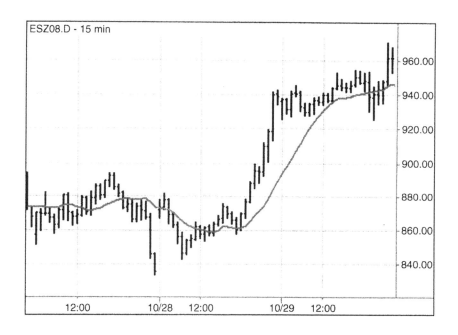

掛けたが損失は7000ドル以下に抑えることができた(月初めの教訓が効いた)。

　ただ、それ以降はアメリカの日中取引が始まるまでほとんどトレードしなかった。狭まっていく日中のレンジと弱まるトレンドのなかで(引け近くの30分足の動きはおかしかったが)、サイズを抑えて保有期間を短くすることによく注意してカウンタートレンドのスキャルピングに集中していた。ここまで、-7000ドルから+1万ドル弱まで回復したのは、まずまずの結果と言える。

　この日誌を執筆中の15分足のADXは10近く下げてほとんど水平になっており、トレンドがないことを示している。しかも、5分足でさえここ何日かはさしたるトレンドがなく、あるのは1分足のトレンドだけなので、風向きが変わるまではTICKの極端な値で逆張りすることになる。

14:27　Eミニが再び上方にブレイクしようとしている。そのうち(いつかは分からないが)、急騰して最大級のスクイーズがあるだろう。今は様子を見ている。VIXも下げに転じようとしている。

　午後に入るころから少し集中できていないことは分かっている。オーバーナイトで長くトレードしてあまり寝ていないからだ。今はトラブルに巻き込まれないことだけを考えていきたい。

14:51　空売り派がスクイーズに遭っている。私はもうひとつ集中しきれていないため、まだ慎重になっている。ここで積極的にトレードするならば、別のギアを探す必要がある。

16:15　驚くことではない(14:27のコメント参照)。私の疲れ具合と流動性を提供するローカルズがスクイーズに遭う可能性が高いことを考えると、いつもは厳しい自己評価を下しているが、今日はマーケットの読みと1日中トラブルを避けることができたことで、その両方に珍しくA++を付けることにする。特に午後遅くに上昇したときの対応は良かった。また、価格が明らかに行きすぎたときや、極端にプルバックしたときにスキャルピングをして、今日の利益を+1万4100ドルまで押し上げることができた。

　この日誌を最近読み始めた人のために書くと、流動性を提供する取引所の会員には、強いトレンドで大きな利益を上げる人が多いが、私はそのタイプではない。私が得意なのは、むしろトレンド日の翌朝なので、明日の準備を整えておかなければならない。FOMCの発表が迫っていればなおさらだ。私にとって、今日の最大の目的は(グローベックスでも日中の取引時間でも)最大の利益を上げることではなく、地雷を避けることだった。多少チップが増えたことは、ボーナスと言ってよい。

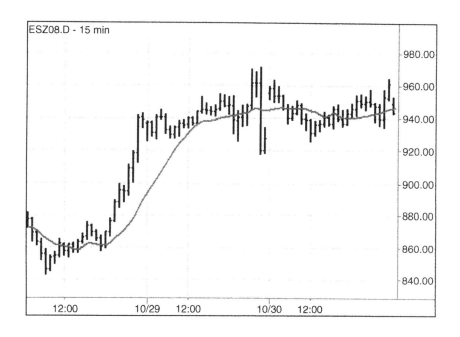

2008年10月29日(水) 出遅れた

13:48 「仕事は99％が単純に現場に来ること」だとよく言われている。ただ、そうは言っても最高の仕掛けのタイミングにパソコンの前にいられるとは限らない。今日がまさにそうで、大事なときに寝ていたり、トイレに行っていたり、トレード以外の用事にかまけていたりすることが非常に多かった。特に6時前に、DAXが長かった揉み合いからやっと抜け、Eミニが押しで920を下回ったチャンスを逃したのは残念だった。実際、堅実な動きのほとんどはオーバーナイトの時間帯にあり、アメリカの取引時間の開始後は動きがずっと小さかった。

そして、このようなときによくあることだが、私は教科書どおりのトレンド日の翌朝の動きをあわててとらえようとして最高の仕掛けポイントを逃し、結局FOMCの発表前の利益は、いつもより少ない＋

5000ドルだった。

　この何日か、鋭い集中力に欠け、守りから攻勢への転換がうまくできていないと書き続けてきたが、それがまた出てしまったのかもしれない。FOMCに動きがあるときにトレードしたければ、全力で集中しないと致命傷になりかねないことはみんな知っている。

15:37　午後もさして改善はしなかったが、トラブルを避け、午後3時以降の揉み合いのブレイクと伸びをとらえて惨めだったチップを＋6200ドル強まで増やした。

　今日が好調な日でなかったのは明らかだが、勝ち日だったことは間違いないし、明日には明日のチャンスがある。

2008年10月30日（木）　ファイナルテーブルにようこそ

　2008年のワールドシリーズ・オブ・ポーカー（WSOP）は11月9日に行われ、その様子はスポーツ専門チャンネルのESPNで11月11日に放映される。ここに進出する9人には、全員100万ドルが約束されている（厳密に言えば最初に抜けたプレーヤーは「わずか」90万ドルだが、それ以外は120万ドル以上、優勝すれば900万ドルが支払われるのだから細かいことは気にしない）。

　この戦いは、たくさんの地雷を避けて進んでいく神経戦で、プレーヤーたちは次々と判断を下さなければならないストレスから睡眠不足と集中力の低下に陥るだけでなく、2％の確率でバッドビート（非常に有利なハンドを持っているプレーヤーが、あり得ないような成り行きで負けてしまうこと）もある。

　そして、勝ち残ってきた人たちは運も持っている。彼らが大勢のなかから抜け出したのは、スキルによる部分もあるが、正しいときに正しい場所にいたからという場合が多い。どこかで聞いたフレーズだ。

この日誌を読んでくれている人は、次に何が来るかはもう分かっているだろう。同じ例を使うことを最初に謝っておく。ただ、11月と12月の「ファイナルテーブル」が始まろうとしている今、この例は極めて適切かつタイムリーなのである。それに、私の日誌なのだから、好きにさせてもらう。

　つまり、私はある意味11月9日の参加者と似たようなポジションに立っている。次の月曜日に、私は自分のレースの2008年「ファイナルテーブル」に参加し、実質的にハウスの資金でプレーする。

　私は今年、ある任務を負ってきた。トレーダーになって初めて、366日間最善を尽くし、犠牲を払ってもそれまでなかったほどトレードに打ちこむことにしたのだ。そのために、私は何百時間もの睡眠時間と、たくさんのプライベートな時間と、トレード以外の収入と、健全な思考の一部、そして野球史上2番目に素晴らしいプレーオフの復活劇となった試合の7～9回も犠牲にした。それをする目的は単純で、自分の最高のパフォーマンスを上げたいからだ。そして、WSOPと同様、このゲームはまだ終わっていない。

　今年のWSOPファイナルテーブルに残った人のなかで私が最も共感できるのは、最高齢（53歳で私よりも6歳上）のデニス・フィリップスだ。彼にはぜひ何十年もの人生経験には意味があるということを示してほしいと願いつつ応援している。ただ、私の最もお気に入りは（ファイナルテーブルには出ていないが）、何といってもバリー・グリーンスタインで、彼は得意のサイレントステルスプレーを駆使して金銭的にも心理的にも自らの時間と資金をより重要なことに寄付できる立場を確立した。また、マイケル・ミズラヒ、通称「グラインダー」にも、業界は違うが共感できる。

　行く先に地雷が埋まっていることは十分分かっている。アーチー・カラス（一気に儲けて、一気に失ったギャンブラー）のエピソードは常に警告になってくれる。そして、今年テレビ放映されるWSOPを見

れば、ほんの少し気を抜いただけで、それまでの何千もの素晴らしい役を無駄にして、チップの山をすべてほかの人に渡してしまうことになるということが分かるだろう。私も、12月31日に今年のトーナメントの記録を集計するまで、これらの教訓を心にとめておかなければならない。

明日の夜は、10月の結果を軽くチェックするつもりだが、もちろんそのことと11月に来る新しいディーラーとはまったく関係がない。次の2カ月は、守備的になることが多くなり、私がトレーダーになって以来最も難しい期間になると思う。理由のひとつは、この2～3カ月のリズム（やっと慣れてきた）が再び変わりそうなことである。

この時点における目標は単純で、追加的な利益を上げることと現在のチップを温存することのバランスをうまくとっていかなければならない。ハードルやリスクをさらに上げたりして10カ月間の苦労を無駄にする気はない。WSOPと違い、私は12月31日に持っているチップをすべて自分のものにできるのだ。

きっと楽しいはずだ。私のファイナルテーブルにようこそ。

2008年10月31日（金） 朝の強み

12:00 上昇トレンドでトレードする気分をほとんど忘れかけていた。ただ、今朝のほとんどの時間TICKが0を超えているため、VIXは下降トレンドになっているが、私はアメリカの時間帯は買おうと思っている。押しで買い、特に3LBチャートが上にブレイクして、早朝のレンジを抜けたらなおさらだ。チャートは、VIXとともに（今は15分足の下降トレンドが少し下げすぎている）流れを教えてくれる。しかし、これからはコイン投げと同じなので日誌を書いている。Eミニは水曜夜の高値（970よりも少し上）をまだブレイクしていないため、行きすぎのトレードはすべて手仕舞っている。

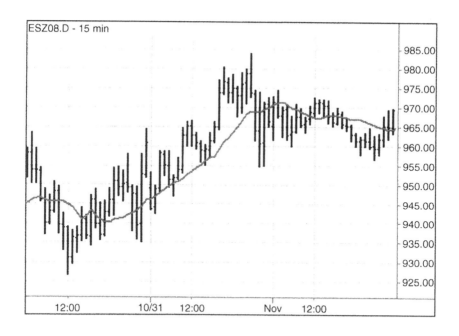

　そして、ボラティリティが下がったらサイズは増やしていくべきだが、2つの理由でまだ小さく抑えている――①まずはボラティリティが下がったマーケットの感覚を改めてつかみたい、②月末の金曜日で、大いに利益温存モードになっている。

　今日、ここまでで最も困ったのはDAXが揉み合いをブレイクしたときの空売りが早すぎたことで、今日の利益は+7000ドル止まりだった。これはバカな間違いで、いくらかの授業料がかかったが、それに気づいて素早く動き、もう少し良い大口の空売りができた。このことは覚えておいて、もしアメリカ市場で同じようなことがあったときに警戒できれば役に立つ。

13:21　Eミニが970をブレイクしそうだ。

　直近の押しでは小さいサイズで買っているが、金曜日なので、細かく管理している。VIXは相変わらず下降トレンドにあり、朝の時間帯

の遅くにプルバックしたがさらに下げた。

13:25 今だ。しっかりしろ。気づくと7ポイントも上げていた。

13:28 良かった。76.25で空売りして、下落で手仕舞うとすぐに買った。サイズはまだ小さめ。

13:38 Eミニの延長として、2632から2626に下げたところで、練習のためにFESX（ダウユーロ STOXX 50種株先物）を空売りした。人の心理はどこの国でも変わらないはずだ。

13:45 Eミニが5分足での支持線まで押すのを待っている。

13:53 うまくいった。73.25という最高のところで仕掛けて、上げたところで利食った。これ以上は、リスクを好む連中に任せよう。今日はもうすぐ終わろうと思う。もし70.00近くまで下げたらあと1回買うかもしれない。

13:56 良かった。72.00は最高の仕掛けで、上げたところで手仕舞った。これはおまけだ。ここからは利益温存モードでいく。今日の利益は今のところ＋1万2000ドル（トレイリングストップは＋1万ドル）で、マーケットは値幅が狭くなってきている。それに、金曜の午後のトレードは得意ではない。集中力も少し落ちてきた。マーケットがどう動こうと、そろそろ閉めようと思う。

14:17 15分足の足の値幅がかなり伸びてきたので、直近のトレードは見送った。空売り派は今、買い戻そうとしている。

14:22 良い読みだった。ただ、感情的な混乱で70以下になったときは買った。トレードしながらマーケットが感情的になっているのが分かる。私もときどき、自分のトレードを投げ出したくなる。まったく逆方向に仕掛けてしまったときなどは特にそうだ。

　VIXが下降トレンドにあるかぎり、押しで買えばよい。機敏な大口投資家は、価格が感情的に上昇を見せているときに空売りしても、スキャルピングのみにしておくとよい。今日の「追い風」チャートと言えば、VIXチャートだろう。

14:47 Eミニの抵抗線は980にある。今のところ10ポイントしか動いていない。どうしたものだろうか。まだ、上に行くのが最も抵抗が少ない。

14:56 リトレースしたところで、まだ小さく買いのスキャルピングをしている。980の抵抗線はまだ狙える。981で小さいサイズの買いを検討している。価格が変わらないため、空売り派は疲れてきたはずだ。

15:03 さあ、行け。

15:04 いい感じで手仕舞った。モメンタムがなくなって981の高値を抜いたので、プルバックのなかで早めの手仕舞いを選んだ（今日2回目のレンジブレイクで、1回目ほど大きくはない）。983は最高の手仕舞いのポイントだった。何かバカなことをする前に今日と今週と今月は終わりにしよう。＋1万5000ドル強を確保した。

15:06 わあ、ワイリー・コヨーテ張りに9ポイント急落した。やめておいてよかった。

あとから一言
結局、この日の最終結果は＋1万6900ドルだった。

2008年10月31日（金） 10月のまとめ

まず、自分自身とこの日誌の読者のために強調しておきたいのだが、日誌に書かれていることは、投稿した瞬間に忘れなければならない。投稿すれば、それはもう過去のことで、それ以上でもそれ以下でもない。このブログで「自己満足」について何回か書いているのには理由がある。多くのトレーダーやポーカープレーヤーやそれ以外の人たち（このなかには昨年までの私も含まれる）が、資産を継続的に増やすことができない理由はそこにあるからだ。

また、マーケットの状況はいずれは従来のリズムに戻ると思ってい

2008年のIRAの先物基金のパフォーマンス

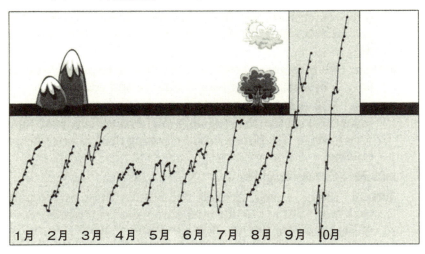

るが、そうなれば巨大な動きがもたらすチャンスも、それによる損益への影響も小さくなる(特に、私たちのような感情的な動きに逆張りをするトレーダーにとっては)。ただ、それももちろんなってみなければ分からない。

　今月については、どこから書けばよいのだろうか。いずれにしても、生涯このような月はけっしてないだろうということだけは言える。絶対だ。今月は、さまざまな意味でトレーダーとして記録的な月だった。このなかには、1日のドローダウンが最大の日(「新しいマーケット」に慣れる前のこと)、1日の利益が2万ドルを超える日が9日とそれまでで最多だったこと、1カ月の利益が最高の31万8000ドルだったことなどが含まれている。恐らく睡眠不足も最高だったと思うが、それは数えていない。

　そして、私は実にたくさんの間違いを犯した(特に大きいのは2つ

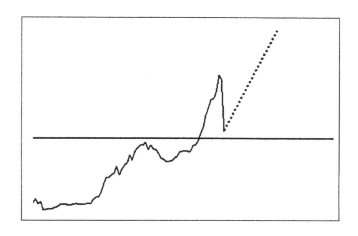

だった)。私が11月に引き継ぐのは、このことだけとする。ちなみに、このブログの読者には、間違いを克服することこそがトレードであり、人生だということはよく分かってもらえたと思う。間違いを犯したら、それを乗り越えて進み続ければよい(と叫びたい)。私たちに明日が与えられているのには理由がある。業界の宣伝とはうらはらに、儲けているトレーダーもたくさんの間違いを犯している。もし私が伝えたのがそのことだけだったとしても、日誌を公開した意味はあると思う。

　それ以外に特に言うことはない。分かっていることは、10月は正式に過去になり、もう関係はない。新しいゲームは月曜日に始まる。2008年のファイナルテーブルだ。

　地表を目指して月末まで掘り続けるのもあと2カ月、引き続き自己改善のチャンスはたくさんあるだろう。ただ、この自己改善ゲームは12月31日を過ぎてももちろん終わらない。

　そこで、再び振り出しに戻って、ただひとつの大事なチャートを見てみよう。

　私のなかの「コーチ」は、10月のひどくて、断腸の思いがし、むかつくドローダウンを避けたければ、再び集中的な復活モードに入る必

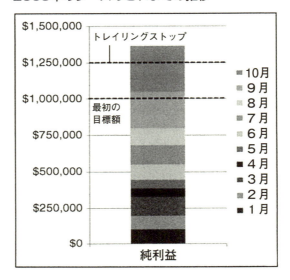

要があると言っている。さらに、仕事を再開する前に2日の休みがあるとも言っている。私には新しいシャベルが必要だと思う。今使っているものはひどくすり減ってスプーンのようになってしまったからだ。

　静かな週末を。

2008年11月の日誌より

2008年11月4日（火）　新しいゲームのようだ

13:47　予想していたことだが、今のところリズムもペースもプライスアクションもまるで新しいゲームが始まったような感じになっている。何日にもわたり、毎分感情的なスパイク（突出高・突出安）が続く状態で、慣れるのに少し時間がかかっている。リズムを期待してもVIXは相変わらず強烈な状態を示しているが、今はそれをよく見て適合できている。ただし、サイズには気をつけなければならない。この2～3カ月はサイズ管理があまりうまくいかなかったことで利益の一部を取りこぼすことがあったからだ。

　ヨーロッパの取引時間で、月曜日に下げ止まったところを上にブレイクした最高のパターンやペースの多くは、途中でいくつかのトレードできる押しがあった。ただ、アメリカ時間に入って上に空けた窓はトレードするのが少し難しかったため、今日上げた＋1万2000ドルの利益の半分は、DAXとFESXのトレードから来ている。

14:04　VIXは15分足で見て上抜こうとしており、60分足チャートにもかかろうとしている。つまり、午後は何でも起こり得る。この猶予期間は短い可能性もあるが、それは時が教えてくれるだろう。

14:19　私にとって完璧なリズムに近づいてきた。15分足のVIXが上抜くのはいい感じだ。マーケットが感情的に極端な値を付けたときに何回かスキャルピングをした（ポーカーでもほかのプレーヤーの気持ちを読めればよいのに）。チップはあと少しで＋1万3000ドルになる。私にとって魔の時間帯（深夜のポーカーと同じで、素晴らしい結果は出ない）が近づいているため、今日これ以降は利益温存モードに入る。

14:29　922近辺に中間的な支持線があり、そこから何回か買いのスキャルピングをした。今は短期の下降トレンド（1分足と5分足）と長

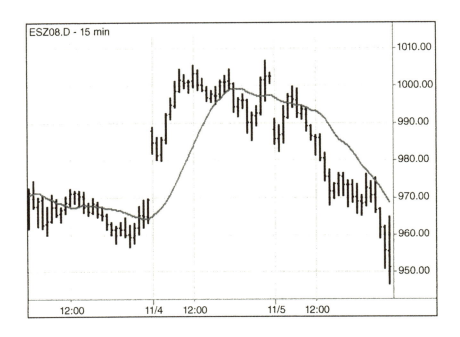

期の上昇トレンド（30分足と時間足）でピンポンパターンになっているため、スキャルピング以外は自信がない。チップは1万5000ドルを超え、トレンドは矛盾しているため、今日はそろそろ終わりかもしれない。

15:00 今日は終わりにする。最後の1時間がコイン投げと同じでも関係ない。どのような動きでも、明日朝のセットアップにはなる。

あとから一言

結局、この日の最終結果は＋1万5900ドルだった。

2008年11月10日（月） 戦いだ

月曜日は何かおかしい。今日は、1日中戦いだった。手荒いヨーロ

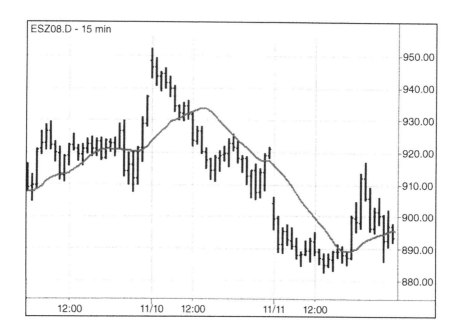

ッパの時間帯から始まって（買いのブレイクアウトを探るという苦手なパターン）、全体的に自分のプレーができず、アメリカの時間帯は何とかトントンに戻すようもがいていた。チップは＋2000ドル前後を行き来して、今日のトレードはなかったも同然だった。

　1日中、自分のゲームができたと思えたときはなかったし、実際のトレードはスコアカードよりもひどかった。私は勝率を記録しているわけではないが、感覚的にはおそらく20％を下回っていたと思う。それでもわずかな利益が出たのはサイズ管理が多少マシだったからで、ほとんどのトレードを小さく抑え、Ｅミニの日中の下降トレンドが行きすぎて高勝率のチャンスがあったときだけ何回かサイズを2倍にしたことがうまくいった。

　この部分は、今年ポーカーがトレードに間違いなく好影響を及ぼしたところだと思う。1日中ブラインドとアンティを支払い（プレーし

なければ勝つことはできない）、役とペースが合ったときは大きく賭けるなどといったことだろう。ただ、明日はもう少し忍耐強くプレーして良いパフォーマンスを目指したい。

　自己満足と惰性は命取りになるが、それが自分のトレードに再び忍び込もうとしているのを感じる。このことは、今夜のセルティクス対トロント・ラプターズで、格上のセルティクスが第3クオーターになって初めて本気を出し、15点差を覆して勝った試合でも確実に見てとれた。もちろん、彼らはその前の晩も試合があって疲れていたのかもしれないが、そんなことは関係ない。トロントも同じ状況だが、彼らははるかにやる気があり、第4クオーターの初めまで積極的に攻めていた。

　どこかで聞いた話だ。これは何とかしなければならない。10月はもう過去のことで、関係ない。私の敵はマーケットで、11月も私のほうが優れたプレーヤーだということを示さなければならないのだ。そのためにはまず、いくらかの痛みを感じておかなければならない。私は15ポイント負けていて、ここから本気を出さなければならないのだ。

あとから一言
結局、この日の最終結果は＋2100ドルだった。

2008年11月12日（水）　冷えたエンジンを始動する

　1回でいいからリズムに乗って1日が始まり、早い時間の悪戦苦闘をしなくてよい日が来ないだろうか。しかし、今日もヨーロッパの時間帯で教科書どおりの高値切り下げ（と前日の一時的なスクイーズ）のリズムがどうしても合わず、アメリカ時間の昼ごろになってやっとギアが入った。それならばヨーロッパ時間のトレードをやめればよい、と言う人がいるのは分かっているが、まだあきらめたくはないし、負

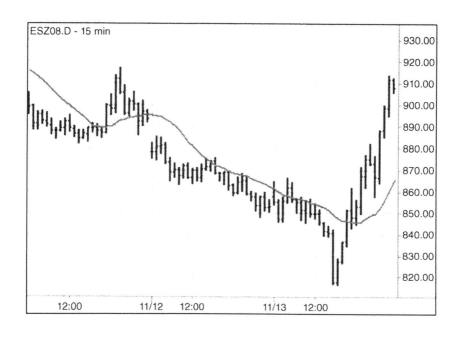

けるのもいやだ。

　実際、今日私はかなりの時間とコスト（損切りや手数料と言う形で）をかけて、FESXの感覚がつかめるかどうかを知るために相当数をトレードした。そして、今日の結果から言えば、それには時間がかかる。ただ、ヨーロッパのペースがむちゃくちゃだった今日は、試すのに最適な日ではなかったのかもしれない。前述のとおり、マーケットの特性のなかで、私にとってはチャートよりも、セットアップよりも、ペースが重要だ。確かなことは、今日はあまり忍耐強くなかったが、FESXにはEミニやDAXとは違う独自のリズムが間違いなくあるということだ。

　実は今日のEミニのペースが、特に良かったわけではない。もしかしたら、どちらのマーケットのリズムにも乗れなかったのは私だけなのかもしれない。いずれにしても、今日のスコアは＋7100ドルと控え

めだった。言い訳かもしれないが、今日はほとんど将来への投資だと思っている。

2008年11月13日（木） 急がないとやられるぞ

14:16～15:10（トレードの合間に何回か投稿）　どこから始めようか。昨夜はポーカーでひどい負け方をしたが（これについては後述する）、よく寝ることができ、朝は5:30に自然に目覚めた。ただ、今日が「トレンド日の翌朝」で、セットアップができているはずだということを完全に忘れていた。それでもマーケットも私もすぐに適度の上下動があるリズムをつかんで、最初のFESXから利益を上げることができた。

アメリカ時間のマーケットは、ヨーロッパの動きを引き継いで、教科書どおりの動きにいくつかの素晴らしいスイングを組み込んだ独自の動きになった。最初の上方への突出高で空売りし、最初の下方の突出安で買い、どちらも反転したところで手仕舞うことができた。上下の動きに伴った最初のトレードが終わると、一度賭けが終わって通常はしばらく様子見のモードになる。さざなみが収まったあとは、トラブルに巻き込まれないようにしていた。

次は昼休みに飛ぶ。このとき、危うくパソコンの前を離れそうになったが、どちらかにブレイクするかもしれないと思い、空腹だったが少し待つことにした。そして13時少し前にEミニの底が抜けて10月の安値どころかここ数年の安値もブレイクした。私も底にぶち当たるまでに何回か仕掛け（818.25～819.50の辺り）、結局これが上昇相場になるまで仕掛けた最高のトレードとなった。

しかし、Eミニがパニック後最初の反動で大きく上げたあとは難しい展開になり、わずかに下げたあと急騰してたくさんの空売り派をワナにはめた。私も早い時間帯に空売りで上げた利益の一部をあきらめたが、幸い状況に気づいて損切りし、13時のブレイクと突出高のあと

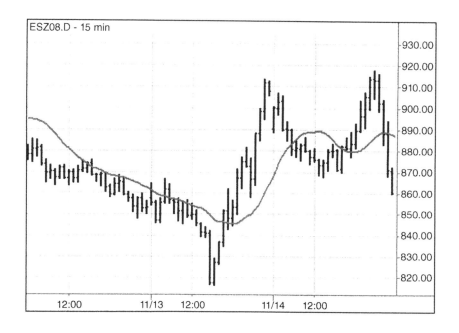

スクイーズが力尽きた突出高で空売りし、反転したところで利食った。

そのあとは、サイズを大幅に元に戻し、感情的に極端な動きをしたところで逆張りを何回か行ったが、利益はわずかだった。結局、今日は15:10ごろにトレードを終えた。

チャートを見ると、下げているときは買い手が、そのあとの上昇では空売り派が逃げ場を失ったことがはっきりと分かる。どちらもかなりの痛手を受けたはずだ。両方で間違えてしまった人もきっといるだろう。ここで素早く動いてスクイーズされる側にならないようにするためには、極めて明晰な頭脳が必要とされる。幸い、今日の私は頭が十分すっきりしていて、チップは＋４万6900ドルに増えた。この先も、トレンド日の翌日が私のお気に入りだということは間違いない。もちろん、カギとなるのは実行だ。ゴルフと同じで、どんなに素晴らしい天候に恵まれても、ボールを打たなければ勝つことはできない。

15:56 何ということだ。空売り派が完全に上昇相場の餌食になっている。トレーダーには柔軟性が必要だ。そうでない人は、成功できないどころか完敗することになるだろう。急がなければやられるぞ。また、常に複数の時間枠を考慮する必要がある。今回は120分チャートで、午後に入ってすぐの下落が明らかに行きすぎていた。

先に書いたように、昨夜はポーカーでひどい負け方をした。久々に良いプレーができたのに、リバー（最後の共通カード）で良いカードが出なくてトーナメントは4位に終わったのだ。昨日のプレーは、最初にクイーンのペアがあり、フロップが4－5－9だった。私はエースと9を持っているプレーヤーを挑発して賭け金を上げさせ（そうなると私はチップをすべて賭けなければならなくなるが、それは想定済みだった）、コールまでしたのに、リバーのエースで負けてしまった。ただ、よかったのは勝負が早く終わったことで、昨夜はまるまる6時間寝ることができたため（トレーダーにとっては6時間寝られれば十分と言うべき）今日はかなり集中できた。

2008年11月15日（土） モメンタムの力

山頂の小さな雪の玉が、都市をも破壊する雪崩を引き起こすことがある。凍った道で自分でコントロールできないほどスピードを出せば、スリップして止まることができず、目の前の車に衝突してしまう。2001年のニューイングランド・ペイトリオッツは、公式戦の63％は成績が五分五分の平均的なチームだったが、最後の9試合を勝ってスーパーボウルで優勝を手にした。ダウ平均は1日で778ポイント下げて世界的なパニックを引き起こすこともあるが、これを回復するには数カ月かかるかもしれない。

モメンタムは、強力で予想がつかないことも多い。ミリアム・ウェブスター辞典によれば、モメンタムは「動きや展開によって得られる

強さやエネルギー」と定義されており、新たな高みに押し上げたり深みに押し下げたりする力を持っている。まだ過去10カ月半を振り返る時期ではないが、今私が飲み込まれている津波について書かないわけにはいかない。もともと11月と12月は、祝日が多くなり、マーケットのボラティリティも「平常」に戻るため、あまり積極的に動くつもりはなかった。そして、この何日かはそのとおりになっていた。

しかし、これまでも寛大だったマーケットが、火曜日はさらに寛大になり、それが木曜日にも引き継がれた。そして、感情的な動きが広がると、それがマーケットをかなり肥沃な土地にした。今年の竹はそのような土地に根付いているのである。

木曜日は、もしかしたらマーケットの最後の爆発かもしれない。ただ、嵐が過ぎる前にあと1回大きな雷鳴がとどろく可能性もある。もしかしたら、嵐はまだ半分しか過ぎておらず、前半の山場が過ぎただけなのかもしれないが、そんなことはだれにも分からない。分かっているのは、私たちが今起こっていることに反応し、みんなの感情の反対側に立ち続けるということだけだ。みんながパニックを起こしているときは、キャッチャーミットを構えて待つ。みんなが損切りで痛みを終わらせるしかないときは（私にも経験がある）その反対を行く。そして、みんなが短い時間枠の感情にとらわれすぎて、大きい時間枠でのトレンド途上の押しや戻りでパニックを起こせば（これも経験済み）、彼らのトレードを受ける側にいなければならない。

成功しているトレーダーは、チャートでみんなの感情のみを見ている。アルゴリズムもローソク足パターンも、気の利いたセットアップも関係ない。チャートは人々の行動と気持ちを表しており、それ以上でもそれ以下でもない。自分のゲームができているときは、私にもそれが見えるし、できていないときは見えない。ただそれだけだ。

残念ながら、多くのトレーダーは何回も辛い経験をしたあとにやっとそれが「見える」ようになる。私も何年か前はそのような経験をし

ていたし、今でもときどき辛い目に遭う。しかし、最初に方向転換できれば、強力な敵だったモメンタムが今度は強力な味方になる。この日誌の一部から飛び出した種がどこかで育って私の竹を超える竹林ができればとてもうれしい。将来の私にとって、それが日誌を公開したことの最大の報酬になっているかもしれない。

2008年11月20日（木）　Bのゲームを管理する

13:33　今日も私の得意な「トレンド日の翌朝」なのに、なぜか腰が引けている。最近、このパターンが多い。今年の秋は、引け近くにトレンドができることが非常に多く、それは翌朝の高勝率のトレードを意味している。そのため、私はいくつものトレードを損切りしては再度仕掛けている。もちろん、このようなことは、リスク管理のために毎日ある程度はしている。しかし、今日はそれがいつもよりも多い気がするし、そのせいで取引コスト（手数料）が利益を蝕んで、今のところ＋1万4000ドルという控えめな利益になっている。もうひとつ、今日あまりよくないのが保有時間で、仕掛け（正確に言えば再仕掛け）は良くても手仕舞うのが少し早すぎる。

　そういうわけで、午後（つまり苦手な時間帯）に向けて少しイラついていたが、バカなことをしないように極めて注意深くもなっていた。今日はAを付けられるゲームをしていないのだからなおさらだ。もちろん、1年に250日以上あるトレード日すべてでAのプレーをするなど不可能だということは分かっているが、それでもイライラすることに変わりはない。

　今日は、①自動車会社の救済措置のニュースが二転三転した、②60分足はいまだ強い下降トレンドにある――ことから、今日の午後に再び上昇トレンドになるとは思えない。しかし、もしそうなったら鮭は間違いなく遡上するだろう。

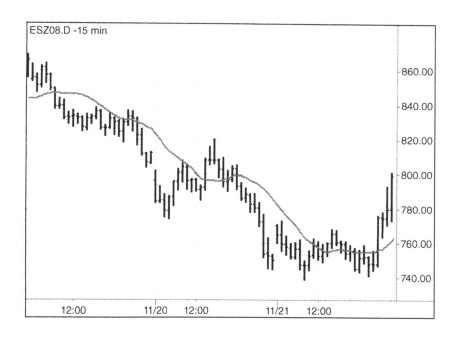

14:05 マーケットは弱含んでいる気がする。小さいサイズだが1分足のEミニが反転したところで797.50で空売りし、800に損切りを置いた。

14:08 小さいポジションだが、797.75で増し玉した。

14:10 いいぞ。ほとんどのポジションを買い戻したが（最高は792.75）遊びで小さいポジションを残している。

14:19 TICKは極端にマイナスになっているため、788.00で手仕舞ってマル。サイズは小さく抑えながら、早めに利益を確保し、残りを流れに任せたのがよかった。今日はここまでかもしれない。利益は＋1万7000ドルになった。

14:22 Eミニは最後の買い戻しから4ポイント上げた。あるマーケットでは自分が天才に思えるのに、別のマーケット（強いトレンドがあると）ではのろまに見えることには驚く。今回は1分足の3LBチャ

ートの足は短かくて、ずっと下降トレンドだった。5分足が60分足の形に近づけば、さらに下げるかもしれない。私は高勝率のときだけ仕掛け、日中の長めのスイングトレードはみんなに譲ることにする。しかし、長期トレンドはまだ確実に下がっている。もし5分足の方向が変わらなければ、再び戻りで売る高勝率のチャンスがあるかもしれない。

14:32 私にとっての魔の時間帯が近づいてきた。今日を含めて今週は何回かBのプレーしかできていない日があったため、今日は守備に徹することにした。VIXは上昇に転じ、TICKは再び哀れな感じになってきたが、Eミニは午前中のレンジの中間辺りで推移している。

14:40 疲れてきたし、Eミニはちゃぶついている。これは良い組み合わせではない。気を付けろ、ドン。サイズは抑えていけ。

14:44 5分足での戻りで空売りしようかと思ったが、出遅れた。執行できた人にとっては良い仕掛けだ。

14:47 今のところ2回目のチャンスはない。読みは正しかったが、指が疲れていた。もう1回戻りはあると思うが、まだ785~786で止まっている。

14:55 悪くない。執行されて、ひとつは手仕舞ったが再度仕掛けて、下げたところで買い戻した（一番良かったのは781.25）。チップは+1万8000ドルになった。まだ下降トレンドだが、ペースは一定ではない。Eミニがまだ午前中の安値よりも上にあることもあって、急いでポジションを減らしている。

15:02 Eミニは10ポイント上昇した。2分で愚か者から天才に変わった気分で驚いている。

今日は再び「愚か者」になる前に終わることにする。今日の利益を蓄えて、今夜がAのゲームになるよう備える。

引けのトレンドのセットアップは……もう言わなくても分かるだろう。

あとから一言
結局、この日の最終結果は＋１万7600ドルだった。

2008年11月21日（金）　トレードスタイルは問わない

第47週は、今日の一部を含めてマーケットと調子が若干合わないことが多く、今年最高の週ではなかったが、今日遅くのスクイーズで（詳しくは後述する）＋6700ドルまで持ち直した。ただ、火曜日に書いた月曜日のトレードと同様、今週のトレードは今年のなかでも高いほうにランクでき（絵を見れば分かるとおり）、明らかに最高のプレーではなかったが、白星は付いた。

今週も、何らかの予想しない方法でダメなパフォーマンスを良いパフォーマンスと相殺して19週連続の利益にこぎつけた。スコアカードは＋６万2600ドル（月曜日から－6500ドル、＋２万1100ドル、＋２万3700ドル、＋１万7600ドル、＋6700ドル）だが、ここでも私は「腕」が良いとは言えないことが多々あった。これで、残りの５週半に自信過剰に陥ることはないだろう。マーケットがトレードスタイルで評価されるところでなくてよかった。

今日に関して言えば、オーバーナイトのヨーロッパ市場と早い時間のＥミニの動きは、少し荒かった。オーバーナイトのＥミニは15分足で見た短期トレンドの支持線に向かって押し、１分足ではこの日の明白な仕掛けが11時にＥミニのレンジブレイクと押しにつながり、結局それが私の最終損益をプラスにしてくれた。

反対に、14時にもブレイクダウンしかけたときは別の展開になり、結局損切りした。この時点で、私は短期トレンドでトレードするのをやめた。マーケットを押し下げるだけの十分な出来高も関心もないことが明らかだったからである。

ただ、このデータ（と損切りのコスト）は、結局あとで役に立った。

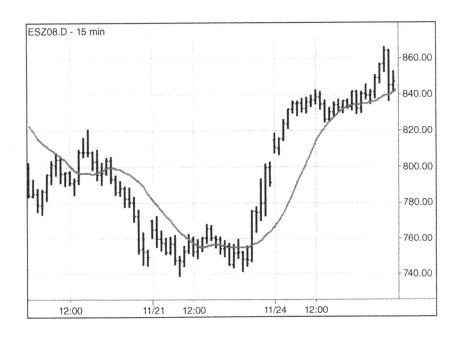

15時過ぎに空売り派がスクイーズに遭って逃げ場を失ったとき、間違った側にいなくて済んだだけでなく、正しい側で多少の利益を得たからだ。そして15時以降のトレードは、その前に何時間か混乱していたせいか、今日一番のペースで、適度な出来高もあった。

　現在のマーケットを感じとるためには、対岸で眺めるよりも実際に「泳ぐ」ほうが簡単だと私は思っているが、これはその好例で、実際に空売りを仕掛けて損切りに遭ったトレーダーでなければスクイーズに遭いそうかどうかは分からない。

　チャートを見れば分かるが、Eミニは750を下回るのを嫌っているため、上昇するのが最も抵抗が少ないということになる。

　来週に向けて考えておくべきことのひとつは、ボラティリティがなくなると少し無理をしがちなことと（例えば、ブレイクアウトや押しや戻りを疑ってしまう）、堅実な仕掛けなのに早く手仕舞いすぎてし

まうことだ。要するに、私は週のほとんどでCME（シカゴ・マーカンタイル取引所）のマーケットメーカーになってしまい、もちろんそれも悪いことではないが、動き回る余地があるときは、リード（首ひも）を少し伸ばしてもよい。そこで、週末にはおなじみの忍耐メーターで練習をしようと思う。例えば、現金のポーカーを12時間続け、完璧な役以外（つまり95％の役）はフォールド（賭けを降りること）して、大金のみを狙うというのはどうだろうか。

来週はトレード日が少ないが、そのあとは12月で追い込みをかけなければならない。あと40日で、物差しと梯子を使って竹の高さを測るときが来る。しかし、それまではまだまだ育てていかなければならない。

2008年11月25日（火） 荒いペース

トレーダーは、車のフロントガラスに突っ込む虫になるときもあれば、それを受けるガラスになるときもある。今日の私は、非常に荒いマーケットのペースになかなか慣れることができず、両方の立場を行き来していた。しかし、午後遅くなってやっとマーケットの歩幅に合わせることができるようになり、過去２日半のトレードを見直してみると、初めて腹が立った。考えてみれば、このように苦悩したのは、先週の半ば以来だと思う。

結局、この日は800ドルの損失だったが（コメントする価値もない）、早い時間帯の－１万8000ドル――ヨーロッパ時間とアメリカの早い時間に久々にひどいトレードを連発してしまった（自分でよく分かっているから何も言わないでほしい）――から見れば随分改善した。

ただ、最高の「トレンド日の翌朝」の動きが、月曜日の大引け直前に大きなちゃぶつきとともに起こったのは残念だった。実は、早い時間にも何回かある程度の上下動があったのだが、そのときは私がその

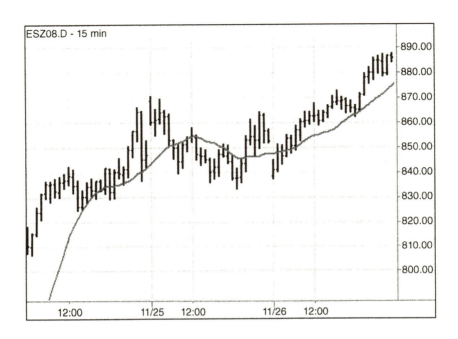

ペースに合わせることができなかった。

　できれば、この何日かのパフォーマンスについて私がやっとイラ立ったことは、良いサインだと思いたい。平均以下のパフォーマンスを生んだ理由ははっきりとは分からないが、前述のとおり、このところ野心に燃えることがなかったため、その火をつけるためには、想像力を働かせる必要があったのかもしれない。

2008年11月26日（水）　TICKの教え

10:15　今日は1日中、集中力を研ぎ澄ませておくために、日中の動きを細かくノートにつけていくことにする。休暇シーズンを前にして、ホームランを狙うわけではないが、今日の終わりに、集中力にはAの評価が付くようにしたい。

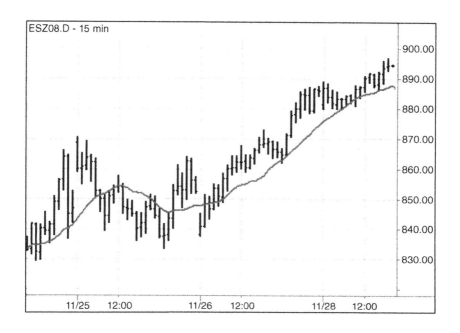

　昨夜はよく寝た。ヨーロッパ市場では7:30に戻りを売ってブレイクダウンしたので若干の利益を上げた。アメリカ市場の寄り付きは、明らかなパターンがないため難しい展開になっている。VIXが下降トレンドにあるため、抵抗線で手早くスキャルピングする以外、あまり空売りする気がしない。ここまですべての仕掛けで確実に手堅く利食って、リズムをつかもうとしている。

10:26　TICKは強気で、これまでよりも0を上回っていることが多く、さらに上方に向かっている。堅実な買いを仕掛けるのは難しいが、今はとにかく空売りを避けるべきだろう。Eミニは金曜日の午後以降、明らかに下げを拒否しており、それは尊重しなければならない。今の動きは金曜日の午後遅くのレンジに完全に入っており、スキャルピングしかできない。

　今日は、どちらかの方向にうまみがあれば、1回か2回クリーンシ

ョットを打って、あとは集中しながらも傍観したいと思っている。簡単に言えば、今日は厳選してトレードしたい。出来高は祝日に向けて相当減っていくと思われる。

10:36 今日もコツコツとトレードすることになりそうだ。見たところ、相場を動かす燃料になり得る反対側で「逃げ場を失った」トレーダーがたくさんいるようには見えない。

10:44 もしこれが現金を賭けたポーカーならば、フォールドに次ぐフォールドと言ったところだろうか。目の前のデッキに本当に絵札が入っているのかだんだん疑いたくなってくる。ADXは5分足も15分足も12.11で一致している。何か変わったことがあるのだろうか。

だいたいがレンジトレードで、明らかに私の得意な分野ではない。1分足と5分足でトレンドができかけたときの最初の押しでさえ、多少のリスクがある。もちろん、長くとどまっていれば、いずれブレイクするときの力は大きくなる。

ひとつだけ確かなことがある。もし今日のチップが1万ドルを超えれば、そのあとは資産額に大きなトレイリングストップを置くことにする。いつもは1日の成績をそこまで気にしていないが、今日はいくつかの理由でそうすべきだと思う。

10:54 Eミニが横ばいから7ポイント急騰した。TICKの次の押しで買う予定。

10:56 いいぞ。855.25で買って、上昇したところで857.75で手仕舞うことができた。ただしサイズは小さい。

10:58 同様に、856.00で仕掛けて857.75で利食った。小さいサイズでミクロスキャルピングをしている。現在のマーケットに深みはない。今のところ最も抵抗が小さい流れは上方だが、高勝率のところで手仕舞っている。いまだに火曜日午後のレンジに入っているが、5分足がブレイクするかもしれない。ただ、強い動きになるほどの出来高がないように見える。ヨーロッパも寄り付き後に似た動きになったが、長

期のブレイクアウトトレーダーが間違った側で逃げ場を失ったあとは内部崩壊してしまった。

11:04 Ｅミニは５ポイント下落した。読みも判断も良かった。５分足はまだ大きくなりそうだが、まだ大きいレンジのなかにいる。読みが正しければ、さらに長い時間枠で見て再び押しがあるか、それとも極端な価格を付けて空売りのスキャルピングができるかもしれない。

11:11 Ｅミニは、次に火曜日午後のレンジの上限に向かっていった。TICKの押しは、今のところここまでで最高の仕掛けポイントだ。１分足の3LBはまだ長い。今のレンジと同様に、マーケットの極所的な強さ（この時代の今日において、「強さ」は弱さがないと定義できる）も尊重しなければならない。

11:18 Ｅミニはまだ火曜日の午後の高値である864.25をブレイクしていない。

11:21 今までは、あと１ティックというところだった。しかし、TICKは前回の上げで見せた低いレベルまでさらに下げた。もうここまでかもしれない

11:24 TICKはさらに下げ、５分足での支持線を下回った。空売りのスキャルピングを0.75ポイントで利食ったが、さらに深いリトレースを期待している。856に向けて下げたら、できるだけその近くで買いたい。

11:30 Ｅミニは高値から４ポイント下げた。これまでは、ステーキで言えば中心部の最高級部位のみを狙っていたので、あえて取り残してきた。ギャンブルは、同じテーブルのほかのプレーヤーに任せておく。

11:49 TICKは０以上をしっかりと維持しており、この指数の押しはまだ最高の仕掛けポイントになっている。私も少しずつ積極的になっていき、軽いスキャルピングと損切りを繰り返している。５分足のADXは、再び20を超えた。約４年ぶりに全国放送のインタビューを

受けることになっているため、約30分席を外す。詳しくはあとで。これが災いの元にならないことを祈る。

12:55 席に戻った。ゆっくりすりつぶされるような気分だが、すぐに仕掛けたいとは思わなかった。ボラティリティは少しずつ収まってきている。今のところ休日の前でペースがほとんどないなかで、極端な感情を出しても何にもならない。

13:10 トレンドは、今のところ寄り付きからずっと上げている。表面的には、再度仕掛けるのが難しいため、プロが利益を早めに確定させているのがバカらしく見えるというパターンかもしれない。人生とはそういうものだ。

13:51 昔からのトレードの格言に、「眠いときはやめておけ」というのがある。とにかく眠い。それに、出来高は予想どおりなくなりつつあるため、ない袖は振れない。

14:00 寝てしまった。2時の急行はあるのだろうか。

14:17 マーケットはまだ下げを拒否している。まだ強さが残っているようだ。

14:20 直近のブレイクアップのあと、TICKが押したときに868.25で買った。上がるはずだ。

14:22 いいぞ。TICKが871.00に向かったところで1230で手仕舞った。今日は早い時間にも似たようなことがあった。

14:30 再び870.00から872.00になった。TICKには「今日の指標」賞を進呈しよう。アシストはVIX。

14:33 今日の高値から良い感じに上昇した。空売り派がスクイーズに遭っている。良い押しがあと1回以上あるかもしれない。チャートに少し感情が見えてきた（だれかが苦しんでいればそうなる、今回は空売り派）。やっとペースが出てきた。

14:37 872.50で止まっている。

14:39 上げたので、874.00で小さく利食った。大きく下げたらまた

買いたい。下げろ、下げろ。今日のチップを守るためにトレイリングストップを使う。

14:45　さらなるリトレースメントで仕掛けようと思っていると、進退窮まってしまうことがある。でも、まだ時間はある。もう1回チャンスがあるかもしれない。ただ、今日のトレイリングストップは尊重して、大引け前30分のちゃぶつきには巻き込まれないようにしたい（いつもそれで失敗している）。

15:02　TICKはまだ上げている。傍観モードに入る。

15:11　VIXは15分足の下降トレンドが続いており、55まで下げた。4日前から30ポイント近く下げていることになる。今、痛みを感じているのは空売り派だが、2008年全体で見たら、買い手のほうがより苦しんでいるのかもしれない。

15:27　トレードはしていないが、真剣に観察している。

15:35　ダブルトップの可能性を調べるために小さい空売りを試し、直後に－0.50で損切りした。サイズを抑え、トレイリングストップを順守している。

15:47　今日はここまでにしよう。引け間際に何回か手を出したが、だいたいは見ていた。今日の利益は＋1万0300ドルを確保した。

　予想どおり、最近の利益と比べれば少し控えめだったし、サイズも小さすぎたかもしれないが（ボラティリティが荒れ続ければ、引き続き気を付けなければならない）、集中力と、マーケットの読みと、休暇シーズン前の強さがあるなかで空売りしようとしなかったことと、大引け近くはトレイリングストップを順守した規律についてはAを付けたい。頻繁にトレードする人にとって、寄り付きから引けまでトレンドが続く日は再度仕掛けるチャンスが少ないし、たまにしかないため難しいが、不満を言うつもりはない。こういう日は買いのスイングトレーダーと投資家に任せることにする。

2008年11月28日(金) 警告サイン

　20週連続で勝ち週になったが、今週は辛うじてプラスになった(＋1万8100ドル、内訳は月曜日から＋8900ドル、－700ドル、＋1万0300ドル、－1900ドル、＋1万5000ドル)。しかし、最終月を前に、このレースを私が望む形で終えるためには避けては通れない明らかな警告サインが2つある――①熱意の自己評価が10段階(10が最強)の2である、②今年初めて躊躇しており、簡単に言えば「負けないためのトレード」になっている。

　原因のひとつは、休暇シーズンの前週だったうえにボラティリティが下がり、それに慣れていなかったからかもしれない。しかし、それ以上に何か大きな変化を示す兆候がたくさん見える。例えば、良い仕掛けならば待てば良い結果が期待できるのに。その前に手仕舞ってしまうことが多すぎる、「嵐の前の静けさ」の間に集中力を欠いている、ヨーロッパ市場の寄り付きのかなりあとまで寝過ごしてしまう、資金が実際の10分の1しかない人のようなサイズでトレードしている、1回目のチャンスではなくそれよりも勝率が劣る2回目のチャンスをつかんでしまう、などといったことである。

　率直に言って、年初から最大の悩みとなっていたのは、大きなドローダウンになった何日かのことだった。しかし、当時は少なくとも積極的にトレードしていた。今のような腰が引けたトレードは、金銭的な損失よりもむしろ心配だ。もちろん、リズムがマンバに変わったのに、私はいまだにワルツを踊ろうとしているだけなのかもしれない。しかし、トレーダーの仕事は常に状況を把握し、それに合わせて調整していくことだ。今はそれがうまくできていない。

　月別の資産チャートについては、11月末が3月、4月、7月と似たパターンだったということだけ記しておく。

　今、私に起こっていることは、おそらく心理的なことが原因だと思

2008年のIRAの先物基金のパフォーマンス

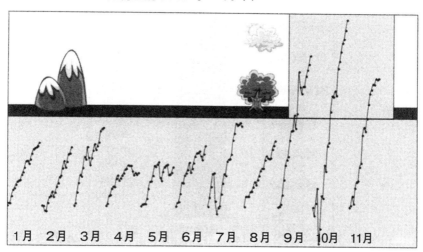

う。このペースで行けば、今年の目標を達成できそうだということが知れ渡っているからなのだろうか。そうだとすれば、これはライブで日誌を公開することのリスクのひとつなのかもしれない。ただ、私はこの10年ほどはかなり世間の目にさらされてきたし、人に見られたほうがかえって頑張れるタイプなので、プレッシャーがかかったわけではない。むしろ、今年に入って、周りの出来事を遮断して、トレードに集中してきたことのほうが原因なのかもしれない。

 ポイントとなるのは、1～11月はもう関係なく、今大事なのは12月だけということだ。この1カ月のみに集中するのだ。あと22日、毎日最高の役を目指してプレーする。そして、そのあとレースが正式に終わってから、初めてゆっくりとスコアカードを見ることになる。ただ、その時が来ても、私が自分の持てる限りの力を出すことのみを使命とする一トレーダーであることは変わらないし、その経験を元にして2009年に備えるだけだ。

昨年のスーパーボウルでペイトリオッツに何が起こったかはみんな知っている。ディフェンス陣の集中力がほんの少し途切れたときに、ロングパスを決められて18－0から逆転されて敗退したのだ。また、アーチー・カラスのエピソードも有名だ。彼はポーカーで4000万ドルを稼いだのに、強欲と、ほんのささいなきっかけで負のスパイラルに陥ってすべてを失い、それを取り戻すことはできなかった。そして、インターネットバブルで大金を得た人たちも、ほとんどがそのときの利益を失った。しかも、その多くはダブルダウン（負けるたびに掛け金を増やすこと）で「割安」に見えた株を買い続けて大きく負け越した。このような例はいくらでもある。

　つまり、仕事はまだ終わっていない。今年最後になるが、あとひとつ穴を掘るときがきた。もし最近のようなミスを繰り返していれば、自分自身に泥を塗ることになる。

　今日は終わりにする。「馬蹄と手榴弾」（的の中心を射たもの）しかスコアにはならない。月曜日は最初から最後まで飛ばしていくつもりだ。

2008年11月29日（土）　ゴールを調整する

　これからの1カ月間について、引き続き考えている。特に昨日の終わりごろは、11月の終わり方について最初に思ったことを反芻していた。しかし、率直に言えば、今朝になって感じ方が変わった。私は、ある期間（1日、1週間、1カ月、1四半期、1年など、特に1カ月以上の期間を重視している）を1つの「トレード」とみなすよう長年主張してきた。そして、もうすぐ私が最も重視している時間枠である1年が終わろうとしている。1年は、トレーダー人生で見れば、唯一重要な期間かもしれない。

　そして、自分の11月末に向けたトレードについて考えれば考えるほ

ど、私の体内時計が私の防御機能を作動させていたのではないかと思うようになった。防御機能というのは、1日の最後の1時間のトレードや、月末の日のトレード、四半期最後の週のトレードなどに私がよく陥る状態のことである。

最も分かりやすいのは、15:30に今日最後のトレードだと思ったとき、つまり仕事はほとんど終わり、その日の目標を達し、集中力は落ちかけているときの状態である。集中力も関心も最高ではない状態でリスクを冒す気はない。そのため、ついサイズを抑えて防御的なプレーになる（この日誌にも最後の1時間のさえないパフォーマンスに関する投稿がいくつもある）。そして、そうならないときは、それが損益に表れる。

そして今、「1年」で言えば15:30に当たるときを迎えている。仕事はだいたい終わり、年間目標も達成し、集中力は落ちている。そして、集中力も関心も最高ではないときに、資金をリスクにさらそうとは思わない（前に言ったとおりだ）。

これは、私にとって大きな転機と言える。私はこの334日間、これまでにないほど自分を鼓舞してきたが、その疲れが出てきた。集中力とエネルギーがその水準に達していないのだ。そのことは、私の投稿とこの2～3週間の結果にはっきりと表れている。そのため、大事な時に集中力を失うリスクや、失敗を挽回しなければならない場面になっても、必要なエネルギーがないというさらに大きなリスクがあるのではないかと危惧している。

2カ月前の第3四半期の終わりに、大きなドローダウンがあったことを覚えているだろうか。そのとき、私はゴールを元々の100万ドルから125万ドルに引き上げた。しかし、10月に入ると、私がアクセルを踏み込めるときに、マーケットはベテラントレーダーに歴史的なボラティリティという恩恵を与えてくれた。それによって、11月はそれまでの年間利益を超えるほどの利益を上げることができたが、そうな

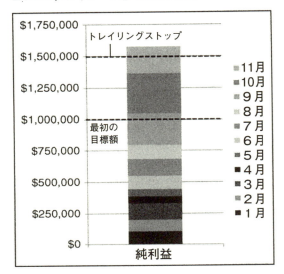

るとせっかく引き上げた目標の意味がなくなってしまった。そして11月は10月からのモメンタムが辛うじて残っていたため（マーケットのボラティリティについても私のパフォーマンスについても）竹をさらに伸ばしてくれた。

　というわけで、仕事はほとんど終わった。残りは（もしやる気があれば）クリスマスにはほぼ終わるだろう。来月は、潜在利益があっても、その一部を見送る可能性もある（私がよく１日の終わりにするように）。しかし、いつものように、翌日になれば新たな集中力と計画で再び始動するということも分かっている。

　15:30モードで行動する時期だ。

2008年12月の日誌より

2008年12月3日（水）　針路を維持せよ

　午後遅い時間帯に、Ｅミニがちゃぶつきとかなりの薄商いで多くのブレイクアウトトレーダーをイラつかせたが、そのあとVIXの方向がやっと定まったことで、Ｅミニは大引けに向けて上昇を始めた。このようなときに堅実に仕掛けるのは不可能に近く、午前中に上げた利益の一部を還元することになった。そして、今、遅い時間帯の最高の仕掛けを逃したが、それを追いかけるようなことはほとんどせず、すぐにあきらめた。それでも午前中の利益の80％は保持して、素晴らしくはないが、まあまあの１万5400ドルを売り買いそれぞれ1248枚で確保した。ただ、私が遅い時間帯にも強いトレーダーになる可能性は低そうだ。

　今日の早い時間帯の動きとチャートで言えば、最初の押しは天井まで発生しなかった。そして、マーケットにトレンドが出て、レンジでのトレードに向かないときは、できるだけ短い時間枠でのトレードがよいのかもしれない。今日のＥミニは、抵抗線と支持線の間を数回行き来しており、850が何回も重要なポイントとなっていた。そして、その間に、主要なトレンドすべてのADX（15分足、30分足、60分足を含む）は下げ続けていた。

　今月は、自分のパフォーマンスという観点からも、どのように終わるのか興味がある。理由のひとつは、頭を休めるため、ヨーロッパ市場では積極的にトレードせず（まったくトレードしない日もかなりある）、アメリカの時間帯でも控えめにトレードしているからだ。

　先週書いたり、週末に公開したビデオで話したりしたとおり、365日のマラソンが終わりに近づいている今、私の「野心」は１カ月前とも、２カ月前とも、11カ月前とも違う。また、特定の場面において、

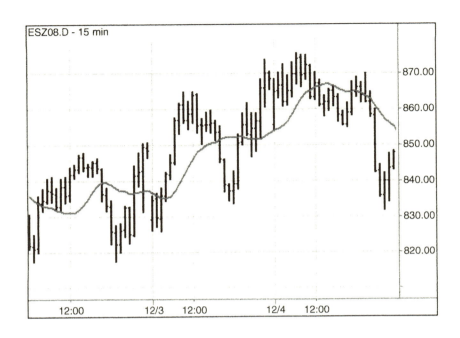

日中の関心と集中力を必要に応じて上げることはできるが(ベージュブック[米地区連銀経済報告書]発表後に850に向かって買い戻しによる上昇が起こったときは、素晴らしい損切りをした)、先月までのようにそれを長い時間持続することができなくなっていることにも気がついている。特にこの3カ月はその傾向がある。もしかしたら、それは9月～11月のトレードしすぎの時期に入ったときに、そこで「頑張り」すぎてできた一時的な傷あとなのかもしれない。その結果、私の流動性を提供する大口トレードはかなり減り、肥沃なマーケットならば実行するであろうスキャルピングのチャンスも見送ることがあった。

　私は、切れがない状態が長引いていても、いつか必ず回復すると思っている。ただ、それまでの間は防御的なプレーをしていくことになる。理由は、12月の利益がボーナスのようなものだと思っているから

とも言えるが、それよりも今年ずっと用いてきた竹の例えが最後の葉をつけるまで有効であってほしいからかもしれない。

2008年12月6日（土）「たったひとつの大切なこと」

　往年の映画「シティ・スリッカーズ」に、素晴らしいシーンがある。年老いたカウボーイのカーリーが人差し指を立てて、「人生でたったひとつの大切なことが何かは、自分で探すしかない」と諭すのだ。今年の挑戦が終わりに近づき、私の「たったひとつの大切なこと」が、少なくともトレードにおいては、より明確になってきた。そして、それはほかのトレードの要素と同様に、私の個人的な生活にも及んでいる。

　このことは、7月に紹介した復活の概念から来ており、それがそのあとのパフォーマンス（今では国際的に注目されているらしい）のモメンタムの要となった。しかし、今は最初に見えていた先端の下に大きな氷山が隠れていたことに気づいた。この挑戦の始まりから言い続けてきたことだが、復活の心理を支える力は、自分の精神状態を視覚化して（これは得意だ）集中力を高めることで得ることができる。このことは、今でも変わらない。しかし、最近はこの概念にさらに深い意味を持つ2つ目の要素があることに気づいている。ドローダウン（実際にでも知覚するだけでも）がトレーダーを謙虚にさせるという効果である。

　トップに上り詰めた人の多くが破綻を経験しているのはなぜなのだろうか。私は、プライドと傲慢さが主な理由だと思っている。今回のレースは終わりに近づいたが、架空のドローダウンのチャートの最大の威力は、内面の回路に、プライドや傲慢さをできるだけ入れないようにすることであるのは明らかだと思う。このとき大事なのは常に謙虚でいることであり、謙虚さは常に傲慢に勝る。そして、私のトレー

ドにおいて謙虚さは明らかに私の「たったひとつの大切なこと」になっている。

そこで、来週を迎えるに当たり、私は頭の中で先週の利益のプラスとマイナスを逆にした。つまり、私は７万2000ドルの損失を被ったため、うぬぼれる余地はどこにもない。それを取り返すためにすぐに仕事にかからなければならないのだ。そう信じようとすればするほど、月曜日には本当にそうなったような気がしてくるし、結果もさらによくなる。これはトレードでも人生でも変わらない。

2008年12月10日（水） だれのせいか

前回、５桁近いドローダウンに陥ってから、かなり時間がたったが、そのあとも自分のトレードには腹を立ててきた。昔も今もそうだ。全体的に大きなレンジがあるにもかかわらず（ブレイクアウトトレーダーは完敗した）、今日のＥミニのマーケットは非常にトレードしやすいが、私はよく分からないバカげた理由で、正確さが絶対に必要な日に、微妙に調子を合わせることができないのである。

自分がレンジトレードの達人ではないことは分かっているが、それにしてもひどかった。しかし、それを救済措置があるとかないとかいう噂に反応するばかりで信頼も感情も見えない今のマーケットのせいにするわけにはいかない。実際、どんなときであれ、マーケットの動きのせいではない。それに合わせることが私たちの仕事であり、自分との闘いであるトレードにおいて非難されるべきは自分自身なのである。現在のマーケットのリズムが私のトレードに影響を及ぼしているとすれば、それはもっと正確なトレードをしろと言ってくれていることだろう。

これまで何年も言ってきたことで、この日誌にも書いてきたことだが、トレードはメンタルなスポーツである。断言する。そして私は抜

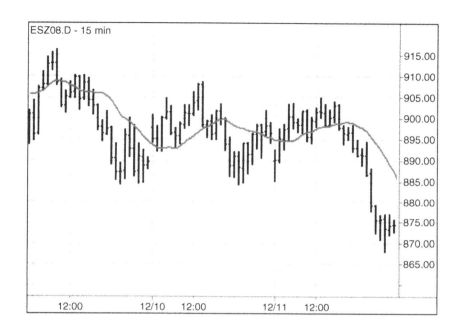

け目のないタイプではない。素晴らしいパフォーマンスを上げたこともあったが、それはときどきあれば良いほうだ。ただ、9000ドルのドローダウンも気にはならない。唯一大事なのは、12月31日に明らかになる数字だけで、それをもたらすのがパフォーマンスである。もし1日に2万ドルの利益が出たとしても、大事なのは数字ではない。良いパフォーマンスでなければ、やはりそれはダメな日なのである。

　最近のパフォーマンスに良い点があるとすれば、大きなダメージを避けたことと、のちに強力なパフォーマンスをもたらすメガ級のイライラモードに入っていることかもしれない。ただ、そのためにはすぐに気合を入れ、体制を立て直さなければならない。

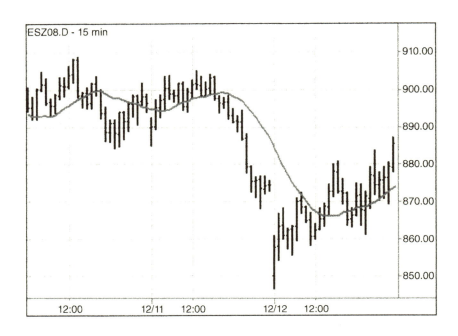

2008年12月11日（木） 復活

12:57 11:30過ぎに、ADXの値をメモした――60分足14.10、30分足11.36、15分足8.83、5分足9.30。これはレンジ相場なのだろうか。Eミニは主な時間枠のすべてにおいてトレンドがまったくない状態が続いており、今年最も狭くて最も長いレンジになるかもしれない。

　今日のゴールは単純で、油断せず、忍耐強く、今日の終わりに確実に利益を計上できるようにするだけだ。これでは、以前に書いた「1日のスコアは気にしない」という主張とはまるで対照的だが、この時点では、日々のパフォーマンスのモメンタムを落とさないことが目的なので、このような回路が必要になる。今年はこれまでドローダウンが3日連続したことはなかった。

　今日は、4時少し前に、FESXの一時的な急落で2つのスキャルピ

ングを成功させたあと（下げたところで買い、5分足の最初の戻りで空売りした）、再び寝た。実は、あまりよく眠れなくて（理由は不明）3:45に目が覚めてしまっただけなのだが、チャンスに気づき、それをものにできた。アメリカ市場が開くと、私は12月限から3月限へのロールオーバーでちゃぶつくのを考慮して慎重にトレードすることにした。Ｅミニは明らかに再度885を試しそうだが、その上の狭いレンジでの取引が続いている。

そして、午後に入るまでにFESXを240枚とＥミニ490枚（売りと買い合計）のみで＋6000ドル弱のチップが貯まっていた。今日のトレードを終える時点で、最低でも＋5000ドルは確保しておくつもりだ。

もしかしたら、マーケットを最もよく表す言葉は「お先にどうぞ」かもしれない。多くのトレーダーは、ルークやナイトを投入する前につかまることを避けて、ブレイクアウトの試しを待っているだけだからだ（しばらくチェスはやっていないが、言葉は合っていると思う）。

VIXはまだ上昇する可能性を示しているが、どちらかと言えば「これ以上下げない」と言っているように見えるため、短期的に下方にブレイクしても空売りはしない。いずれにしても、この状態が永遠に続くわけではないが、「エムおばさん、ここはもうカンザス州（9～11月）ではないわ」。

13:08　再度、上方に弱めにブレイクしそうになった。今の状態がかなり続いている。画面の右端を叩いてみるが、何も起こらない。イラついた最後のひとりがあきらめればブレイクするのは分かっている。

13:23　上方への試しはこれで終わりかもしれない。午後は戻りで空売りする傾向に期待する。しばらくは895.50辺りで小さく（15枚）空売りするという方針を続けるつもりだ。ただ、ペースと出来高が上がってくれればずっと楽になる。それに、もしモメンタムが上がってくれば、下方にエアポケットができるかもしれない。保有しているポジションは897以上になるか、1分足の3LBが反転したら手仕舞うつも

りだ。

13:30　896.50で30枚増し玉した（平均896.00）。このペースではこれ以上仕掛けないつもりだ。

13:38　動きがないのと、1分足の3LBチャートが反転したので半分を手仕舞った。残りは15枚。

13:39　残りも手仕舞った。必要ならばいつでもまた仕掛ければよい。このトレードは少しマイナスになったが、今日の「回路」が作動していることが分かっていれば問題はない。昨日のような急落があるかと思ったが（昨日は失敗した）、それは明らかすぎたのかもしれない。

　今のマーケットはペースが遅く、深さもない。15分足のADXは8.18。まったく嫌になる。もしかしたら気づかないうちに1909年6月限にロールオーバーしてしまったのだろうか。

13:51　眠ってしまった。今日は14時の急行はあるのだろうか。

13:56　Eミニは下方のエアポケットに入ってしまった。笑うしかない。考え方は合っていたが、動きのないマーケットに資金を投じたくなかった。次の戻りで空売りするつもりだ。

14:10　少し良くなってきた。893〜894でほとんど買い戻した。急行は逃したが、各駅停車には乗れた。

14:17　下げたところで少し増し玉して、手仕舞い、890に近づいてTICKが下げるとポジションをマルにした。

14:20　Eミニが2ポイント上昇した。良い判断だった。

14:28　今のペースはひどい。流れがないと、いつ上や下にエアポケットができるか分からないため、私にとっては非常にリスクが高い。次の高勝率の空売りは、5分足で見た戻りだと思っているが、893台で停滞している。

14:38　いいぞ。893で空売りして890〜892で買い戻した。最も良い価格は890.25。まだサイズは抑えている。5分足のバイアスもまだあるが、今はちゃぶついている。

14:44 取り残した利益についてくよくよ悩むのはやめる。また、レンジがついに崩れた場合に備えて、下げても逆張りする気もない。もしブレイクしたら醜いことになるだろう。

14:47 珍しくTICKが上昇したところで、886.75で空売りした。885辺りをブレイクするまで買い戻さない。

14:54 884.75で空売りし、直近の下落の881.00で買い戻した。ポジションのほとんどは1～2ポイントで利食い、最後は881.00で買い戻した。ブレイクアウトが苦手なわりには非常に良い読みだったが、実は「感じた」というほうが正しい。15分足のVIXもクロスアップで空売りを示唆している。

14:57 これはひどいことになるかもしれない。長く続いた支持線ともお別れだ。しばらくは傍観する。マーケットにはやっと何かしらのリズムが出てきた。合わせられるかどうかやってみるが、あくまで控えめにする。最後の1時間で今日の利益を譲り渡すつもりはない。

15:06 さらに下げたら逆張りするか、鋭い戻りで空売りするかもしれないが、かなり良い役でなければ仕掛けない。今日の最初の目標は忘れていない。それに、トレンドがそのまま続いた場合の朝のセットアップの可能性についても考え始めている。

15:28 試しに少ない15枚のスキャルピングをいくつか行ったが、あまり芳しくない。通常サイズで仕掛けるとすれば、前の支持線の885付近での空売りだけだ。しかし、逃げ場を失った大勢の買い手がアップティックのたびに逃げ出しているため、今日そこまで行くとは考えにくい。しかし、先のことは分からない。

15:35 880近くになることを望んでいたため、直近の空売りは見送った。

　今日は良い読みでチップも少し増えて＋1万0400ドルになり、比較的少ない枚数で効率的にトレードできた（売買それぞれ816枚）。地道にトレードした1日だった。

15:55　今日はもう終わりにする。今日はすべきことがだいたいできた。あとは明日の計画をする。

最後に、今日の午後は、起こっていることを見失わないように、意図的に日誌の更新を増やした。日誌を書くことと、スティーンバーガー博士の「内なる観察者」を起動することには明らかなメリットがある。

2008年12月12日（金）　今週を振り返って

何事も永遠には続かない。これまで続けてきたプラスの週も21週で終わった。主な原因は、オーバーナイトで積極的にポジションを持っていたときに、自動車会社の救済措置がないというニュースに見舞われて完全に買い手がいなくなったことだった。先物はそのときの支持線からさらに20ポイント以上、昨日の混乱した終値からは40ポイント以上も下げた。10月初めのパターンがよぎるが、仕掛けは悪くなかった。いずれにしても、買い手がいなければどうすることもできないし、大きなポジションの損切りは常に管理しておく必要がある（せいぜい5～6ポイント程度だと思っていたら、まるまる20ポイント下げてしまった）。笑えるのは、この確実な仕掛けがほんの12時間ほど早すぎたことだろう。

そこからは、予想していた「トレンド日の翌朝」の上下動に合わせて積極的に日中のスキャルピングを行ったが（8000枚以上）、これはまあまあではあっても素晴らしくはなかった。結局、今日は－2万2100ドルで終わった。

私にとって難しいリズムとパターン、そして何よりも自動車会社の救済措置のニュースが二転三転するなかで、優柔不断で動向が変わりやすいマーケットのペースにふりまわされた1週間が終わった。しか

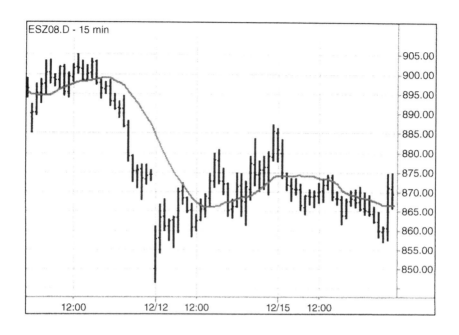

も、今週はうまくトレードできなかった（スキルを活用するという点では間違いなく今年最低の評価だったが、トレードはそれがすべてだ）。その意味では、今週の結果がなぜ－１万ドル程度ですんだのか不思議に思う。これも、スコアカードがパフォーマンスを反映していないことがよくあるという一例だろう。

　しかし、今週はもう終わった。もう過去のことで、関係ない。月曜日になれば、目の前の１週間にすべて集中する。残りはあと19日。

2008年12月15日（月）　すべきことをしたのか

　親愛なる日誌へ
　今夜、2008年の残りの２週間ほどについてじっくり考えてみた。１週間くらい前までは12月31日の「ゴールまで駆け抜ける」ことを計画

していたが（あるいは週末のビデオで言ったとおり少なくとも今年最後の１週間フルにトレードできる今週は）、今になって本当に最大限の努力をしたのかどうかが心配になってきた。

　これは、マーケットの動きがなかったり、最近のパフォーマンスが悪かったりしたから言っているわけではない。正直に言えば、今年初めて「無関心」という小悪魔が私の「疲れた心」に入り込んできたからだ。そして、この組み合わせは破綻の処方箋にもなり得る。もちろん、最近マーケットに動きがないことも私の心理に影響を及ぼしている可能性は高いが、問題はさらに根深いと思う。また、最近では、自分のトレードにイラ立つこと（これが自己満足の処方箋になることも多い）がなくなってきたことにも気づいている。

　１年間のチャレンジを始めた理由のひとつは、人生のなかの１年間をトレードに捧げ、「すべてを注ぎ込んだ結果」を見てみたいということがあった。すべてを注ぎ込み、うしろを振り返らず、後悔もせず、信念を貫くのだ。これは私がずっとしたかったことであり、熟年と言える47歳になった2008年は、これを決行するのにふさわしいと思った。

　９月から11月までのことを振り返ってみると、10月の大きな損失を別にすれば、マーケットにぴったりと寄り添って、まるで相手の意図を先読みしたように荒い動きにも合わせていけたことが多かったように思う。まるで20代に戻ったように、それまでになく頭がさえているようにも感じたものだ。

　スランプという言葉は使いたくないが、私は今明らかに臆病風に吹かれている。ここ数日はトレードに関心が向かず、それが躊躇につながり、資産曲線は横ばいから下降している。連続したプラス日がなくなってから１週間になるが、そんなことはこれまでなかった。率直に言って、１日＋5000ドルでもいいから何日か続いてほしい。いや、すごいトレードが２回できるだけでもいい。

　前にも書いたが、金メダルの泳ぎをするための最後のキックを見つ

けなければならない。しかし、腕が重い。ゴールの壁は見えているが、腕が思うように動かないのだ。左右のレーンを見ると、ライバルはすぐ横にいるが、彼らの存在は感じない。彼らも何とか動いているが苦しんでいる。マイケル・フェルプスはあるレースの途中にゴーグルに水が入り、後半は何も見えないまま泳いだというが、私もまさにその気分だ。ただ、彼はそのまままっすぐ泳ぎ続けたのに対して、私は迷走し始めている。

　日誌の読者のなかには、大げさだと思う人もいるかもしれないが、それは違う。私は今年を意図的に精神的なオリンピックと位置付け、すべてのレースに臨んでいる。今年は、これまでで最も自分自身について学ぶ年なのだ。また、今年は10年間のマーケットの「訓練」を、最も厳しい方法で試す年でもある。これは達成するか、黙るかの年であり、忍耐が試される年でもある。

　ただ、ガソリンがきれた可能性は大いにあり得る。秋の初めごろのパフォーマンスの勢いが12月の第1週まで続いていたが、その波も終わったようで、私はゴールまで運んでくれるさらに大きな力を真剣に探している。ガソリンメーターはE（エンプティ）を指し、残量警告灯が点灯している。最終結果は私の手を離れた。本当の教訓としては、もしかしたら私の力など最初からなかったのかもしれない。

2008年12月17日（水）　残りの2ストローク

　今日の結果は－1万6200ドルだったが、2つの心理状態を経験した。まず、ヨーロッパ時間（長く続いた支持線が早い時間にブレイクしたため損切り）は値動きが重く、少し不安で、トレードもさほど良くなく、2万ドル以上の損失を被った。しかし、そのあとのアメリカの時間帯は、久々に自分の鼓動をマーケットのそれに合わせることができ、午後も良い「感じ」を持ちながら、規律もしっかりと守り（特に最後

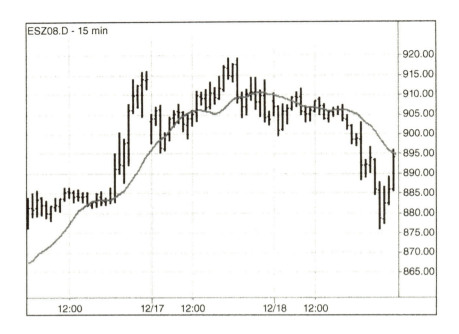

の1時間は）少し利益が上がった。

　つまり、木曜日に向けた心理は、やっとリズムを取り戻すことができたという感じだった。ちなみに、今日の損益も、1年のなかの1日という意味では大事だが、単独の「数字」としてはさしたる意味がない。それよりも、私は、自分の自信とトレードの仕方のほうを重視している。

　そうは言っても、今は年間利益の心理的なトレイリングストップにさしかかっており、それをブレイクするつもりはないため、何らかの決断を下さなければならない。まだ、具体的な数字は公開しないが、これは基本的に最高資産額の97.5％を下回らないようにするための防御的な管理と言える。こうして12月も利益を確保しておけば（たとえ少なくても）、1月に何があってもまともな心理状態で臨むことができる。

私は、今週の金曜日が実質的に今年最後のトレード日になると思っている。そして、もしかしたら今回のマラソンがもうすぐ終わるというときに、トレイリングストップに引っかかるかもしれない。私のトレードスタイルは極端な値動きを利用するものだが、秋の素晴らしいマーケットリズムは、出来高の少なさと、ペースの遅さとまばらなチャンスに取って代わられたからだ。まあ、考えすぎかもしれない。

　この２週間のパフォーマンスに満足していると言えばウソになる。しかし、今の瞬間を切り離して考えれば、今年の途方もない挑戦の途中でこのようなことが何回も起こらなかったことのほうが驚きである。49週間というのは、怖気づくこともなくトレードを続けるには長い期間である。そして、終了直前に利益のトレイリングストップに達するのならば、それもいいだろう。もしかしたら、これは私を2009年も謙虚でいさせるための、だれかの方策かもしれない。

　パフォーマンスの判定まで、暦の上ではあと14日だが（これは変わらない）、金曜日に年間成績と、資産残高とトレイリングストップを初めて公開するつもりだ。そして、重要な目標を見失わないために、失敗するまでそれを毎日続けていく。以前はそうすべきではなかったが、今はそれが必要な時期だと思う。

　１年間のレースを競泳に例えた例を再び用いれば、私はゴールの壁まであと２ストロークのところで、タオルをつかもうとしている。とにかくトレイリングストップよりも上でゴールすれば、右のレーンのアラン・ベルナールよりも速くゴールすることができるのだ。

　長い挑戦の道のりだったが、ゴールは目前だ。間違えてそのまま車で車庫のドアにぶつかるつもりなんてない。そろそろ竹を切るときが来た。

2008年12月19日（金） そのときが来た

「必ずしも速い者が競争に勝つのではなく、強い者が戦いに勝つのでもない。また賢い者がパンを得るのでもなく、さとき者が富を得るのでもない。しかし、時と災難はすべての人に臨む」（伝道の書9章12節）

　私は次の人たちに感謝を捧げたい。まず、妻のデボラと娘たちは、この10年間、私を信頼し続け、バカげた行動に付き合ってくれた。次は、ブレット・スティーンバーガー博士で、彼の最初の本がまいた種がどれほど強力だったかを博士が知ることはけっしてないだろう。そしてだれよりも神に感謝している。神は私が弱ったときには力を与え、イラついたときは忍耐を与えてくれた。今年の奇跡的な竹を育ててくれたのは、実は神なのである。そして今、この竹の高さを測るときがきた。ひと休みして、振り返り、考えるときなのである。今年稼いだ162万ドルを確保し、最も厳しいトレイリングストップを置いて今から12月31日までの間に１万ドル以上の損失を出さないようにしなければならない。

　私が唯一不満なのは、最後の２週間が平均以下のパフォーマンスになってしまったことだった。しかしそれは、昨年レイカーズに勝ち越したセルティックスが６戦全勝ではなく４勝だったと文句を言うようなことだというのはよく分かっている。12月に入ってついに疲れが出て、それが集中力と関心の欠如に表れている。これからも謙虚であるようくぎを刺されているのだろう。

　それと同時に、アーチー・カラスをはじめとするポーカーの素人（ときにはプロでさえ）は、目がくらむような高みから転げ落ちて、結局いとも簡単にすべてを失うということがあり得る。自分の精神状態を認識し、この何週間か続けてきたマーケットへの控えめな寄付にブレ

ーキをかけ、それを取り返そうとしない自制心を持つことは、今年最も難しい課題になっている。だからこそ、利益に対して厳しいトレイリングストップを導入しなければならないのである。

162万ドルの利益を上げ、97.5％を維持する。そして、マーケット史上最もボラティリティが高かった年に200％以上のリターンを達成する。この金額は、ポーカーに話を戻せば今年のワールドシリーズオブポーカーの7位の賞金に相当する。2007年ならば4位だ。しかも、これは個人資金なので、利益の分配もない。まだ漠然としていて実感がわかない。

今はまだ、思い出すのは痛みと苦しかったことばかりで、勝ったときのことはひとつたりとも浮かんでこない。もしかしたら、架空のドローダウンが頭のなかに深く根付いてしまって、それをいつも追いかけていたからかもしれない。

今ならば、ゴール直前のマイケル・フェルプスの精神状態——興奮と消耗——も、オリンピックのあとに何カ月もプールに入らなかった気持ちも理解できる。私も今は暖かい海辺に1カ月くらい寝転んでいたい（もちろんマーケットが開いていないときに）。しかし、トレードにはオフシーズンはなく、あるのは動きが活発なときとそうでないときだけだ。つまり、トレーダーは自分でオフシーズンを決めなければならない。しかし、それも難しい。結局、オフシーズンはマーケットか自分のパフォーマンスに左右されることが多くなってしまう。

そして、これは現実だ。ボブ・ニューハート・ショーのように、最後に自宅のベッドで目を覚ますとすべては夢だった、というわけではないのだ。少なくとも、明日目が覚めたら1999年だったというのだけは勘弁してほしい。

2008年12月26日（金） 目標1ドルの年

　さて、これからは2009年にどうすべきかを考えていかなければならない。多くの人が知っているように、この日誌は個人的な実験である。詳細なトレード日誌——しかも実際のチップの額とコメントを興味がある人に公開している——をつけることがトレーダーの心理にどれほどの効果を与えるかを試したのだ。ところが、マーケットがそれまでになく荒れた展開になったことで、さらに興味深い実験となり、私もそこでの奮闘をできるかぎり記録してきた。そして、読者の数が日を追うごとに増えていくと、この日誌はほかに類を見ないやりとりの場にもなっていった。

　あと5日で、2008年の冒険と実験が終わる。個人的な結果と読者のフィードバックの両方から判断して、この実験は成功だったと思う。そうなると、次は2009年だ。昨日、トレードの収入は単純に「時間」を買うことだと書いたが、そのときにその「時間」の一部を、もっと年をとる前に、活用すべきだと気づいた。そこで、2009年は違う挑戦、いわば「楽しい」要素を増やした方法を探したい。もちろん、私にとってトレードは楽しいことだが、ここで言っているのはそういうことではない。

　言い換えれば、もし2008年がこれまでになかったほど自分を追い込む年だったとすれば、2009年は毎夜8時間の睡眠を確保し、トレードの頻度を下げ、妻と過ごす時間やトレード以外のすべきことに時間を割きたい。プレッシャーも、日々の利益目標もなく、2009年は利益の一部を使うこともあるかもしれない。そして、年末に1ドルの利益が確保できていて（映画『大逆転』の悪名高い賭けの金額と同じだ）、楽しむこともできたのであれば、それは大成功の年と言える。

　来年、自分のトレードに対する見方がどのように変わるか（もし変わればだが）にも興味がある。例えば、私は競争にさらされなければ

良い結果が残せないということが分かるかもしれない。あるいは、楽な気持ちで臨んだほうがさらにうまくいくかもしれない（かなり疑わしいが）。もしかしたら、残りの人生を別のことに挑戦しようと思うかもしれない。

実際、競うようなトレードからは完全に引退しようという考えがよぎったこともある。しかし、なぜ絶好調のときに退場しようと思うのだろうか。目標を達成して、一種の倦怠感を感じたのだろうか。ちなみに、さまざまな分野で私などよりもはるかに優れた人たちがそれをしている。ゴルフのアニカ・ソレンスタム、テニスのジュスティーヌ・エナン、アメフトのバリー・サンダース、アイスホッケーのケン・ドライデン、野球のサンディー・コーファックス、テニスのビヨン・ボルグ、バスケットボールのマイケル・ジョーダン（特に１回目の「引退」はわずか30歳のときだった）などはそのほんの一部だ。

もちろん、スポーツ選手は肉体的に求められるものが違うため、60歳代を過ぎてもパソコンの前に座って仕事ができるトレーダーよりも現役時代は短いが、精神的に求められることは同じだし、「オフシーズン」がない分トレーダーのほうが過酷かもしれない。何といっても、１シーズンに250試合あるプロスポーツなどどこにもない。

来週には2009年の挑戦が始まる。目標100万ドルの年から目標１ドルの年に移るのだ。何が起ころうと「楽しい」に違いない。

2008年12月29日（月） 年末の成績表

年末の自己評価の時期が来た。

2008年の成績表
名前　　　D・ミラー
学年　　　10年生

年齢　　　47歳
専攻　　　短期トレード

忍耐力　C

ときとして仕掛けが早すぎたり、良い仕掛けを十分な期間保有しなかったりすることがある。また、アメリカの時間帯がうまくいくと、ヨーロッパやグローベックスの時間帯で若干勇み足がすぎる傾向も見られる。

集中力　B

トレード以外の用事で注意散漫になることがある。用事をやめることはできなくても、うまく管理することができる場合はある。また、2008年にはマーケットに大きな動きがあったにもかかわらず、トレード以外の活動を中止しなかったために、重大な機会費用を被ったことが2回あった。それ以外のとき、例えば9月から11月にかけてなどは集中力を高く保っていた。特に最初に失敗したあとはそうだった。しかし、12月の第1週以降は集中力が明らかに落ちたが、これはサイズを抑えて大きな損失をうまく回避できた点を考慮すればあまり責められない。

熱意と専心　A

1年を通して強い熱意を見せ、7月にブログを初めてからはさらなる努力が見えた。ブログは2008年の目標に意識を集中させる役に立った。彼は2008年を通じて、食べるときも、飲むときも、寝るときもマーケットとともにあった。このことについては、これまでで最高の評価を与えたい。

適応性　B

全期間を通じて、変化するマーケットに自分のリズムを合わせることがたいていはできていたが、ときに高い初期コストがかかっていたため、これ以上の評価は与えられない。

忍耐力　A

１回たりともあきらめなかった。そして、どうしてもできなかったときはかなり悔しがっていた。これが2008年の成功の最大の理由だと考えられる。

協調性　B

そのときどきの問題や成功に関する情報を公開するということについてはよくできていた。もし業界の暗部について大げさに書きすぎなければ、さらに評価が高くなっただろうが、本人はむしろBを望むだろう。

全体的な潜在力　成長の余地あり

判断が難しい。ある程度の潜在力はあると思われるが、ときには自分のやり方から離れることを学ぶことも必要。まだ学ぶ余地がある。

2009年に向けた助言

2009年は楽しんでほしい。ときには人生を真剣にとらえすぎないほうがよいこともある。もし、新たなレースをしたければ、2010年にもチャンスはある。また、いつも深刻に考えるのもよくない。みんなもっと肩の力を抜いている。

2008年12月31日（水）　今日は踊ろう

　ついに終わった。自分のトレードの真の潜在力を探すための366日に及ぶ内面の旅が終わりを迎え、最終集計は＋163万0097ドル、＋214％となった。

　明日の夜明けには、新しい年が始まり、また新たなスタートを切る。今日になれば昨日のことは関係ないのと同じで、2009年になれば2008年は関係ない。私たちはみんなやり直すことができる。マリガン、つまり記録を消してやり直し、前年よりもミスを減らすことができるのだ。私は今日で今回の挑戦を終え、新しい年からは主に楽しみのためのトレードをしようと思っている。

　しかし、今夜だけは踊りたい。このほんの短い時間だけは、まるで明日などないような気分で思いきり踊りたい。完全に成長した竹は、忍耐と、勇気と、持久力による戦いの証で永遠にあり続け、私たちはこれからも畏敬の念を抱いていくだろう。

　昨年の今ごろ、2008年に100万ドルの目標を達成することなど不可能だと思っていた人が少なからずいた。私の頭のなかでも、「バカげている」「ふざけている」「電光石火のプログラムトレーダーに対抗するには年を取りすぎている」などといった言葉が浮かんでいた。そして、私の挑戦が進んでいくと、なかには私がひどく失敗することを望む人たちも出てきた。また、利益が増えて最初の目標額を超えると、「この結果は本当なのか」という質問が出たり、さまざまな方法で私のやる気を削ごうとしたりする人たちもほんのわずかだがいた。

　しかも、秋にはマーケットまで怒ったようにとんでもない動きを見せ、みんなを振り出しに戻しかねないゆさぶりをかけてきた。まるで地獄からはい出た怪物が暴れ回り、叫びながら9万4000ドルという傷を負わせ、一時的に目標額を割らせて私の気力まで奪おうとしたようだった。顔に唾を吐きかけられたようなものだ。そして12月になると、

マーケットは肉体的にも精神的にも消耗していた私をさらに苦しめようとしてリズムを大幅に変え、つまずかせようとした。苦労して貯めた利益をあきらめさせようとしたのだ。つまり、もう1回、唾をかけられたのだ。戦いは極めて精神的なものになっていった。
　しかし、それらのことすべてに感謝しなければならない。そのどれもが私の決意を強めることにしかならず、それと過去6カ月間、私のブログにあふれるほど寄せられた支持が相まって、負けることなどできないという気持ちになった。マーケットも「ロッキー・ザ・ファイナル」と同様、本当に負けるということはけっしてないにしても、私も何とか最終ラウンドの終了ゴングが鳴るまでチャンピオンの前に立ち続けることができた。私がダウンされることなくリングを降りることができた理由のひとつは、12月半ばでペースを落とすという判断のおかげでもある。これはあとから考えれば百パーセント正しかった。
　そして、私には助けがあった。それも大きな助けだ。今年は、良いときも悪いときも、神の存在を強く感じた。信仰や宗教についての話にはうんざりだという人もいるだろうが、私は、すべてを正確に記さなければ、この2008年の物語は完全ではないということを言いたいだけなのだ。私は何でも信じるタイプではないが、これに関しては確信している。
　2009年やそれ以降に何が起こったとしても、私の2008年が変わることは永遠にない。人生のこれよりもはるかに大事なことと同様、この年の思い出も私の心のどこかにとどまり、将来自分の力に自信が持てなくなったときにこれが拠り所になってくれるだろう。今回の資金は安全なところに貯蓄し、次のゲームは、それがどんな形であれ、一から始める。
　もう分かっていると思うが、この日誌はトレードのレースが終わっても続いていく。こちらは人生のレースなのである。トレードはただのゲームで、それ以上のものではない。しかし、人生で本当に大事な

こととは比べものにならないまでも、トレードは私たちにとびきりの例え話と教訓を与えてくれる。そして、トレードが与えてくれる独自の練習の場で学んだことは、人生の指針としても用いることができるのである。トレードがうまくいけば、人生もうまくいき、人生がうまくいけば、トレードもうまくいくように思う。今年学んだ原則を今後に生かすことができなければ（特に人生において）、私にとって160万ドルというスコアは何の意味もないのである。

　この日誌を読んでいる人は、まだ生きているということで、それは素晴らしいことだ。人生はときに厳しいということは言うまでもない。2008年は多くの人を打ちのめし、失業、家の差し押さえ、さまざまな意味の業界の崩壊という形で多くの血が流れた。私自身は、この極めて個人的な日誌に記したとおり何年か前に大打撃を受けたが、2008年にはさほどでもなかった。

　今夜は踊ろう。個人的には勝利を喜び、みんなには2008年を乗り切ったことを祝い、2009年の可能性に期待して踊るのだ。そして、夜中になったら日誌を読んでくれたみんなや（黙って読んでくれていた人たちも、最初は私の動機や誠実さを疑っていた一部の人たちも含めて）、今年を乗り切ったみんな（悔しい思いをしたり、悲鳴を上げたり、一時的に傷ついたりしたとしても）とともに乾杯したい。とにかく「乗り切った」のだ。そして、１年分賢くなった。

　この言葉を印刷してどこかに貼っておき、もし失望したり、だれかに「君にはできない」と言われたりしたときは、それを見ることを勧める。彼らは絶対に間違っている。生きていれば、必ずできる。評論家が何と言っても、どれほどの痛みを感じたとしても、あなたの精神と人生の喜びを奪われてはならない。それに、2009年こそあなたが竹のような成長を遂げる年になるのかもしれない。もし、助けが必要ならば、連絡してほしい。

　さようなら、2008年。ようこそ、2009年。

2008年のIRAの先物基金のパフォーマンス

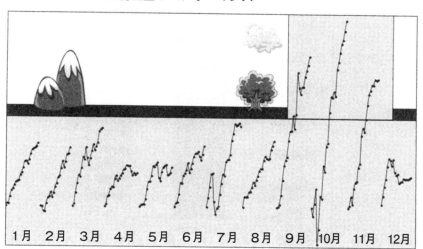

あとから一言

　スポーツの世界では、2008年は明らかにブレイクアウトの年で、何年も果たせなかったことがすべてできてしまった。そして、私はこの年を個人的な「竹のような成長を遂げた年」(自分のトレードスキルがどこまで進化したのかという長年の疑念を晴らすことができた年)として、ずっと記憶にとどめるだろう。2008年のマーケットのボラティリティは、短期の価格変動や潜在利益という意味で、いつになく肥沃なマーケットをトレーダーに与えてくれたが、ボラティリティはスキルと弱点の両方の影響を拡大させるため、トレードの世界ではもろ刃の剣とも言われている。言い換えれば、ボラティリティは弱点があれば、それをすべてさらけ出してしまう。私にもときどきそういうときがあり、それは2008年の月別の成績を見たり、2008年の成績をその前の7年間と比較したりするとよく分かる。

　あくまで個人的に参考にしたかっただけだが、この年の200％を超

2001～2008年の先物口座のパフォーマンス（すべての口座）

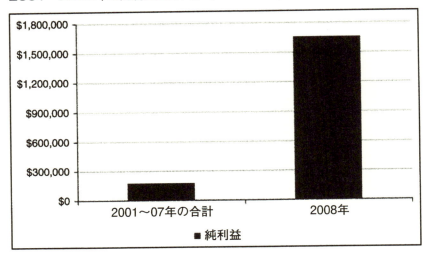

2008年の「レース」の最終結果

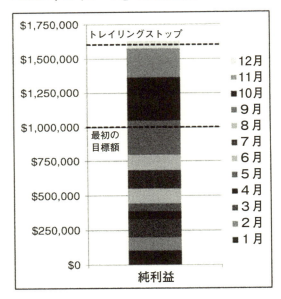

えるリターンは一流の先物ファンドのパフォーマンスと比べてどうなのかということも、当時は無性に気になった。あとになって、私はこの結果が2008年のCTA（商品投資顧問業者）プログラムで、1000万ドル未満のファンドの最高リターンだった171％を上回っていたということを、フューチャーズ誌の記事で知った。もちろん、短期間であるうえに、ファンドの目的も違うなかで、単年のリターン率を比較するには注意が必要だが、それでもこのように公開されたデータを使えば相対的なパフォーマンスからさらなる洞察を得ることができるため、このことは私にとっては有益なベンチマークになった。

最後に、2008年という年は、「過去のパフォーマンスは必ずしも将来の結果を示すものではない」という言葉に新たな意味を吹き込んでくれた。この言葉は、一時期の素晴らしいパフォーマンスが将来も続くという過度の期待を抑えるために使われることが多いが、私にとっては、かなり長い間最善の結果が得られなくても、将来の可能性が否定されるわけではない、ということを個人的に確認できた言葉でもあった。そしてこのことは、竹と時間が共存するかぎり、人生のすべての局面について言えるのである。

パート 3	レースのあとに ── 2009年の挑戦より抜粋 Beyond the Race : Best of the 2009 Journal Excerpts

　2009年の第1四半期が始まった。最初はプレッシャーをかけずに、「楽しむ」ことを優先して軽くトレードするつもりだったが、すぐに自分のなかの前向きのモメンタムを無視することはできないと分かった。そればかりか、私の心に忍び込んだずさんさを振り払えば、12月のパッとしないパフォーマンスを改善できたのではないかとも感じ始めた。そのため、私は毎日のマーケット環境に自分がどのように反応したかを確認し、管理し、記録するために**図3.1**のようなスコアカードを作成した。

　スコアカード上の「トレード環境」のセクションは、その日のチャンスと私の準備状況を色別に示すようになっており──赤（劣る）から深緑（素晴らしい）──そこで気づいたチャンスをどうトレードできたかの評価を、下のほうの「パフォーマンス」セクションに記すようになっている。

　2009年初めのスコアを毎週日誌につけていると、これが12月のずさんさの一部を改善する役に立ち、第1四半期の結果はこれまでで最も安定した四半期になった。61日中58日で利益を記録し、損益の合計は35万ドルを超えたのである。例えば、次の投稿では、スコアカードを有効利用して軌道修正を行うことができた。

図3.1　パフォーマンススコアカード

	月曜日	火曜日	水曜日	木曜日	金曜日	合計
トレード環境						
マーケットの観察能力						
集中力とやる気の高さ						
トレード前の計画						
トレード「意欲」						
パターンに対する自信						
ペースに対する自信						
ボラティリティ						
パフォーマンス						
トレード管理						
認識したチャンス						
チャンスに合った積極性						
仕掛け						
勝ちトレードの増し玉						
手仕舞い						
忍耐						
予想と違った場合の調整						
トラブルを避ける（SOOT）						
「後悔しない」						
感情を抑える						
個人的なアキレス腱的「ワナ」						
午前9:00～9:30						
午後遅く						
ユーレックス						
主なトレード展開						
タイプA						
タイプB						
タイプC						
結果			--			

2009年1月22日（木）　ジェットコースターのような1日

　もう昔のことだが、私は自動車運転免許の講習会に参加した。この講習には、シミュレーターを使った訓練もあり、これを使って駐車場を運転していると、あらゆることが起こるようになっていた。まず、前の車がこちらにバックしてくる。次に、ベビーカーが飛び出してきた。しかも、母親がそのあとを追いかけてくる。

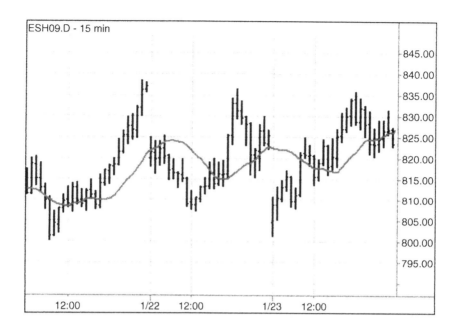

　今日のマーケットには、あのときと同じような感じを受けた。まず、多くの人が水曜日の支持線に向けて下に窓を空けるのに備えて、寄り付き前に買いを仕掛けていたが（もちろん私もだ）、マイクロソフトの決算結果が良くなかった。次に、寄り付きのマーケットは私たちをからかうように支持線を保っていたが、1回上昇してから下降トレンドに転じた。そのあと、マーケットは昼の揉み合いをブレイクして、大引けまで強いトレンドを形成するように見えたが（しかも最初の押しまで見せた）、そのあとワイリー・コヨーテ張りに下落したのだ。

　トレードはおかしな仕事でもある。昨日は、せっかくの潜在利益を最大限取ることができずに腹を立てた。反対に、今日は変化がキーワードのジェットコースター並みの日だったが、搾り取れるだけの利益を取り、パフォーマンススコアのほとんどを明るい緑色で塗りつぶした。特に、変化し続けるマーケットにうまく反応できたことには満足

している。

　ときどきあることだが、今日うまくいったトレードのほとんどは、最初の戻りを利用したもので、最初の戻りで仕掛けて最初に大きく動いたところで手仕舞うというパターンだった。そして午後になると、5分足と10分足の両方での押しをとらえ、次の一般大衆の買いで高勝率のスキャルピングを手仕舞った。両方とも、今日の値幅は前日のレンジに完全に収まっていたため、それがマーケットの動きのすべてだった。

　強いトレンドがある日は、このような戦略はバカげているが（ただし、マーケットが動けばたいていはより長い時間枠でのチャートで反トレンドの動きか最初の押しや戻りで高勝率のトレードができる）。しかし、今日のような日ならば、この方法は賢いと思う。

　実際はどちらでもない。これはシンプルなトレードだ。

2009年1月11日（日）　ジャズトレーダー

　昨日は、私が住む州のトップレベルの高校生音楽家によるコンサートがあり、私の娘もバイオリンを演奏した。演奏者は、コーラス、ジャズバンド、オーケストラ、バンドなどさまざまだった。そして、音楽はただただ素晴らしかった。もちろん、彼らはこのコンサートに向けて何カ月も個別に練習を重ねてきたが、合同練習の機会が2回しかなかったことを考えれば、なおさらだ。

　しかし、ジャズバンドが登場すると、どうしてもトレードのことを考えてしまい、20分の演奏時間のほとんどをそれに費やしてしまった。プレーヤーがひとりずつ歩み出て即興でソロパートを演奏するのを見ていると、先物トレーダーとの類似点が次々と浮かんできたからだ。具体的に説明しよう。

　ジャズバンドの演奏には、楽譜に加えて根底に流れるリズムがあり、

ディレクターが指を小さく鳴らしてそのペースを決めている。しかし、即興部分になると、プレーヤー（奏者）がひとりずつ前に歩み出て、楽譜を使わずに、心に感じたままの演奏をする。そして、その間はディレクターもそのほかのメンバーも伴奏に徹する。その場のひらめきを奏でるソロ演奏には、それぞれのプレーヤーの魂と、心の中の光景と、個性が反映され、それらが相まって本当に素晴らしいパフォーマンスになっていた。

そして、私の考えはトレードに移っていった。私たちはトレードの「楽器」（商品）を使うマーケットの「生徒」で、実際には即興で演奏するソリストなのである。マーケットがビートを刻み、私たちは自分の解釈で自由にトレードする。いつも言っているように、トレードに正しい方法などない（最終的に買値の合計が必ず経費差し引き後の売値の合計を下回るようにする必要はあるが、それはどの仕事にも言えることだ）。ジャズサックス奏者に、正しいソロパートの吹き方などないのと同じことである。

昨夜の演奏中も、プレーヤーたちはきっといくつかの音を間違えたり、リズムを外れたり、演奏のストレスがたまったりしたのだろうが、同じことは私の日々のトレードにも言える。しかし、大事なのは、全体の演奏（ネットパフォーマンス）にそんなことは感じられなかったということなのである。

トレードの方法も、音楽家の解釈の数に負けないくらいたくさんあると思う。投機、流動性の提供、ヘッジ、スイングトレード、スキャルピング、レンジトレード、ブレイクアウトトレード、トレンドフォロー、5分足チャートのトレード、60分足チャートのトレード、感情の限界におけるカウンタートレンド方向の大口トレードなどに加えて、さまざまなトレードの「楽器」（商品）もある。そして、そこには「聖杯」も「正解」もない。

昨夜受けた質問のなかに、金曜日の寄り付きで急落したとき、なぜ

30秒足チャートの浅い戻りで空売りしなかったのかというものがあった。私は、本当は空売りしたかったが、自分は急騰・急落したときの浅い押しや戻りで仕掛けることがほとんどなく、できれば低リスクの深いリトレースメントでトレードするほうがよいし、長い時間枠での最初の戻りでそうなる可能性があったからだと答えた（結局、私が最初に空売りしたのは、最初の戻りで、5分足チャートにベアフラグができたときだった）。そしてこれを執筆中にも、感情だけで逃げ出そうとしている人たちに様子を見ながら流動性を提供するかもしれない。いずれどこかの時点で突然大きく反発すると思うからだ。

これはまったく的を射た質問だったが、もしかしたら、もっと昨日のソリストに倣った答え方をすべきだったのかもしれない。私がそのパターンをどうトレードしたかを振り返ることは、ホルン奏者がクライマックスのハイCを飛ばして息継ぎをして、そのまま演奏を続けた理由を聞くようなことなのかもしれない。どちらも正しくはなかったが、どちらも正しかったとも言える。

私たちはみんなマーケットの「プレーヤー」なのである。もちろん、私たちはマーケットの根底にあるビートを理解しておかなければならないが、最高のプレーヤーはさらに自分の強みと心と魂を生かした独自の旋律を奏でる。楽譜は、ソリストが進み出てマイクの前で演奏するまで完成しないのである。

ここでの教訓は、トレードでも人生でも、みんなの前に進み出てマイクの前に立ち、自分だけの魂の旋律を奏でることを恐れてはならないということである。作曲家の机の引き出しや演奏者の心の中には、まだだれも聞いたことがない最高の音楽が眠っているのではないかと思う。そして、もしかしたらだれも考えたことがなかった最高のトレードも、常識に反する独自のアイデアを試すのが怖くてトレーダーの頭のなかで埋もれているのかもしれない。

想像を掻き立てられる素晴らしい一週間を。

あとから一言

この「ジャズトレーダー」の投稿は、のちにマネーショー・ドット・コム（http://www.moneyshow.com/）で紹介され、一時期同サイトで公開されていた。2009年第１四半期は、結局私にとって最も安定した四半期になったのだが、本書ではこの時期の次の３つの投稿を紹介する。そのひとつはこの期間で唯一大きな損失を被った日で、もうひとつは機会損失を被った日である。完璧さを手に入れることなど永遠にできない。大事なのは完璧でない自分にどう対応するかということで、それによって私たちは前進し続けることができる。言い換えれば、避けることができない必要不可欠な負けを受け入れないかぎり、勝つこともできないのである。

2009年２月10日（火） ゴミ箱行きの日

今日は、午前中半ばの大幅な落ち込みで気が散り、ゴミ箱行きの日に突き進んでしまったため、日誌は短く切り上げたい。－３万4500ドルを捨て去ったこの日のことは、もう忘れることにする。スコアカードは、バラの花びらを敷き詰めたベッドよりも赤く、自分に気合が入っていなかったことを正確に示している。

このような経験があまりない人は、人間的要素の世界にようこそ。これが今回限りで、この仕事の一部である痛みから永遠に逃れられればよいのにと心から思う。私は常に、良いことも、悪いことも、醜いことも包み隠さず話すと公言してきたが、今日はまさに醜い日だった。また、今日はトレードがテクニカル分析だけではとても収まりきらないということを強く思い出させる日でもあった。トレードはメンタルスポーツで、それ以上でもそれ以下でもない。そして、何よりも大事なのは実行である。今日のチャートは非常に明快だった。しかし私の頭のなかは、どこかよそを向いていた。

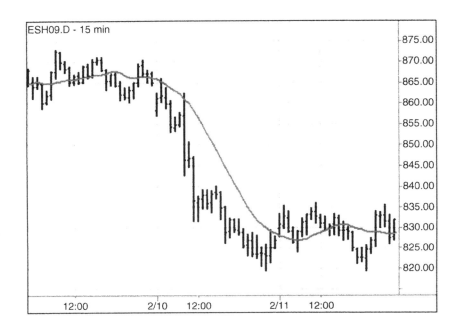

　これも私がよく言っていることだが、トレード結果は、時間を買うことか、時間を売ることのどちらかにつながる。つまり、今日私は2〜3週間若くなった。30日間の連続記録は途切れてしまったが、明日からまた新しい挑戦が始まり、スコアを心配するまでにはまだ324日残っている。楽しい夜を。

2009年2月11日（水）　日が昇った

　今日は驚く出来事があった。やっと日が昇ったのだ。今日は、典型的な「トレンド日の翌朝」の値動きと、新たな集中力のおかげで、昨日の失敗を40％近く（＋1万4100ドル）回復することができた。そこで、「最後の30分で1日を台無しにする」のを避けるため、早めにトレードを終えていつもよりも早くブログを更新している。

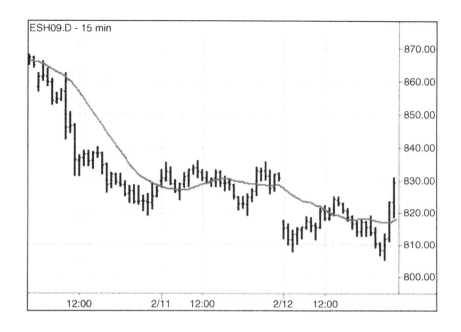

　実は、ヨーロッパ時間とアメリカ時間の寄り付きでトレードするために3時間しか寝ていない。しかし、どちらもうまく連動して、火曜日の抵抗線に向かう最初のリトレースメントで強力な逆張りのチャンスを提供してくれた。そこで、逆張りし、買い戻し、それを繰り返すということを2つのマーケットの寄り付き直後のちゃぶつきに合わせて行っていた。これが（絶対ではないが）いつもの強いトレンドのあとのリズムなのである。

　もしかしたら、昨日は「もう慎重なトレードをやめてもっと頻繁にトレードしろ」と通告するためにあったのかもしれない。前回、私が大失敗をした日は、2008年10〜12月にかけて70万ドルの利益を上げた好調期のもととなった。もしかしたら、私はこのようにガツンとやられなければ架空のドローダウンを実感できないのかもしれないし、違うかもしれない。今、分かっているのは、自分がドローダウンのあと

はうまくトレードできるということで、それには理由が2つある。大きなドローダウンはたいていマーケットの大きな動きによるもので、それは翌日も繰り返すことはほとんどないということと、ドローダウンがコーチングの役目を果たして、もっとしっかりしろと叱咤してくれるからなのである。

大きく1歩後退すると、数歩前進できることがよくあるということに、私は驚いている。今は太陽の光が気持ち良い。サングラスが欲しい。

2009年3月11日（水）　不愉快な時間

いつものように率直に言う。私は今日も、これまで数年間いつもそうだったように自分のトレードにイラついていたため、今夜もアイソレーションタンクに向かっている。

寄り付き後の最初のリトレース（私のお気に入りのパターン）で、ものすごく大きな買いのチャンスを逃したと言えば十分だろう。理由は、9:45までパソコンの前に行くことができなかったからで、その間に、Eミニは最初の押しから8ポイントも上昇してしまった。TICKの最初のリトレースで720を下回っていれば、それは高勝率の天の恵みで、この展開は2008年に1日で7万ドル以上の利益を上げた日と非常に似ていた（このときは支持線からの最初のバンジージャンプで仕掛けた）。今日は、5時からグローベックスを観察して準備は整っていたが、9:30には席に戻れると思ったので用事を延期しなかった。しかし、これが間違いだった。この仕事には、チャンスがノックしたときにそのドアを開けるため、結婚式と葬式以外はキャンセルすべきときがあり、まさに今日がその日だったのだ。

このようなチャンスのあとは、気を取り直して「棚ぼた」のあとのはるかに低勝率の展開からいくばくかの利益を狙うことしかできない。

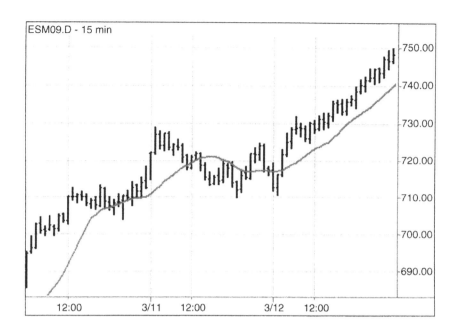

　結局、1日中悪戦苦闘して、本当は1～2週間分の利益を上げることができたはずだと思いながら、実際にはやっと+4700ドルというわずかなチップを得ただけだった。今日の私は、1日中、朝の機会損失のことばかり考えていた。目の前に大きなチャンスがあったことに、この投稿を書きながらもまだイラ立っている。

　計画を立てても、人生にはさまざまなことが起こる。そのうえ、私は木曜日の午後と金曜日は遠出する。その間は、ノートパソコンに頼らなければならない（それまでに投げ出していなければの話だが）。

　実は、過去49日間において損失日となったのはわずか1日だが、それでもこの機会損失はひどく痛かった。誕生日の翌日の、49年目の始め方としてもあまり良いとは言えない。

2009年3月11日（水）　さらなる解説

今日の早い時間の投稿には、大事な結末がある。私がこの日誌で愚痴をこぼしているのは明らかだし、今日もそれをしてしまったが、新しい読者のために先のコメントについて詳しく説明すべきだと思った。

私の挑戦について、最近読み始めた人のために書いておくと、今日の機会損失と昨年のホームランについての言及は、欲望とはまったくかけ離れている。ここで言いたかったのは、この仕事における長期的な損益についてなのである。トレードで長期的に好成績を上げるためには、たくさんの小さな（ときどきは大きな）損失を、たまにあるホームラン級の利益と、控えめでも安定的な利益で相殺しなければならない。目先の利益を追いかけているトレーダーや趣味のトレーダーはそのことを見過ごしており、それが彼らと、長期的に大きな利益を上げている少数のトレーダーの違いでもある。

もちろん、この概念は次の状況にも似ている――①私の1日の利益のほとんどは、20～30回トレードするうちのほんのいくつかのトレードから生まれている、②ポーカーでも、現金のプレーヤーはまれにある大きな役で稼ぎ、トーナメントプレーヤーは上位のトーナメントを厳選して稼いでいる。そして、それ以外の人はたいてい負けている。

言い換えれば、1992年の映画「ア・フュー・グッドメン」のトム・クルーズのように、すべてつじつまが合い、ここぞというタイミングで、敵である証人台のジャック・ニコルソンの急所を突かなければならない。クライマックスのジェセップ大佐（ニコルソン）とキャフィ中尉（クルーズ）の緊迫したやりとりは忘れられない。キャフィが大佐を追求してコードR（制裁）を命令したことを認めさせようとしていたとき、キャフィは追い詰めたと感じたらあとはひたすら押した。同じことは、トレードにも言える。まず、水曜日が始まる前に、火曜日の動きのあとには逃げ場を失った空売り派が大量にいて、彼らはど

んな形でも最初の下げで買い戻さなければならないということを知っておく必要がある。このことは、オーバーナイトのグローベックスを見ても明らかだった。「強いトレンド日の翌朝」が多くの場合、あれほど高勝率のチャンスを提供してくれるのも、そのためなのである。最初の動きが直近のトレンドの支持線に向かっていればなおさらだ。ポーカーと同じで、ここで重要なのは自分の役ではなく、相手の役なのである。勝率100％などあり得ない。しかし、高勝率のチャンス、例えばポケットエースが配られ、フロップがA－A－Kになるようなことはある。しかし、このような役を作るためには、まずテーブルについてこのエースを獲得し、勝率がここぞというときに攻めなければならないのである。

　前述のとおり、今日の早い時間の投稿は、欲望に駆られて書いたわけではまったくない。大事なのは、目先の利益を追いかけているトレーダーのワナに陥らずに、長期的な結果を上げていくということ、つまり「真実を追求する」ことなのである。

2009年4月4日（土）　40歳以降の人生

　この投稿は、20歳代と30歳代の読者に向けて書いているが、40歳代以上の読者はきっとニヤリとしてうなずいてくれるだろう。昨日、現在行われているPGAツアーのダイジェスト版を見ていたら、解説者がトミー・アーマー3世はお手本のような忍耐強いプレーで、昨年はついに100万ドルの見えない天井を打ち破り、年間獲得賞金が150万ドルに達したと言っているのが耳に入った。彼の年齢は、48歳である。もちろん、私はすぐにここにいる48歳のトレーダーのことを思い浮かべた。2008年のトレード結果に不気味なほど似ていたからだ。ちなみに、アーマーがプロに転向したのは20歳で、私が本格的にトレードを始めたのは30代後半という違いはあるが、それでも類似点が多いこと

に変わりはない。

『思考は現実化する』（きこ書房）のなかで、ナポレオン・ヒルは平均的な人の能力が最大に達するのは、40～60歳の間だと言っている。ヒルがこの考えに達したのは、40歳をはるかに超えてから本領を発揮したたくさんの有名人を見てきたからだと思う。

多くの読者が知っているとおり、昨年は私の個人的な「竹のような成長を遂げた年」で、みんなの見ている前でモメンタムがモメンタムを生み、それがさらなるモメンタムを生み出した。率直に言って、昨年の秋のことを振り返っても、どうしてそれができたのか分からないし、今年の、避けることができない複数日のスランプに陥るか、一時気を抜いて2月10日（ゴミ箱行きの日）のようになるのかを待っているような状況をどう判断すべきかもよく分からない。しかし、それがいつか必ず起こることは分かっているため、そのときには損失を最小限に抑えることにすべてのエネルギーを向けることにする。

私は、40歳未満の読者には、最高の時期はこれからだと自信を持って言いたい。そして、50代や60代の読者は、さらによくなると言ってくれることを期待している。ぜひ賛同してほしい。そうでなければがっかりだ。

私は今、人生において非常に面白いところにいると思う。人生で最も生産的と言われている10～20年間の半ばにあって、次の10年間をどう過ごすかを思案しているからだ。例えば再来年に末娘が大学に進学すると、わが家は正式に「巣立ち後」の時代に入る。

個人的な人生設計について長々と書く気はないが、このなかにはこの先トレードやブログをどうするかということも含まれている。率直に言って、このブログにもかかわりがあることだ。この先、これまで語ってきたこと以上に書くことがどれほどあるかは分からない。それでも今のところはもともと非常に個人的なトレーダーの世界を垣間見ることができるこの日誌を続けていけば、人生のたいていのことと同

様に、いずれその先の道路標識が見えてくるのではないかと思っている。できれば、それは私が解釈できる先物チャートのようなものであればうれしい。

2009年5月16日（土） すべての始まり

　今日は、私の「すべてが始まった」両親の家を訪問する。私の実家はマサチューセッツ州南東部にある小さな町で、私の現在の住まいからは車で2～3時間の距離にある。

　私は「過去を振り返る」のが嫌いだが（バックミラーを見ながら前進することはできない）、意外なことに、実家に帰るたびに何か面白い記憶がよみがえってくる。例えば、10歳のころはいつも車庫の扉にテニスボールを投げて投球練習をしていた。中央の4つのパネルに当たればストライクと決めて完全試合を目指すのだが、ボールやワイルドピッチになると、また1からやり直していた。おや、「やり直す」というのはどこかで聞いた言葉だ。

　私が両親や親しい友人とトレードについて話すことはほとんどない。メディアが報道する不正確な情報や、個人的な意見や、不完全な理解によって、ほとんどの人がトレードの概念を正確に理解することはないと何年か前に学んだからだ。そこで、私は意識的にトレードとプライベートの間に心の壁を立てることにしている。率直に言って、妻以外は家族でさえ私の初期の悩みやその後の成功など私のトレーダーとしての年月についてはあまり知らない。単純にその話はしないからだ。配管工が毎日、毎時間、接合している銅管のことや、地下にもぐって作業するときに節々に当たる突起や根太について語らないのと同じことだ。

　つまり、私にとってトレードは仕事なのである。請求書を支払うためにしているトレード以外の仕事と同様に、真剣に取り組んでいる。

ただ、魂を解放してマーケットと歩調を合わせることは楽しくもある。しかし、他人の仕事の話はつまらないと分かっているため、私もあえてその話はしない。

　もちろん、この日誌だけは例外だ（笑）。ただ、家族や友人のほとんどは、この日誌の存在すら知らないため、彼らにとって私はよく分からない分野で懸命に働いている配管工のような存在なのである。そういうわけで、両親とは昔のことや、孫のこと（つまり私の子供）、スポーツ、家の改修、健康、それ以外のマーケットと関係のない話をする。私にとって、これは頭を切り替え、しっかり現実と向き合うことができる健全な時間でもある。

　ただ、今日は昔を懐かしみ──そして、将来に向け──テニスボールを見つけて最後の１球を投げてみようと思う。もし、外したら、それを拾ってもう１回力いっぱい投げてみる。次にトレードを「やり直す」のは、月曜日までおあずけだ。

2009年５月16日（土）　ほんの少し足りない

　５月も仕上げの時期に入るため、現状から踏み出して真剣に内省してから、この公開している日誌の１周年を迎えたい。明日が過ぎれば、2009年の挑戦は５カ月が終わる。そして、今日までに上げた＋４万ドル強の利益は、今年だけでなく久々の悪い月間パフォーマンスであるにもかかわらず、私はそれを改善する努力をしてこなかった。昨日の投稿の行間を読んでもらえば、普通は午前中のあらゆるところに利益チャンスがあるのに、私はヨーロッパ時間の寄り付きを寝過ごし、アメリカ市場の寄り付きでは利益を取りこぼし、午後には多少いいかげんになってわずかな利益に甘んじてきた。今日のトレードも、午後までさほど良いこともなかったが、問題は今日というよりも、今年、そして全体的な月間利益の利益曲線が横ばいになりかけていることなの

である。

　過去にこだわるわけではないが、昨年の私は毎日戦っていた。365日とはいかないが、足踏み状態だった12月末以外はそう言える。睡眠時間が４時間以下だった夜もたくさんあるし、何日かは徹夜もしてヨーロッパとアメリカの時間帯でレードしていた。毎日というよりも、毎時間、毎分努力していたのだ。

　昨年、記録的な結果をもたらした勢いが失われつつあるのには理由がある。2008年と2009年の一部は、１日24時間、週７日間、そのときどきの思考を日誌に書き、ゾンビに近い時間帯で生活しながら自信とパフォーマンスのモメンタムに乗り、毎日、毎週その勢いがなくなるまでトレードし続けてきた。

　昨年、私はほんの少しずつ手探りで進んでいった。そして、年末になると、私の爪はすり減り、出血していた。しかし、それがチャンピオンの行動だ。彼らは、ほかの人たちができないし、やらないことをする。彼らは、私が今年やっていないことをしているのだ。今年の行動については、もちろん意図的ではないし、言い訳もしないが、ほんの少しだけずれているトレードが多すぎる。そして、このほんの少しが明らかに大きな差を生んでいる。

　５月の利益は少なかったが、長い目で見れば昨年の成功に加えて年初以来の利益は簡単に＋40万ドルを超えている。ちなみにこれは自慢ではなく、むしろかなりの批判だ。そして、私がこの先どうすることにしても、自分の真の潜在力を知りたかった48歳の私にとって、大変な道のりだった。ただ、問題はこの欠けているほんの少しをだれが埋めるのかということなのである。私は今年、分岐点に来ているような気がする。今では、それがよく分かる。

2009年6月17日（水） デンタルフロスをする理由

　昨年、この挑戦が始まって以来、自分がトレードの限界に挑んでいることは分かっているが、そのなかでもこれから書くことは最も極端な例かもしれない。まず、背景から説明しておこう。ブル相場で2日間下げ日が続いたため、午前中は当然ながら典型的な上下の値動きを期待した。そこで、いつものように値動きに合わせてTICKの極端な値で逆張りし、手仕舞い、それを何回も何回も繰り返せばよいはずだった。これは私のお気に入りのセットアップで、いわば履きなれたスリッパのようにトレードできるし、これで月の利益の半分以上を上げることもある。

　今日の問題はたったひとつだった。私のデンタルフロスの使い方が下手なせいで、今朝は歯科医で過ごすことになり（たっぷり治療費を払った）、期待していた朝の変動にぴったりと寄り添ってトレードするチャンスを台無しにしてしまったのだ。2009年は個人的な邪魔が入りすぎるという問題が続いており、このままではブログのタイトルを「中断の人生」とでもしなければならない。

　みんな知ってのとおり、私は昨年は365日、あらゆる個人的な用事を延期して、どこまでできるかを見たいと思った。そして、その答えは記録的な結果だった。しかし、今年はもっと「普通」の生活をおくろうと決めていた。ところが、チャンスはトレーダーの都合に関係なくマーケットが決めるというトレードの世界において、「普通」は非常に犠牲が大きいということが、時間の経過とともに分かってきた。

　そして思い出すかぎり初めて、私は自分に有利な日に（これまでの経験から言えば、非常に高勝率で5桁の利益が期待できる状況だったのに）ドローダウンに陥った。昨夜、今朝が高勝率の状況になることが明らかになった時点で、朝の予定をキャンセルして予約を取り直そうかとも思ったが、そうはしなかった。友人の歯科医もまた生活をか

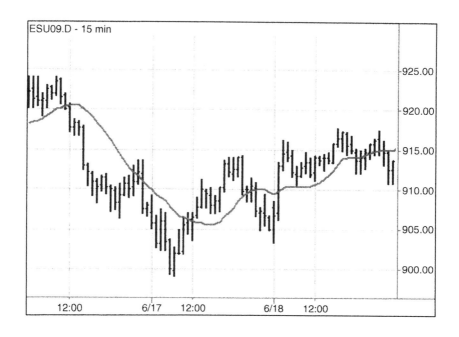

けて仕事をしていることに敬意を表したからだ。それに、歯科医の予約はなかなかとれないということもある。

　しかし、倫理的にはキャンセルしないことが正しいとはいえ、これが非常に高くついた予約だったことも間違いない。大事なのは、多少のドローダウンになったことよりも、これによって機会損失を被り、そのあとは終日、流動性を提供するだけのＢ級のトレードを強いられたことなのである。

　しかし、このことを気に病んでもいいことはない。これを忘れる唯一の方法は、前方、つまり12月31日の結果のみに集中し続けることなのである。トレーダーに短期記憶が不要なのはそのせいなのかもしれない。私の妻はいつも、短期記憶がないことは私の強みのひとつだと言っている。

　とにかく、今日、私の子供たちも私自身もフロスはきちんとしなけ

ればならないということを学ばなければ、永遠に無理だろう。そして自分自身には、今日も何千日とあるトレード日のひとつでしかなく、前に進まなければならないということも言い聞かせる必要がある。

あとから一言
結局、この日の最終結果は－１万5300ドルだった。

2009年６月25日（木） 夏の休暇の過ごし方

今日のトップニュース
経験10年で、昨年は１年で100万ドルの壁を突破したトレーダー、2009年６月は無利益に終わる公算高まる

ショックかと言われれば、イエスだ。計画的かと聞かれれば、とんでもない。要するに、よく言われるとおり、これが現実だ。

このことで、私は一度立ち止まり、この１カ月間、いや実際には５月もかなりお粗末だったので、２カ月間に起こっていたことをよく考え、自分が「ダメになった」のかどうかを考えてみることにした。具体的に書き出してみよう。

主なマイナス点
- トレード以外の用事（特に背中と首の検査）やささいなことに気を取られて、最高のチャンスを逃した結果。
- 大したことがない「役」や「損失を埋め合わせようという気持ち」で、チャンスでもないのに間違った（あるいは最悪な）タイミングで強行しようとした。
- 重要なタイミングを逃して、途中からエンジンをかけたり、ボラティリティが低かったりしたことで（マーケットではなく私の問題）マーケットの「感覚」が鈍った。

●自信を失いつつある。

主なプラス点
●まだバットを振っている。
●堅調なトレードもいくつかあった（ほかの失敗トレードと手数料で相殺されてしまったが）。
●今の時点でも、6月の手数料別損益はわずかだがプラスになっている。
●まだ最初の6カ月の利益の＋40万ドルは温存してある（ほとんどは第1四半期の利益だが）。

　ほかにもあるが、主なものはこんなところだろう。私もみんなと同様、血を流している。ロッキー4で、ロッキーがデュークに「ヤツはマシーンじゃない」と言われたあと、ドラゴを倒すことになるシーンを、私はまた思い出していた。

　もうほとんどの人が気づいたと思うが、私はトレードについて、これはメンタルスポーツで、パフォーマンスのモメンタムがモメンタムを生むと思っている。昨年は、利益が雪崩のように何日も何カ月も続き、そのことを間違いなく感じた。そして今、私は転げ落ちそうな雪玉が逆の雪崩にならないよう必死で押しとどめている。

　それならば、どうすればよいのだろうか。基本的には何もしない。私は2008年も今も同じ人間で、これからもただ呼吸し、スイングし、いずれどこかの時点でパフォーマンスのモメンタムが再び好転することを知っているため、そうなったときにアクセルを踏み込もうと思っているだけなのである。

　つまり、これが私の夏の休暇の過ごし方であり、一歩一歩進んでいくだけなのである。

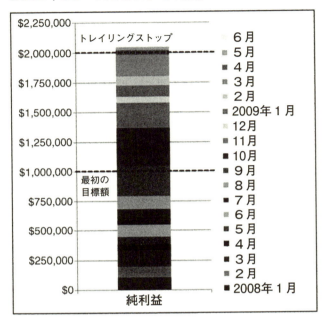

あとから一言

　2007年後半が2008年の強固な基礎を築き、その可能性を予告したように、2009年の第2四半期をあとから振り返ると、この時期の終盤を予告しているような気がする。6月が多少の利益で終わり、2008年1月以来18カ月間の利益は205万ドルを超えたが、毎日アクセルを踏み続ける情熱と気力と意欲は明らかに低下していた。特に、直近の挑戦の始めに設定した3つの目標を大きく超えてからはそうだった。将来のための貯蓄はできたか。チェック。自分のトレードスキルがどこまで進化したのか分かったか。チェック。トレードで長期的に成功することは信じがたいまたは不可能という神話を否定するしっかりとした証拠をあげることができたか。チェックメイト。

　面白いことに、日誌の読者のひとりと長電話をしたのもこのころだ

った。彼は、トレードはギャンブルであり、私やほかの成功したトレーダーがマーケットで獲得した利益は単なる幸運によるものだと信じ切っていたため、何回も日誌の内容は本当なのかと聞いてきた。電話で1時間以上議論して、トレードはビジネスで、食品卸会社の仕事とさほど変わらないことや、私の銀行口座の推移や、2009年第1四半期が58勝3敗だったことや、膨大なデータ（400日に行った1万回に及ぶトレード、計100万枚分）を提示しても、彼はこれが運ではないことを納得してくれなかった。最後は、私も頭を振りながら、きっと私は世界一幸運な人間なのだろう、あなたにも幸運を祈ると言って電話を切った。

この議論から、私はこの世界における教育の重要性に思いをはせた。教育がなければ、現在の真実と将来の可能性についても無視することになる。例えば、私は飛行機旅行に関して物理学と心理学の教育を受けていないため、いまだに400トンの飛行機が地上から浮き上がる仕組みが理解できないし、高所恐怖症なので飛行機を操縦することもないだろう。同様に、飛行機の操縦やそれ以外のスキルを必要とする職業（例えばプロのスポーツ選手）を目指す人のほとんどは、その目標を達成することはできないだろう。しかし、高度なスキルを持ったパイロットによって、毎日何千回もの飛行が事故なく運行され、いくつものスポーツチャンネルに番組を供給できるだけのプロスポーツ選手が存在する。つまり、成功したトレーダーがどのようにトレードしているのかを完全に理解できない人がいたとしても、その人自身は必要なスキルを習得できなかったとしても、何年も自分の技能に磨きをかけてみんなよりも高みまで上りつめた人は良い結果を残すことができるのである。

また、仕事ということで言えば、マルコム・グラッドウェルは2008年に発表した『天才！　成功する人々の法則』（講談社）のなかで、どのような分野でもとびきりの成功を収めた人のカギとなっているの

は、時間と練習（具体的に言えば１万時間）の組み合わせだと書いており、続けて大きな成功を収めた数人についてそのことを検証している。私も何年か前にこのことを知ったとき、自分の先物トレードについて考えてみると、毎日７時間、６年間にわたって画面の前に座っていた私の「学習曲線」は2007年秋に１万時間に達していたことに気づいた。私の１万時間の節目とトレードの竹が地面を突き破った時期がほぼ同じだったことは偶然なのだろうか。そうではないだろう。

　とはいえ、私の個人的な目標は十分果たすことができた。そして、架空のドローダウンの概念については、それに必要な「イライラ」の気持ちを作り出す能力の低下とともに、この方法の効果も下がり始めている。私は、2009年６月に私の家で開催したボストン・バンブー・バーベキューと名づけた集まりに集まってくれた何十人かのトレーダーに伝えたように、新しいひらめきと使命が必要だと感じていた。この年の末に、私は「ウサギを追いかけて」という投稿のなかで、レース犬は電動式のウサギを追いかけてもけっして捕まえることができないと書いた。ただ、私の場合はひとつ大きな違いがあった。それを捕まえてしまったのだ。その結果、次の２〜３年は次にすべきことを探して内省を続けることになったのである。

パート4 ジェリートレーダーの誕生
Birth of the Jellyfish

起源

　2009年が進むにつれて、トレードに向けた情熱のほとんどが枯れてしまったあと、正式なトレーダー教育を再開してほしいというたくさんの要請を私は最初は断っていた。理由はいくつかあったが、本を書くのを断っていた理由とさして変わらない。私は昨年の挑戦以前も株式トレードで利益を上げ、トレード講師もしていたし、この業界に質が高いトレーダー養成プログラムがないことを大いに批判もしてきたが、昨年の成功を利用して「ひと儲け」しようとしていると見られるのが何よりもいやだった。ちなみに、私が2～3年前からトレードを教えるのをやめていたのは、過剰なマーケティングが行われていたことについて、私のコントロールが及ばないからだった。

　しかし、パート1で述べたとおり、トレード教育に問題があるのは間違いない。私が先物トレードのOJTを行った2001～2003年の記録を見てみると、利益は出ているのに、手数料を引くと結果は6桁の損失になっていた。主な理由は不適切な個人トレーダー用のコスト構造だったが、それを回避する方法があまり知られていなかった。そのほかにもたくさんの間違いを犯したし、それらをすべてなくすことはできないだろうが、減らすことはできたと思う。これまでにも言われてき

たことだが、「このことを当時知っていれば」ということだ。そうなると、もしかしたら独自のプログラムを適切に計画して実施できれば（特に正しく実施することが非常に重要）、トレーダーの教育と育成に多少の違いをもたらすことができるかもしれない。

　しかし、私の頭の中には２つの大きな問題点が浮かんでいた。まず、「正しく実行する」ためには、正式な講義、自分自身のトレード、広範囲な参加者に向けたライブ画面を使った解説などを長期間、インターネットを通じて行っていくために、さまざまな調整を行ってプログラムを組み立てていく必要がある。これが簡単な計画でないことは明らかだ。そして２つ目の問題は、トレードでの失敗率の高さを何とかしなければならないということである。もし非常に効果的なプログラムを開発することができたとしても、実績主義の分野の性質上、勝者はほんの一握りであり、生徒の失敗率の高さはなくならないからだ。

　後者の挑戦は常に私の頭の中にあり、以前に日々のトレードコラムの執筆や、トレードシミュレーターの開発や、新進トレーダーへの指導などに誘われたときもそのことを考えた。しかし、生涯を教育に捧げた人たちのケースを見ても、結局、正式な教育を受けた生徒が将来成功するかどうかは、それが四年制の大学であれ、成人用の訓練コースであれ、結局は生徒の能力や、動機や、教えられたスキルを規律を持って適用できるかどうかにかかっていると思わざるを得ない。言い換えれば、先天的な理由による失敗は、教育プログラムの開発の障害にはならない。反対に、先天的な失敗は、最善を尽くして違いを生み、高い失敗率を下げたいという思いがあれば、実はその人の動機を高めることにもなり得るのである。ただ、そうは言っても、私は自分のことでも生徒のことでも負ければ悔しい。

　そうこうしているうちに、私が尊敬する業界のリーダーと言われる人たちの意見を聞き、ある人に「君がやらなくてだれがやるのか」と叱られ、私は一歩踏み出すことを決意した。ただし、いくつか条件が

あった。まず、さまざまな経歴のトレーダーで構成する「ベータ」チームを作りたい。彼らには養成期間を通してフィードバックをしてもらい、それによってプログラムを修正していくのである。その代わり、彼らには当初計画していた2倍の時間を費やし、プログラムの期間を1カ月から2カ月に延ばすことにする。2つ目に、前述のとおり、このプログラムは正式な講義と長時間のライブ画面を使った講義を組み合わせたものでなければならない（「長期間」とは、すべてのタイプのマーケットリズムを見ることができるまで）。3つ目に、私たちは、必ず保護的な確認トリガーを備えた投資機会を提供する。4つ目は、この試みに強い関心を示してくれている人は何百人もいるが、プログラムの指示や意図が薄れないようにチームは少人数（25人未満）とする。5つ目は、参加者が支払う講習料をはるかに上回る価値を提供する。そこで、料金体系の単純な公式を、参加者が適正だと感じるコンセンサス講習料の半分としたい。6つ目は、ベータチームのメンバーは全員、講習が始まって内容が個人的に役に立たないと感じたら、全額返金を請求することができるようにする。そして最後に、私は講習料の一部を慈善団体に寄付することを主張した。それがのちにアメリカ糖尿病学会との協力関係につながった。

　このようにして、2009年7月にそれまでにない徹底的なグループトレードの実験的かつ教育的な試みを実施するため、私たちは新種のトレード教育プログラムを立ち上げ、その参加者に「ジェリー」と名付けた。この言葉は、ジェリーフィッシュ（クラゲ）を縮めたもので、海流に乗って「刺すか刺されるか」で生きているあの神秘的な生き物から来ている。自分ではコントロールできない変化を続けるマーケットの状況を見極め、情報を得ていく効果的なトレーダーを表すのに、これ以上の生き物はいない。変化するマーケット状況に自分の手法を継続的に適合させていくことの重要性はいくら強調してもし足りない。この概念は、限られたマーケットで限られたときだけ機能する1つの

手法を使うこととは大きな違いがある。また、この名前には、フィル・フィッシャー（キリスト教の教えに基づいたアニメビデオ「ベジー・テイルズ」の作者）が2006年に執筆した『ミー・マイセルフ・アンド・ボブ』（Me, Myself, and Bob、フィッシャーが設立したビッグ・アイデア・プロダクションズの成功と凋落を記録した本）に描かれている精神も込められている。

メンバー選び

　そして、2009年夏、何百通もの願書を読み、たくさんの面接を行った末に、私たちは21人の参加者（ジェリーメンバー）を選んだ。選考基準は、それまでの成果から成熟度とプロ意識が見てとれ、自分自身とチームを向上させたいという真剣かつバランスのとれた意欲を持ち、ほかのメンバーに独自のスキルや視点を提供することでチームに相乗効果を及ぼすことができる人とした。メンバーの経歴は、スポーツキャスター、NFLの元クオーターバック、プロテニスプレーヤー、ソフトウェア開発者、不動産ブローカー、エンジニア、写真家、情報システム会社の幹部、会計士、宇宙関連会社の管理職、通信会社の管理職、穀物トレーダー、フロアトレーダー、プロップファームの社主、小規模の小売業者などが含まれていた。

　私たちは、8週間をともに過ごし、ここでは日曜夜に行う2時間の準備セッションでトレードに必要な基礎知識と私のトレード手法とセットアップに関する詳細な説明を行うことや、1日8時間、40日間にわたって集中的にマーケットを観察しトレードしていくこと、そして2時間の講義を8回と毎週月曜日の夜には復習セッションを行うことにした。実は、養成を始める直前になって、私は準備セッションや毎週の講義を録画してベータチームに参加できなかった人たちに公開することを思いついた。皮肉なことに、フィードバックによると、この

16時間に及ぶ動画は、業界で非常に評判の良い教材となっている。

メンバーのコメント

養成期間のことを「水槽」の外の人に言葉で説明するのは非常に難しい。次の２つの投稿はジェリーメンバーが書いた日誌で（私が少しでも休めるように、途中からメンバーがブログを書くようになった）、このなかには彼らの「ナビゲーター」に関するコメントもあるため本書で紹介するのを最初はためらったが、最終的には私のベータチームに関する最後の投稿と合わせて載せることにした。このなかには、参加者が336時間のなかで得た最も重要な「ひらめき」が見られるからである。

ジェリートレーダーの日誌　その1

2009年8月19日（水）「ノーカントリー」

コーエン兄弟が制作して高い評価を受けた映画「ノーカントリー」は、人生と経験の現実的な描写がとても良かった。コーエン兄弟を知っている人ならば、彼らの映画に温かくてふわっとしたハッピーエンドは期待しないだろう。彼らは、私たちが忘れたくて映画に行くこと、つまり人生は楽ではないということを、さまざまな形で見せてくれる。この複雑な犯罪ドラマの後半で、保安官のベル（トミー・リー・ジョーンズ）はテキサス州の人里離れた平原に住むかつての同僚を訪ねる。ひととおり挨拶し、社交辞令を交わしたあと、同僚は車いすからベルを見上げて「この国は人に厳しい」とつぶやくのだ。

トレードも厳しい。しかし、それはトレードの魅力のひとつであり、節目に達したときには喜びとなり、さらに挑戦したくなる。1989年に

出版された『7つの習慣』（キングベアー出版）のなかで、スティーブン・コヴィーは、みんな人生は厳しいということにいずれ気づき、受け入れることになるが、それが早いほど効率的に対処できると書いている。トレードにも同じことが言える。ジェリートレーダーの水槽に入って12日が経過し、魔法のセットアップも、ドン・ミラーがまだブログに書いていない秘密も、簡単に手に入る利益もないことは分かった（ただし、利益は上がっている）。それでも、21人の参加者は、まだひとりも欠けていない。最初の1週間でやめて返金を受けることもできたが、だれもそれをしなかったのだ。

ここで、ドン・ミラーと水槽のなかの兄弟たちに告白したいことがある。あとで編集されるかもしれないが、とりあえず書いておく。この2〜3週間、ドンは大変だったと思う。まず、私自身はこれまではEミニを1回に2〜4枚、1日に5〜10回トレードしていた。つまり、1日に10〜40枚ということになる。しかし、ドンは昨日だけでも550枚トレードし、これは彼にとっては少な目の日だった。彼はこれだけのトレードを毎日行いながら、私たち21人が仕掛けについて尋ねれば答え、考えを言えば聞き、バカなミスをすれば直してくれる。もちろん、それ以外にウエビナーの準備をし、夜になるとジェリーのみんなの質問に答え、ブログも更新する。昨日、夕食のときに妻が「どうしたらあれほどのトレードをしながらみんなにも教えることができるのかしら」と聞いてきたので、私は分からないと答えた。

おそらくジェリーの多くは、この8週間が終わったらドンはどうするのかと考えていると思う。みんな心の中では彼がそのあともトレードルームを解放し、最近のブログビデオで言っていたように、できれば「一生」私たちとともにトレードしてほしいと思っているにちがいない。私個人の考えはあるが、今は言わないでおこう（ヒントは、トレーダー教育についてではない）。昨夜、偶然グーグルサーチでドンに関するブログを見つけた。このブログには、ドンがトレード教育を

するのは「興行」だと書かれていた。私は苦笑し、何てバカな人がいるのかと思った。21人の生徒は、1週間たって返金請求することもできたのに、だれもしなかったのだ。ドンの誠実さとプログラムの質について聞かれたら、そう答えるしかない。

　「ノーカントリー」は、保安官のベルが退職した翌日に妻と朝食をとっているシーンで終わる。彼は前の晩に見た夢について語るのだが、このシーンの意味についてはさまざまな意見がある。私は、ベルはもう疲れて夢に出てきた目の前の「暗い森」（昔は静かだったこの町で彼が目にした凶悪化する犯罪を象徴している）には入っていきたくないのだと思う。彼は父親が亡くなった年齢よりも20歳も年を取り、疲れきっていた。ここで映画は終わる。

　ドンはさまざまな基準で見ればまだ若いが、トレード年数という意味では「年を取っている」のかもしれない。彼が2008年の奇跡の挑戦で明らかに疲れていることは認めざるを得ない。トレードは辛い仕事だ。しかし、結局のところ彼は妻と同じくらいトレードを愛していて、彼が「退職した翌日に妻と朝食をとっているシーン」は思い浮かばない。これについては好きに解釈してほしい。

ジェリートレーダーの日誌　その2

2009年8月22日（土）　チームワークと単純さ

　1950年代の偉大な発見に「構成要素を分析してもシステム全体を理解することはできない」という概念（創発）がある。これはどういう意味なのだろうか。そしてトレードとどのような関係があるのだろうか。

　この考えは、例えばピストンとピストン棒とクランク軸を分析してもエンジンの性能は分からない、といったようなことである。さらに

言えば、自動車は組み立てて走らせてみなければ、どんなことができるのかは分からないということでもある。つまり、システムはすべての部分が合わさったもので、それぞれの部分がすべて計画どおりに動かなければ狙ったパフォーマンスは出ない。世界中にある最高の車から最高の部品を集めて車を作っても、世界最高の車はできないということである。理由は、世界中の車から集めた最高の部品は、それらが「一緒に機能する」ためではなく、特定の車のために機能するよう作られているからである。

そのことがトレードとどう関係するのだろうか。すべてだと思う。トレーダーはみんな常に「今」何をすればよいかを「教えてくれる」か、マーケットに影響を及ぼすニュースの解釈を教えてくれる最新かつ最高の指標を探している。ただ、99％の指標は遅行性で、指標はいつも少し遅れるため、私たちはより良いものを探し続ける。また、やっとニュースを解釈したときにはマーケットはすでに先に進んでいる。指標は車の「部品」のようなもので、どれも車に何ができるかは教えてくれない。理由はただひとつ、車はあなたで、燃料は価格チャートだからなのだ。

ジェリートレーダーの養成の本質もまさにそこにある。「自分はどのようなトレーダーで、何ができるのか」。ドン・ミラーが毎日課してくる訓練は、「マーケットを感じ」「ペースを感じる」ことによって「バイアスを持ち」、「感知し、信じて、実行しろ」ということである。私は、この1950年代に発見された事実を、前職に就いたときから知っていたが、昨日初めてそれを実感しショックを受けた。ドンの課題をこなして2週間で、このパラダイムシフトに至ったのだ。私は「ゴミを入れればゴミしか出てこない」ようなデータを使ってきた。そして、それらのデータは、頭に入れれば入れるほど頭のキレは悪くなったのだ。この種の学びは深く没頭し、それまでの信念の多くを捨て去り、再度作り上げていくしかない。ときに感情が入って緊迫することもあ

るが、それはみんな真剣に取り組んでいるからだろう。私は最初にドンに、自分はこの訓練に全力を注ぐと伝え、ニワトリと豚が朝食を出すという例え話をした（ベーコンエッグを出すのに、ニワトリは卵を産むだけ、つまり協力するだけだが、豚は命がけになるという寓話）。

　ドンは、これまで出会ったなかで最も手の内を明かしてくれたトレーダーで、見たとおりの人だった。彼はその日の調子が良くても悪くても、それを私たちに伝えてくれる。そして、彼について最も厳しい評価をするのは彼自身なのである。彼の自己分析は、私にとってもためになる。私はこれらの例から学び、それが私自身の基準となる。彼の訓練は、さまざまな課題を繰り返し、修正し、それを毎日行っていく。例えば、「バイアスを持て、しかしトレードは自分が思ったことではなく、事実に基づいて行う」「良いときも悪いときもそれを管理しろ、ただしゲームには参加し続けろ、参加しなければ勝つことはできない」「ひとつの動きが終わったら、次を見ろ、過去の動きは頭の中から消して、前だけを見る」などといったことだ。チームのみんなはこれらの教えが大好きだが、このシステムのネックが自分自身だということも知っている。つまり、私自身が自立したトレーダーになるための制限因子なのである。しかし、もし私が「指導可能」、つまり偏見を持たずに新しい考え方を受け入れ、十分練習すれば、良いトレーダーになれるはずだ。

　ドンは、単純さも信奉している。「価格チャートとTICKチャートがあれば、お金を稼げる」というのだ。私も単純にしたいが、それを達成するのは難しい。自分の杖をすべて焼き払うということは、不安なことでもある。1989年のハーバード・ビジネス・レビュー誌に掲載されたインタビューで、ジャック・ウェルチは、大企業を効率的に動かすには単純にする必要があると言っていたが、同じことはトレードにも言える。

　私はこの王国のカギを求めてあらゆるところを探したが、ついにト

レードの世界でそれを見つけた。カギは私自身で、私の燃料は価格チャートだったのだ。自立できるようになるための唯一の方法は、正しい人に助けを求めるということで、直感で選び、最高の人とだけ仕事をすることである。素晴らしいチーム概念ではないか。

2009年9月22日（火） 成功へのカギ

　昨晩、私たちは8回目で最後の講義を終えた。ここでは、ジェリーにとっての最高の教えを、大勢の観客の前で披露した。ジェリーたちはこの2カ月間に集中的に学んだことについて、それぞれのトップ3をそれぞれの言葉で紹介していったのである。
　私にとって、このプレゼンテーションは最終試験のようなものだった。私が確信していること（毎日、講義と自分のトレードで倒れそうになりながら伝えてきたこと）が、利益率が高いトレードの基礎となるのかどうかを見ておきたかったのだ。
　そして昨夜、メンバーの数人がトレードにおいて、①マーケットバイアス、②「外れ値」――が果たす重要な役割についてコメントしたとき、私は重要な概念のいくつか（負けるトレーダーと勝つトレーダーを分けるもの、勝つトレーダーと100万ドルトレーダーを分けるもの）が根付いたことを知り、席についたまま微笑んだ。2人のメンバーが2つの重要な概念について発表した内容を紹介しておこう。

最も重要なのはマーケットバイアス

　この概念を知っておくだけで、トレード結果を好転させることができ、安定的な利益率が可能になるという意味で、すべての教えのなかでこれが最も重要だと思う。ジェリーに参加する前は、妹にトレード戦略を説明しながら何も考えずにトレードを行っていたが、最初は良くてもすぐに逆転して一気に損切りまで行ってしまうことが多かった。

私は負けトレードになったことに怒るというよりも憤慨していた。妹はそんな私を見て、さほどの損失でないのになぜそこまで怒るのか不思議に思っていた。私は妹に「この２年間、果てしない時間をかけて調べ、資料を読み、プログラムを書き、チャートパターンを分析してきたのに、トレードを仕掛けるたびにコイン投げをしているような気持ちになるのはものすごく腹立たしい」と言った。しかし、ジェリーの水槽がそれを変えた。私は、それまでまったく信用していなかったマーケットのバイアスを見るようになり、そのバイアスに従っていれば正しい側にいることができるため、トレードがうまくいくようになったのである。

外れ値は重要

ポーカーでは、自分の勝率がかなり高い役ができるまでは保守的にプレーするのがよい。そしてこれはトレードでも、たいていは同じだ。勝率が自分にかなり有利になるまで待ってから、大きく賭けるのである。残念ながら、このような条件は１日に２～３回しかないかもしれないし、狙った勝率になるチャンスはほんの何秒かしかないかもしれない。

外れ値は成功へのカギとなる

勝ちトレードには増し玉する。自分に有利なトレードはひとつ残らず外れ値の利益を狙う。それぞれのトレードからできるかぎりたくさんの利益を上げるのだ。そして、負けトレードにはその逆が当てはまる。自分が間違ったことに気づき、マーケットがそれを証明する前に損切りすることで、全力で損失を限定するのである。そうすれば、１日の終わりには１つか２つの外れ値トレードが、すべての機会損失や最初は良かったのに反転したトレードを相殺してくれる。そしてその結果、その日は外れ値の日になり、それが外れ値の週になっていく。

それができるようになると、近いうちに勝率が70％以上の正しいトレードかどうかを心配しなくてよくなる。つまり、「正しくある」ストレスに縛られなくなり、その代わりに途中で状況が変わったトレードを簡単に損切りできるようになるのだ。私はもう「そのうちまた順行に変わるかもしれないから損切りする必要はない」とか「この指値注文さえ執行されたら手仕舞おう」などとは考えなくなった。気にしないで損切りするのだ。次のバスはもうそこまで来ている。復活は、2000ドルの損失からよりも、200ドルからのほうがはるかに簡単なのである。

彼らが言うとおり、マーケットバイアスは重要だ。だから毎分、毎時間、毎日、みんながうんざりするまでそれを追い続けるのである。そしてさらに、外れ値が成功へのカギだということも絶対に間違いない。ただし、ほとんどのトレーダーはそれを追求できていないし、しようともしていない。彼らは平均コストを「悪化させる」というまったく間違った理由で、追加利益の概念を無視したり、間違ったときに（例えばレンジマーケットで）増し玉したりしているのだ。

これまで何回も書いてきたように、トップトレーダーは（トップポーカープレーヤーも同様だが）、自分が最初に読んだバイアスが確認できるマーケット情報を得たときは、掛け金を大幅に増やしていく。私がこの２～３年に稼いだ利益は、それだけをしてきた結果なのである。簡単に言えば、いつアクセルを踏みこみ、いつ後退したり惰行したりすべきかを、仕掛けているトレードの最中でも、１日の間でも週、月、年の間でも知っておかなければならない。「ア・フュー・グッドメン」のトム・クルーズのように、攻めるべきときを見極めるのだ。経験豊富なトレーダーは、まさにそれをしている。

もちろん、トレード記録は、私がこの２年で獲物を感知し、追い詰めることができるようになったことを示している。これは、寝る時間

を犠牲にし、止まることなく、健康に悪くても押していくということで、近年稼いだ100万ドルを超える利益は、みんながあまりしたくないような苦労をして得たものなのである。昨年の秋から今年の春にかけて、私はエンジン(私のエンジン)が燃料切れになって焼きつくまでアクセルを強く踏み込んだ。そのため、今年の夏はボンネットを開けてエンジンを休ませ、心も体も調整する必要があったのだ。

ところで、あとから振り返れば2007年から2009年の初めまでの攻めと2009年の夏にボンネットを開けて一息つくことの決断は、どちらも100％正しかった。簡単に言えば、獲物を感知したら突き進まなければならないが、それがいつなのかはあなたしか決めることができない。そして、この仕事においては、ほかのだれにもあなたのトレード判断や、スタイルや、自分で決めた休みを批判させてはならない。

そして今、エンジンは回復した。私はピットクルーとチームを組み再びスピードを上げてレース場を走っている。今回の「車」は、これまでよりも軽量で機敏だし、頭もさえている。

そのとおり、外れ値こそ成功へのカギなのである。そして、レーシングカーのカギでもある。ただ、これは私が言うよりも、トレーダーたちが言うほうがはるかに多くの意味を含んでいる。そしていつの日か、彼らが私と一緒にビクトリーレーンに加わるのを見てみたい。ただ、そのころには私は彼らのタイヤを替えているか、彼らの城に食事に招かれているのだろう。

あとから一言

ベータチームや今後も継続するトレーダー教育について最後に思ったことは、人生と同じで、ジェリーの概念も完璧ではないということである。しかし、振り返ってみれば、参加者のフィードバックを見るかぎり次回もあまり内容は変えなくてよさそうだが、フィードバックに従って新たなひねりは加えた。もしベータチームの参加者や、その

あとの数多くの参加者や、ビデオを継続的に見てくれた人たちに、この試みにかけた時間と努力は価値があったかどうかと、このプログラムがトレード教育を新たに深いレベルまで掘り下げることができたかどうかを聞けば、ほとんどの人が同意してくれると思う。それに、もし私がトレーダーの「見習い」の時期にこのような訓練に参加できていたら、これまで犯してきたさまざまな失敗は避けられたとも思う。

　また、すべてのトレーダーに必要なことという意味で、望ましいマーケット、テクニカル指標、時間枠、スタイルなどにかかわらず、勝率を最大にするためには、変化し続けるマーケットのリズムを見極め、適応していくというジェリー（クラゲ）の概念が有効であることは間違いない。ちなみに、このような目標は「新しい」ことではないが、こう名付けたことで、柔軟性というトレードの重要かつ忘れがちな原則についてトレーダーの認識を高めることはできたと思う。

　ただ、成功するための魔法の薬も楽な道もないということをもう1回強調しつつも、今回のプログラムが計画段階だった時期から思えば、トレーダーのツールキットにさらに磨きをかける比類ない経験とツールが提供できるものになったと思う。プログラムを録画したビデオのシラバスは、http://www.conmillereducation.com から割引価格で購入できる。

ジェリープログラムのあと ――
2010〜2012年の日誌より抜粋
Beyond the Tank: Best of the 2010-2012
Journal Excerpts

　次に挙げるいくつかの投稿を紹介しようと思った主な理由は、どのようなときでも重要な概念――トレーダーとしての不完全さと間違いを受け入れることと、ただ「参加し続ける」必要性――について書いているからである。私も、これまで何回もさまざまな失敗（現実の間違いでも、機会損失でも、損失と感じただけでも）から復活してきた。これらの投稿を紹介するのは、自分が弱っているときにこそ自分の最大の強みが見つかることが多いということをもう1回強調しておくためなのである。

2010年1月8日（金）　ポーカーとトレードと集中

　大事なのは集中だ。実際、集中だけと言ってもよい。まずは、おかしな出来事が続いた昨夜のことから書いておこう。
　昨夜のポーカートーナメントは、始まったばかりで掛け金が上がってしまった。私の対戦相手がたった1枚のカードを狙ってオールインをコールしてきたからで（ポーカーでこれほど腹が立ったことはない）、もちろん彼女はそれを手に入れた。この負けで私のチップは8000ドルから1200ドルに減ったが、何とか盛り返し（私のほうが最初のチップが多かった、これについては後述する）、何と3時間後には

優勝してしまった。

最初の役はこうだ。私がディーラーで、プリフロップはダイヤの4－5、そのあとの6－7－Qは1枚がダイヤだった。3人のうちの1人が普通のポットの半分程度でベットし、それを2人目のプレーヤーと私がコールした（私のチップは4000ドルから8000ドルに増えていたため、リスク・リワードの割合は大丈夫に見えた）。

次はターンで、ダイヤの3だった。いいぞ。私の役はストレートで、コミュニティカードを見るかぎりフルハウスの可能性はない。そのうえ、次のドローでフラッシュの可能性もある。つまり、よほど突飛なことがないかぎり勝ったと思った。プレーヤー1が最低額をベットし（いいぞ）、プレーヤー2がレイズし（いいぞいいぞ）、私はもちろん考えるまでもなくオールインした。これはそれまでのベットとレイズをはるかに上回る金額だ。次に、プレーヤー1がコールした（彼はトップペアのみなので心配はない）。そのあとは、5－9を持っていたプレーヤー2がコールしたが、彼女は8で高ランクのストレートを狙って大量のチップをリスクにさらしていた。

実はあとから分かったことだが、この時点で8はすでに3枚フォールドされており、プレーヤー2に勝ちをもたらすカードはデッキにあと1枚しか残っていなかった。つまり、私の勝率は極めて高かった。90％以上だろう。そして、もちろん彼女は1枚しか残っていない8を引き当てた。私は正気もプロ意識も失ってカードを投げ出すと「出るかどうか分からないカードを当てにして全額を賭けてトーナメント参加までリスクにさらすなんてどういうことだ」と叫んだ。ちなみに、私は普段はかなり堅いプレーをするほうで、資金によほど余裕がなければ、あと2人残っている場面であのようなことはしない。

夜明けの前が一番暗いとよく言われるが、12月の「ポーカーはチップが1枚あれば勝てる」と題した投稿に書いたように、私は崖っぷちから何とか生還し、最後のヘッズアップ（2人勝負）は、ポケットエ

ースと同じスーツのK-Qで優勝した。

　最後の役はこうだった。まず、ポケットエースが来たが、私はショートスタックで、スモールブラインドだったため、ただプリフロップをコールした（まだプレーヤーがたくさん残っていれば、大胆なトラッププレーをするつもりだった）。フロップはK-8-9で、相手はチェックし、私はオールインした。すると、彼はキングをヒットしたか（ポケットカードと合わせて使うか）と聞いてきたので、私はノーと答えた。それからしばらくやりとりしたが彼は私の言葉を信じていないので、「ヒットしていないことはあとで見せる」と言った。それから、彼はポケットカードの10のペアでコールし、ターンとリバーは何もないままこの勝負を終えた。そして約束どおり「キングをヒット」しなかったことを見せた。

　この勝ちで私のチップが上回った。次は同じスーツのK-Qが配られ、フロップはK-10-8。私はチェックし、彼は10でベット、私はオールイン、彼はすぐにコールした。今回もターンとリバーは彼にとって空振りで、このおかしな夜はあっけなく終わった（少なくとも早い時間の勝負と比べれば）。

　さて、ここからどのようなトレードの教訓が得られたのだろうか。まずは、根気と集中だろう。昨日のトレードは、その好例だ。私は15時すぎに戻りである程度のサイズの堅実なトレードを仕掛けたのに、夜のニュースで金利リスクが取りざたされ、マーケットは即座に「それまでの抵抗線、すなわち新しい支持線の始まり」を４ポイントも超えたのを聞いて珍しく「不機嫌」になり……、これは昨夜の勝率90％のポーカープレーと同じようなことだ。どちらのケースも、私の負けだった。しかし、どちらのケースも集中力を切らさずに前進し続け、そのあとはるかに低い勝率のゲームで最初の負けを補って余りある勝ちを収めた。よく言われることだが、「何でも起こり得る」ということだ。

そして、2つ目の教訓は変に聞こえるかもしれないが、私には大いに当てはまるモメンタムである。つまり、私の場合、トレードとポーカーは連動しているのだ。うまく説明できないが、2つはいつも同じような調子になる。例えば、私のポーカーの成績がピークだったのは2008年と2009年で、地域のトーナメントで数回優勝し、この期間はずっと集中力と運の両方があった。そして、この時期は、トレードの調子も良かった。

　そして、2009年半ばに調子が落ちると、どちらもパフォーマンスが下がってしまった。ポーカーテーブルで大負けしたときには、トレードでも最悪のタイミングに歯科医の予約が入っていたり、大事な電話がかかってきたりするということがよく起こるのである。

　しかし、2010年にトレードで「大きな一歩」を踏み出すと、この何日かの集中力も少し「鋭く」なってきたように感じる。少なくとも昨夜、特に大負けしたあと必死にプレーしていたときはそうだった。そして今日のトレードも、早い時間の的確さが必要なときに、鋭い判断ができた。

　大負けを避けることはできない。しかし、そうなったときにも地に足を付けてプレーするために必要なのが集中力なのである。時間と勝率が重要なこの仕事においては長期間の集中力が必要になる。短期的な集中は、ひとつの役やトレードをプレーするのに必要となるが、これは1回ごとに完結し、前回の結果とは関係ない。それ以外のことはよく分からないが、それで問題ないだろう。

2010年1月29日（金）　職場の安全

　1年近く前になるが、最後に頭が真っ白になった日（先週までは）の直後に「美しい人」（映画の題名）と題した投稿をした。私がこの投稿を気に入っているのは、トレードの勝ちや成功よりも痛みや挑戦

について書くほうが好きだということのほかに、トレードが失敗率が高い仕事であるにもかかわらず、そのことについてはほとんど報道されていないからでもある。

　私は年に２～３回、頭が真っ白になる日があり、それはもう何年も続いている。このことは今日までだれにも言ったことがないが、実は先週、健康上の心配で一晩中眠れなかった翌日に、2010年のそれがあった。要するに、その日はとんちんかんなことばかりしていたのだ。

　学びの時期をどのように乗り越えたのかと聞かれて、楽しんだと言えばそれはまったくのウソになる。むしろ苦痛だった。それでも続けられた理由は２つある。ひとつは、損失から復活できることが自分の強みだということが、時間の経過とパフォーマンスから、分かってきたからだ。それを示す出来事は、この何年かに何回もあった。前に書いた「グレースの物語」とも言える2007年の出来事や、2008年10月のある月曜日に大損失が記録的な利益の礎と勇気を植え付けてくれたことなどである。

　そして、もうひとつの理由は、私のビジネスプランが損失を許容しているからである。もちろん私は負けるのが大嫌いで、それを避けるために必死で働いてきたが、これは不可欠なことでもある。250日の取引日で非常に高い勝敗率を誇るなかで、大きなサンプルサイズのなかのほんの２～３回の出来事はすぐに大したことではなくなった。もちろん、「鳥のように食べ、ゾウのように排泄する」という格言も有効だが、それ以外のときに安定的に稼いで混乱したときに相殺できるようにしておくことも大事なのである。

　大学生のとき、台所で気が散ってミートスライサーで親指の先をスライスしそうになったことがある。そのときの恐怖は、いまでも思い出すことができる。しかし、トレードでもスライスでも安心してほしい。もし怪我をしても大丈夫だ。そして、これを読んでくれている新人トレーダーには、それが私たち全員に起こることだと伝えておきた

い。たいてい最初の何日かは痛みを感じるが、記憶力の乏しさと（妻によればこれは私の強みらしい、ただし彼女は「強み」とは呼ばないが）時間の経過が相まって傷は必ず癒えるからだ。

もしかしたら、このことについては、先日ジェイ・レノがコナン・オブライエンとの交代劇（『ザ・トゥナイト・ショー』の司会）をネタにしたジョークで傷ついたかと尋ねられたときの答えが最も適当かもしれない。彼は、コメディアンはボクサーと同じで、敵の頭を殴るのが仕事だと答えたのだ。トレーダーはボクサーと似ていると言う人がいたら、私はそれを「トレードはボクサーと同じだ」と言い直したい。私は良い戦いが好きだ。自分のコーナーに良いセコンドがいてくれればさらに良い。

人間の世界にようこそ。

2010年4月18日（日） 人生の「、」に注目する

トレードに対する考えを1つの単語で言い表すとしたら、それは「根気」だろう。何回も言っていることだが、私は毎日間違いを犯す。しかも、たくさんだ。判断の間違い、不注意による間違い、サイズの間違い、仕掛けや手仕舞いが早すぎる間違い、完璧にしようとする間違い、気を散らす原因を許す間違い、自信を失う間違いなどいくらでもある。

金曜日は非常にうまくいき、損益で言えば今年最高の日だった。しかし土曜日の朝、目が覚めるとみぞおちの辺りに変な感じがあった。最後にあきらめたあるトレードを、できるかぎりやり通そうとしなかったことが引っかかっているからだということは分かっていた。

これは私の得意のパターンで、すぐに今月分の利益を稼げるくらいのトレードだった。しかし、私の集中力が一瞬途切れ、「トム・クルーズがジャック・ニコルソンを追い詰めて制裁命令を出したことを白

状させた」ときのような感覚もなく、すでに最高のタイミングを逃していたことに気づいたときは価格が素早く反転したあとだった。そして、そこから追いかけて仕掛けることはもうできなかった。金銭的な損失が出たわけではないが、これは何万ドルかの機会損失だった。

　そこで、私は気分を変えるために、昨日はフォックスウッズで始まった12時間ポーカーマラソンで知らない人たちとプレーし、そのあとは地元のいつものメンバーで午前2時までプレーした。そしてもちろんそこでもたくさんのミスを犯した。例えば、大きく勝ったあとのプリフロップでフォールドしてしまったり（このときのポットオッズならばダメな10－8でもフロップでストレートが狙えた）、自分の直感を信じられずに失敗したり、相手にコールさせてストレートフラッシュを生かすことができなかったりしたのだ。

　しかし、良かったこともあった。深夜を過ぎたころには、ポケットエースをプリフロップとフロップ後で正しく使い、フロップ後にオールインしてコールされ、その日最大のポットを獲得したのだ。そして、この日の終わりにはリードを奪っていた。結局、大事なのは結果なのだ。

　何回も言うように、もし私が本を書くときは、題名を「100万回間違えても100万ドルを稼げる方法」にするつもりだ。10年に及ぶトレード教育から得たフィードバックからは、私のトレードや考えをリアルタイムで見せたとき、私が犯すいくつもの間違いと、そのあとそれを克服するのを目の当たりにしたときが、参加者の最高の「ひらめき」の瞬間になっていることは明らかだ。

　この日誌にも何回も書いたが、トレーダーのなかに彼らの（いや、「私たちの」）人間性を受け入れず、認めようとすらしない人がたくさんいるのだが、私にはそれがまったく理解できない。トレードでもポーカーでも人生でも、人はとにかく間違いを犯すものだ。反対に、もしだれも間違いを犯さなければ、マーケットは動かない、とも言える。

そのなかですべきことは、みんなよりも間違いを減らし、間違いのあとを「。」ではなく、「、」にすることなのである。

ちなみに、私は「。」は信じていない。私たちを前進させてくれるのは「、」だからだ。そうすれば、利益もついてくる。

2010年3月25日（木） クビだ

すべてをやり直すことにした。このブログの読者ならばよく分かっていると思うが、2008〜2009年の挑戦で、私の集中力と動機をつなぎとめてくれたのは、カウントダウンと、架空のドローダウンと、スコアカード、そして怒りだった。もしあのときの気持ちを取り戻せるのならば、当時の靴下だってはくつもりだ（もし妻がまだ捨ててなければだが）。私がケチだということを思い出してほしい。

理由は簡単だ。私は２日間、ぼんやりとマーケットをやりすごし、ジェリー終了後にトレードする理由を探し、トレードしないあらゆる言い訳を考え、マーケットにいくらかの資金を貸す程度のトレードをすることすらどうでもよくなり、資金目標を達成してしまってからは集中力も気力もなくなってしまっていた。そして、東部夏時間の10:15に、もうたくさんだと思った。なにしろ、昨日はマーケットが動いている時間に税金の処理をし、今日はヨーロッパ市場にブレイクアウトが予想されていたのに、起きることさえしなかったのだ。

つまり、私は怒っていた。ドアは乱暴に閉めるし、イライラしていた。そして、10:15に、私はドン１号（過去1.5回分の取引時間の私）をクビにして、ドン２号（2008〜20009年の私）と差し替えた。もちろん、ドン２号は前任者に何が起こったのか分からず、最初はあまり気乗りしない様子だった。しかし、かつてのツールを提供するということで承諾してくれた。つまり、カウントダウン用のタイマーなどである。そして、思ったとおりドン２号はすぐに席について12回連続で

勝ちトレードを繰り出し、ドン１号の午前中の失敗を取り戻して余りある活躍を見せた。

　読者は、この先ドン２号のトレードのカウンターパートにならないよう注意してほしい。あとは、彼が壊れたドアを直せるとよいのだが。

　追伸

　今夜はポーカーとマッサージの日だった。しかし、それに参加できるのはドン２号だけだ。もし、ドン１号がトレーダーの仕事を探していても、見なかったことにしてよい。

次の急落日の投稿にあとから付け加えた序文

　2010年５月６日14:45に、ダウ平均は一時的に約1000ポイント（約９％）急落したが、そのあとほんの何分かで回復した。これはダウ平均史上２番目に大きいスイングで、日中の下げ幅としては過去最大だった。ここではその理由について詳しく述べることはしないが（引退してからパーティーのネタにしたほうがよい）、その結果、これまでにない流動性の危機が発生したということだけ書いておく。

　いわゆる「底割れ」のとき、私はいつものようにマーケットに流動性を提供するつもりでトレードしていた。そしてその２日後、私は当時の思いを次の投稿に記した。

2010年５月８日（土）　急落の分析

　この日誌の執筆時点では、この日の私の処理について動揺すべきか喜ぶべきかはまだ分からない。もしかしたら、不満と満足という皮肉な組み合わせが今の気持ちを最もよく表しているのかもしれない。今日のマーケットには、可能性として、①不意を突かれるのを避ける（できなかったことが不満）、②かなりの利益が上がる（これもできなく

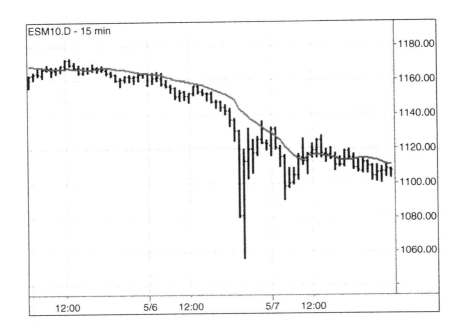

て不満)、③つぶされる(そうならなくて満足)——があった。まず、取引終了時の混沌に巻き込まれて、今日のトレードを自動的にプロットできなかったことは残念だった(毎日リセットされてしまう)。ただ、トレード記録はあるので、それに沿っておさらいしていこう。

　木曜日のビデオやこれまで数回の投稿でも言ってきたように、私のトレード戦略は2つある。流動性を提供すること(カジノの「ハウス」側)と投機(カジノの客側)である。そして、これも前に言ったことだが、この違いはほんのわずかで、あいまいになりやすい。投機は、私が積極的になって長期にわたりトレンドに乗ることだ、とだけ言えば十分だろう。

　いずれにしても、14:30まで私は調子が良く、サイズを抑えながらぎりぎりの買いで流動性を提供し、抵抗線で手仕舞っていた。そして、Eミニが40～50ポイント下げ、チャートがたいていは高勝率のシグナ

ルを出すと、私はまず1120近辺で再び30枚程度（私にとってはかなり小さいサイズ）買って短期的な流動性を提供し、2回目も30枚程度を1100強で買い、平均買値を1110辺りとした。

　ちなみに、この戦略には重要な注意点がある。これは倍賭けではないということだ。むしろ、こうすることで、マーケットが期待どおりの動きになることを確認できるまでは小さいサイズに抑えて少しずつ大口投資家のポジションに近づけていった。さらに言えば、私はリスク管理として、きつめの損切りを置く代わりに、意図的にこのようなポジションサイズを選んでいる。ちなみに、実際にトレードしない「自称」アナリストは、このようなことはけっして語らない。とはいえ、今回のようなヒットはまれにしかないかもしれないが、長期的に見ればこれは私に7桁以上の利益をもたらしてきた戦略でもある。

　振り返ってみると、私はなぜ60枚しか仕掛けなかったのかと疑問に思う。私の最近の「標準」サイズは120枚で、最高480枚仕掛けたこともあるからだ。もしかしたら、心のなかで何かが違うと感じたのかもしれないが、はっきりとは分からない。ただ、少し試しただけだということを保証する底入れのサインはないため、計画の範囲内でもし最初の試しのあとも1100の水準を維持して反転すれば、きつめに損切りを置いて次のブレイクのあとにさらに60枚買うつもりだった。

　皮肉なことに、あとから考えればそれでもうまくいったかもしれなかった。ただ、1100から40ポイントも急落したせいで、最後は1100を上回るまで回復したものの、さらに40ポイント下げるかもしれないと思うと買うことができなかった。しかし、AEDがなければ生き返れないような、歴史的な、死ぬほどの10分間の値動きでも、流動性がなくならなければ非常に大きな勝ちトレードにできる可能性がある。

　ちなみに、長年トレードをしていれば、流動性がなくなったマーケットももちろん経験している。特に、想定外の金利引き下げや、雇用統計の発表、FOMC（連邦公開市場委員会）の決定などがあるとそ

うなりやすい（あとの２つは予想できる）。また、オーバーナイトのマーケットでは、流動性が非常に低くなる場合があることも分かっている。

しかし、日中、電子トレードの混乱のなかで、一部の株の価値が一瞬なくなるところまで行ったのは見たことがない（アクセンチュアくらいか）。

このとき、自分がしたことに対してどう思ったかと聞かれれば、ポーカープレーヤーとしてはエースのフォーカードでロイヤルフラッシュに負けたような気分とでも言っておこう。まずは良かった点を挙げてみた。

● サイズを抑えていたことは、大きな安全策になった。もしサイズが大きければ、当時の気持ちを考えると自分が何をしでかしていたかは分からない（ちなみに、急落したときの日中の損益は把握していたが、それが判断に影響しないように気をつけていた）。ただ、先のトレード計画が合理的だったかどうかは別として、最後の急落の前に、なぜ直感的にエースのフォーカードに大きく賭けなかったのかは永遠の謎である。
● 安値で売って５％近い損失を被る代わりに、30ポイント回復するまで待って手仕舞った。誤解しないでほしいのだが、それでも大きな損失を被ったし、その痛みはまだ少し残っていて、癒えるのにはまだ時間がかかるだろう。ただ、極めて切迫した状況で、確実に指を失うか腕を失う可能性がある状況ならば、どちらを選択するかは明らかだろう。

次はダメだった点を挙げてみよう

● 午後のトレード。いつもは、勝率の低さとパターンの不確定さが増

してうまくいかないことが多い。それに加えて、私は14時には疲れて、その日のトレードを切り上げたり、小さいサイズで楽しみのためにトレードしたりすることも多い。それが最大の間違いだろう。ただ、チャンスを感じ、それが例外だと判断するときはたいてい当たっている。今回は、相手がロイヤルフラッシュを出してくるとは思わなかった。
- 日中に大きな利益を上げていたのに、それに対してトレイリングストップを置かなかった。
- 最初の反転で、60枚すべてを売った（30枚ではなく）が、もう少し状況を把握するまで保有しておくべきだった。ここも、サイズでリスク管理ができるところだった。それをしていれば、残りの30枚をもっと高く売ったり、状況を確認してからあと30枚増し玉したりすることもできた。
- ちなみに、この戦いのさなかに、私は1060～1080で買うことも考えていたが、桁外れの動きだったので、CME（シカゴ・マーカンタイル取引所）が破綻するのではないかという考えが頭をよぎって実行できなかった。それに、テープやDOM（マーケットの下落）があり得ない値だったこともあって、手を出せなかった。さらに言えば、同時多発テロのときのようにマーケットが停止したり、1050辺りでストップ安に達したりする可能性も考えた。
- 短期の流動性トレードをヘッジするために、長期的かつ投機的な空売りを仕掛けていなかった。ただ、これ以上マーケットが下げたら、ヘッジした場合のリスク・リワードも、大口トレードをまともな価格で仕掛けることも期待できないため、これはあまり問題ではない。
- 金曜日の朝は、私の積極性が少し後退した。いつもは激しくトレードするMATD（トレンド日の翌朝）だが、今回はさすがに警戒して、マーケットが少し落ち着くのを待ちたかった。ただ、慎重になりすぎて、結局は資金回復が遅れた。ちなみに、起きてすぐにトレード

画面の前に座ったことはプラスと言える。

簡単に言えば、大きなドローダウンのいくらかはまず判断によって引き起こされ、それ以外はめったにないことが起こったことで発生する。そして、残りは人生に１回あるかもしれないいわゆる「ブラックスワン」クラスの出来事に当たってしまうということである。もし、今10点をこの３つに配分するとしたら、ブラックスワンが７～８点になるだろう。ただ、ブラックスワンであっても対処するのはトレーダーの責任であり、私も投資家として、自分の行動に責任を持つつもりだ。私は、日々ほかのトレーダーのために流動性を提供する仕事の最中に、指をなくしたのである（５万3900ドル、1.9％）。

それでは良いことはあったのだろうか。もしまずいタイミングで目いっぱいレバレッジをかけた480枚のポジションを最安値で売っていたら、損失は120万ドルに上ったはずだ。その最悪のシナリオよりはずっとマシと言うものだ。

トレーダーという仕事をしていれば、ホッケー選手で言うところの殴られて歯が欠けるようなこともある。トレードという仕事で追及する価値のあることには、必ずリスクもついてくるからだ。そして、バンカーズ・トラスト元会長兼CEO（最高経営責任者）のチャールズ・サンフォードが1989年にジョージア大学の卒業式で指摘したとおり、長年、安全第一でいくことのほうが危険なのかもしれない。

幸い、指は９本でもキーボードをたたくことはできるし、トレードもできる。そして、復活劇はすでに始まっている。しかも、この仕事では失った指も再生できる。ただし、手と腕は保護しておかなければならない。これまであまり運に恵まれなかった人は、私たちがほんの一時期だけ自分の資金の管理を神に託されているだけだということを思い出してもらえば、多少気が楽になるのではないだろうか。私たちは、ただ最善を尽くせばよいのだと、かつて賢い男性に言われたこと

がある。私の父である。

あとから一言

瞬く間の暴落で被った損失は、そのあと何年かで被った「骨折」のひとつでしかなかった。実際に転んだり、骨折したりしたときと同様に、今回の暴落も、それが癒えるまでには時間がかかった。実は、このときの損失はわずか8日で回復したが、心の傷が癒えるまでには長い時間がかかり、その記憶の影は常に頭の片隅にある。

2010年9月21日（火）　お金は眠らない

この投稿の目的は、まじめに、身を入れてトレードしている人たちに、私たちは引き続き努力し、いつも競合している相手よりも多くを犠牲にしなければならないということを思い出してもらうことにある。今日起こったことは、それについて私が提供できる良い例だと思う。今日は非常に長い1日だった。コメントはせずに、時間の経過を追っていこう。

●月曜日
21:15　火曜日の朝に強力なMATDが期待できる。今日の大引けの状況を考えると、可能なかぎり最高のセットアップはヨーロッパの時間帯にあるような気がする。
23:00　午前3時のヨーロッパの寄り付きのために、睡眠時間を犠牲にするかどうか悩んだが、大引けの状況の重要性を考えて、目覚まし時計を午前2:30にセットした。

●火曜日
2:30　最初に思ったのは、「しまった、もう2:30だ」。そして次は「チ

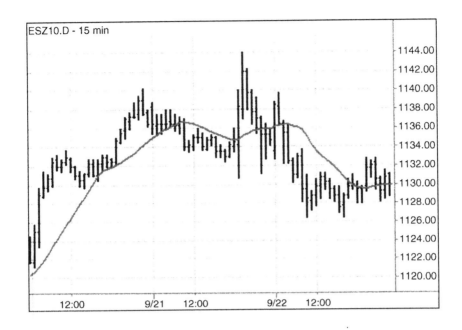

ャートを確認しろ。もしヨーロッパの寄り付きが、昨日の引けごろの支持線の上か近くにあれば、仕掛ける。そうでなければベッドに戻る」。

2:35 チャートを確認すると、マーケットが寛大にもゴルフボールをティーにセットしてくれていて、しかもそのボールはスイカほどの大きさがあることが分かった。目と頭をすっきりさせて、これから90分トレードするだけのエネルギーがあることを確認した。この時間で最初の上昇をとらえられるといいのだが。

2:45〜4:00 寄り付き前の支持線を探りながらヨーロッパの寄り付きのMATDでトレードし、上昇を確認しながら増し玉していった。

4:05 ベッドに戻り、2〜3時間眠る。

7:30 寝返りを繰り返し、1時間ほどしか眠れなかった。最初に思ったのは、「しまった。もう7:30だ」。そして次は、「少なくとも正午までは首尾一貫して行動しなければならない。昼になったら、FOMC

の発表まで昼寝をしよう」。

8:30 住宅着工件数の発表に合わて支持線で買い、上げたところで手仕舞った。

9:30～10:30 アメリカ時間の早い時間帯にMATDの小さい値動きに合わせてトレードし（いつものことだが、大きな値動きはすでにヨーロッパ時間に終わっていた）、天井と底の際をとらえた。

11:00 MATDの最初の1時間のレンジブレイクからレンジに返るところで逆張りした。

12:00 昼寝の時間。ふう。目覚ましは午後12:45にセットした。

13:00 最初に思ったのは、もう分かっていると思うが、「しまった、もう1時だ」。そして次は「FOMCの反動に備えるが、そこでトレードを計画しない。理由は、①私は朝のリズムが得意で、午後はたいていひどい結果になること、②それまでに怒りがたまっている可能性が高いこと――だ。ただし、トレードのほうからやってきて、そのリズムに乗ることができればうまくいくのかもしれない。

14:15～15:00 トレードのほうからやってきた堅実な45分間のゾーンで、このなかには1131（安値の3ティック下）での最初の逆張りの買いや、1142を上抜いたところでの最後の買いの手仕舞い（先の買いとは別に1137で仕掛けて1138で増し玉した分）、そして、反転したところで1143.25（高値から3ティックのところ）で空売りし、最後に1140に近づいたところで力尽きる前に買い戻したトレードなどがあった。

16:30 オフィスのソファーで寝てしまい、目が覚めたら3時間たっていた。

考えてみれば、これはかなり単純なことだ。さまざまなことを犠牲にして必死に働ければ、安定的にたくさん勝つことができる。それをしなければ負ける。自分で選べるのだ。1回このゲームを理解すれば、

あとすべきことの95％は、ただその場に行くこと、という場合が多い。そして、最後に言っておきたいのは、トレーダーの住所録に「簡単な道」はないということである。もし長期的な成功を目指しているのならば、「犠牲通り」を探すとよい。ただし、そこの住人は身を粉にして働いているため、訪ねて行ってもだれもいない。たとえ午前3時に行っても留守だろう。

パート6 MFグローバルの破産
The MF Global Bankruptcy

　あなたの一生の蓄えが、何本ものチェーンとダイヤル錠で守られた耐火金庫にしまってあると想像してほしい。この蓄えは、将来の資金の投資を他人に託さずに、あなた自身で正しい判断を下した結果、手に入れたものである。ちなみに、この金庫は、それを守ることだけに専念している10人余りの人に囲まれている。彼らはみんな手をつないで金庫を見張っている。ところが、だれも気がつかないうちに金庫が荒らされ、中身が燃やされてしまったのである。そんなことは信じがたいし、不可能に思える。

　ところが、2011年10月31日、このようなことが、MFグローバルの顧客口座で実際に起こったのだ。この会社は、世界有数のデリバティブブローカーで（私が使っていたブローカーでもある）、会社と幹部と規制当局と取引所の愚かな行動が重なって、壮大な破綻劇に至った。これによって、少なくともこの業界の無謀さが露呈し、業界の誠実さと信頼は瞬間的に失墜した。そして、最悪の場合は……ここに好きなだけ動詞と形容詞と代名詞を並べてもよいのだが、それは司法の判断に任せよう。

　この出来事は、私自身にも、業界にも大きな影響を及ぼし、それぞれの魂を奥まで揺るがした。そして、2010年のフラッシュクラッシュのように、この激震の後遺症はまだこだましており、金融市場に人間

性と欲望が絡んでいるかぎり、何らかの形でこの感覚が残っていくと言っても過言ではない。

　まず、この状況に対する自分の考えをまとめるのに約1週間かかった。そして、そのときの考えの推移を思い出しながら次の投稿を書いた。

2011年11月4日（木）　MFグローバルという氷山に乗り上げて凍りつく

　MFグローバルのことについて書くべきか、書くとしたら、いつ、どのようにすべきかについて、熟考していた。理由のひとつは、この4日間で信じられないほど広がった噂の発信源にはなりたくなかったということがある。このような噂には、たいてい正確な情報よりも不正確なもののほうが多い。また、今回の件では私自身も「傷」を負っており（後述するとおり、体中に）、感情に任せて書くのも避けたかった。

　しかし、この日誌（最近は教育の場という意味合いが強くなってきている）は、常に先物トレード業界の裏にある真実を「良いことも、悪いことも、醜いことも」書いてきた。しかも、今週はその3つが間違いなく散りばめられている。今、私はこれまでの精神を守って書くべきときが来たと感じている。これから書くことは非常に個人的な投稿だが、包み隠さず書くことにした。

　まず、私がMFグローバルの顧客で、機関投資家を除けば大口顧客のひとりとして個人で約300万ドルの先物取引を3つの口座を通して行っていたということを書いておくべきだろう。私は2003年からMFを使っており、彼らの決済、技術的なサポート、報告書、そして何と私が直接話をしていた担当者のモラルまで、ナンバーワンだと思っていた。

今回の件では、私も個人的に２つの間違いを犯し、それによって今週不必要な心配を抱え込むことになった。ひとつは、クリアリング会社に置いていた残高が大きすぎたことである。皮肉なことに、最近、この残高を大幅に減らすことを考えていたが、「分離保管」であることと、日々の処理の仕方を決めかねていたことで、あと回しになっていた。

　それに、MFのヨーロッパでの債務の問題についてさほど関心も考えも持っていなかった。先週は、別の会社で負っている責任や受託者としての役割など、ほかの用事に気を取られていたのだ。そして、ここでも「分離保管」による防護策（Aの部分とBの部分には関係がないことになっている）が話題に上っていた。

　２つ目の間違いは、すぐにトレードを再開するためのバックアップのクリアリング会社を決めていなかったことで、そのために今週はかなりの機会損失を被った。今週は、明らかにMATD（トレンド日の翌朝）の寄り付きや窓が空く展開で、今年で一番良いトレード環境だったことを考えれば、トレードできないのは、弱り目にたたり目だったと言うしかない。私側の不備が分かったところで、MFについて説明していこう。

　この１週間の私の心の旅を時系列で述べていく。

●月曜日

　この日はいつもの月末や月曜日と同様に、軽くトレードする計画だった。9:47:27、小さい買いトレードを手仕舞って多少の利益を上げた。そして、別の注文を出そうとしたが、プラットフォームが受け付けてくれなかった。私は皮肉を込めて「素晴らしい、月曜の朝に注文が出せないプラットフォームなんて」と思った。そこで、ユーレックスを試してみると、そちらはできた。それならば、CME側の問題に違いない。そこで、MFグローバルのサポートデスクに電話をすると、

CMEがMFとCME間の電子取引を停止したという返事が返ってきた。なんてことだ。分かった。それならばＥミニのデリバティブとしてユーレックスを使おう。しかし待てよ、よく考えたらやめておいたほうがよいのかもしれない。何か情報があるはずだ。それからあとのことは、実はあまりよく覚えていないが、FCMヒューチャーパス・トレーディング（後述の「良い」こと）に電話をして、私の口座残高をすぐにすべて送金するよう依頼してから、MFにおける私の長年の担当者に電話をした（さらなる「良い」こと）。

そして、おかしなことが起こった。朝、取引しようとしてダメだったのに、CMEに再びアクセスできるようになっていたのである。そこで、急いでMFサポートデスクに確認した。「どうなっているんですか」と聞くと「決済注文のみ受けます」と言うので、「私は寄り付きの注文も出せましたよ」と叫んだ。相手はしばし無言になったあと、「上からの指示されたことしかできません」という返事が返ってきた。それから数時間は、忍耐強く出金を要求することに専念した。もちろん、これらの依頼は、私のほかの２つの口座の分も含めて、依頼はしたものの結局、口座は凍結されてしまった。そして、同じころにニュースが広がり始めた。インタラクティブ・ブローカーズへの身売り失敗、破産、資産凍結、顧客資金が所在不明などといったことである。ちなみに、過去10年ほどのさまざまな失敗を経て、現在では顧客の資金は分離保管で管理することが法律で定められている。

●火曜日〜金曜日

この時期は、ブローカーへの電話と（ずっと付き合ってくれた彼らに神の祝福を）、MFグローバルへの電話と、インターネットでの情報収集と、実際に起こっていることやいないことに対する個人的および精神的な不安が入り混じっていた。そして、事実と噂が飛び交うなかで、ニュースと私の感情は、どちらも１時間ごとに変化していった。

情報は、9億ドルが不明、6億ドルが不明、3億ドルが不明、不明な資金はない、単に会計上の問題などという具合に変わっていった。全額確保されていたのか、すべて失ったのかも分からない。不明になっているのは顧客資金の「たった」10％という情報に希望を見出したくても、もしそのなかに私の口座が入っていれば、それは100％なのである。

そして、後悔の念にかられる。なぜ、残高を減らしておかなかったのか。なぜ、ほかのことにかまけ、現状に「満足」し、先週壁に貼っておいた紙を無視して資金をよそに移さなかったのか。しかし、彼らは資金を分離し、毎日管理して報告していたはずだ。

ここで、良いこと、悪いこと、醜いことを具体的にまとめておこう。

良かったこと（その多くは「とても」良かった）

- 神と、妻のデボラと、フューチャーパス・トレーディングのみんな、特にデイモン。彼らは今週すべての時間を、イラついたり狼狽したりしている私のために使ってくれた。このように、先物業界の大部分は、競争も激しい反面、固い絆で結ばれている。そして、今週の出来事は、だれが信頼できて、だれが厄介者かも教えてくれた。MFグローバルに勤める友人は、自身も難しい立場にありながら、私が被る可能性がある損失を思って泣いてくれたため、私のほうが彼女を慰める場面まであった。
- もうひとつ「良かった」ことは、原則に従って最初に軽くトレードしていたことだ。そのため、月曜日に何かあると気づいたときにすべてのトレードを完全に手仕舞うことができ、状況が解明される途中で未決済のポジションを残さずに済んだ。ポジションを残してしまった人は、混乱のなかで、①どうにかして決済できた、②より長く（場合によっては何日も）マーケットの混乱とリスクにさらされる——ことになった。

悪かったこと

- 精神的な見通しを失ったこと。すべて葬り去れ、ドン。どうせ神から一時的に預かっていただけのお金だ。それなのに、すべてを神に委ねようと決めるまでになぜ3日近くかかってしまったのかは分からない。木曜日の朝になってやっと妻と一緒に神に祈りをささげ、直接介入してこの状況から解放してほしいと願った。神のすべての力と権力によって、彼の資産が彼の王国にとどまるよう監督機関に確認させてほしい。ちなみに、妻はその前から私が落ち着きを取り戻すよう祈ってくれていたようだ。
- トレード口座が一時的に凍結されたことで、この肥沃な時期にトレード収入を上げられなかったこと。
- 取り締まり機関とMFの顧客との間に継続的な連絡がとれていなかったこと（彼らの大変さも理解はしているが、破産管財人のウェブサイトが実質的な情報交換の場になっていた）。
- ポジションや担保がある口座はほかのブローカーに素早く（1週間以内）移行することができたが、現金のみの口座（つまり、ほとんどのデイトレーダーや流動性を提供するトレーダーの口座はここに入る）はそれができなかった。最悪の場合は、今週のうちに50～75％を移し、残りは確保した時点でできるだけ早く返還してくれたほうがよかった（顧客にまず100％の資金を返還することは法律で定められている）。私は、生まれて初めて地元の上院議員の事務所（ワシントンとボストンの両方）に電話まで掛けた。
- ヨーロッパで開催されているサミットでも議題に上っていた「取引税」の導入について、一部の政治家が再びこれを提唱する口実をよりによって与えてしまった。最悪のタイミングだった。

醜かったこと

この時点では、私はまだMFグローバルへの攻撃には加わっていな

かった。私は、どのような「トレード」でも、最初に責めを負うのは自分だと思っている。自分の側でできたこともすべきだったこともちろんあったからだ。そのうえで（その前に深呼吸）、この何日かでたくさんの醜いことが表面化してきた。神聖な受託者義務と分離保管の原則が犯されたとされていることや、法廷会計士や複数の規制機関がかかわるチームが解明しようとしている一連の詐欺行為とされていること、そして、それがCFTC（商品先物取引委員会）、SEC（証券取引委員会）、SIPC（証券投資家保護公社）、FBI（連邦捜査局）の関心を引いていることなどである。これらのことは、世界の片隅でこの仕事の透明性をより高めるために、「事実をつづったブログ」や誠実な教育、ファンドの顧客に毎週ｅメールやサイトを通じてトレードの説明など綿密に連絡をとるなどといった活動をしている私にとって、痛恨の一撃だった。そしてこの業界は再びベールに覆われてしまった。あえて難しい道を選ぶとはこのことだ。それなのに、MFの会長は、会社が傾いているなかで、笑顔でメディアに露出していたのだ。醜いことについてはいくらでも書けるがこのくらいにしておこう。その代わりに、今回は皮肉なことも付け加えておく。

皮肉だったこと

　実際、トレーダーの失敗に備えて厳しいリスク管理を喚起すべき会社自体が過剰なリスクをとって破産したというのは、とてつもない皮肉と言える。何日か前に、私は「これもいつかは終わる」と書いた。最後に、顧客が100％かそれに近い額を取り返すことができないと信じる理由はまったくない。つまり、これはたとえ大きくても、一過性の問題でもある。ただ、今週は私が飛行機の移動が嫌いな理由も思い出した。フロントガラスで前方に何があるかを見ることができなければ、（私はパイロットではないが）飛行機を操縦するのはものすごく不安なはずだ。そして、今週の私は、なにひとつ自分でコントロール

できることがない。本当のパイロットがだれなのかすらなぜか思い出せないのだ。それなのに、その彼に最大の信頼を寄せなければならないのである。週末に幸あれ。

あとから一言

あれから１年間、私はマーケットに対する取り組みを一時的にトレードとトレーダー教育からトレーダーの擁護活動に切り替え、あらゆる手段（ブログやインタビュー、コモディティ・カスタマー・コーリション［MFの顧客を代表する組織］との協力、何百本もの電話と何百通もの手紙など）を通じて、顧客の声がうやむやになったり、役所で不要な足止めをくったり、手を尽くさずにできないと言われたりすることがないようにするための活動をしてきた。

2008年のマラソンは辛かったのだろうか。今回の件に比べれば、何でもなかった。実際、2008年の挑戦は、１年間にわたり、自分ではコントロールできないなかで行っていた擁護活動と比べれば、公園を散歩するようなことだった。

言うまでもないことだし、最初の「反動的」な投稿でも示唆したように、この時期、MFのシステムと何層もの防御態勢を信じてきた私も、ほかの何万人もの農家や牧場の人たちや消費者や小規模トレーダーたちも、非常に辛い思いをした。私は何年もかけてマーケットに資金を奪われない方法を学んできたが、それならば、消えてしまった資産に対する対処方法はどうだったのだろうか。それはこれまでとはまったく違う戦いだった。

種類の違うトレード

MFグローバルの件が、引き続き大西洋の両側で電子資料や議会資料を通じて議論されていたころ、私は破産債権について非常に興味深

いあることを発見した。何と、これらの案件はトレードされていたのだ。しかも、それから何カ月もの間に受け取ったeメールや手紙によれば、大幅に割り引かれてはいたが、非常に流動性が高い買い手候補のマーケットが存在していたのである。私はあきれた。特に、これまでさまざまな「極端に逆行したトレード」にも活路を見つけてきたことを考えると（2010年のフラッシュクラッシュや、今回のミニ暴落とでも言うべき件を含む）、なおさらだ。当然ながら、ここで難しいのは、どのような売却であっても感情的にならず、価格変動に合わせて時間をできるかぎり有効に使うということだろう。

この状況で、私の何年ものトレード経験が助けになったことは間違いない。トレードの鉄則のひとつは、マーケットが動いていれば、そのときには必ず「買い」か「売り」があるということで、もし買うつもりがある人がいれば、価格はさらに上がって買い手は利益を上げることが期待できる。自分がMFグローバルの債権を1つどころか3つも保有しているということを考えれば、今は感情的な痛みを和らげるためにディスカウントで売ることが目的ではなく、むしろ自分は一連の破産債権（私が今抱えている債権だ）を買ったばかりで、それをこれ以上上がらないと思えるぎりぎりの価格で売るという立場で考えるべきだったのである。

次の数カ月は、成り行きを見守るしかなかったが、これは主に短期トレードをしている私にとってあまり得意なことではなかった。その意味では、これは私にとって最も管理が難しかったトレードだったのかもしれない。それでも何とか耐え、ほかの仕事に忙殺されながら、参加者が増え続けるネットワーク（さまざまなブローカー、弁護士、素晴らしい働きをしてくれたコモディティ・カスタマー・コーリションなどを含む）を通じて倒産手続きの進展と債権価格の動きを注視していた。

そして最後に、顧客が無担保債権者と争うことになるSIPCによる

チャプター11（連邦破産法第11章）の手続きというまずい判断が下されたが、事態を把握し見守っていた私たちは、いずれ100％近い資金を取り戻すことはできるだろうと感じていた。ただし、それには時間がかかるだろうとも思っていた。そこで私は、すべての事実を考慮して、97～98％で売ることができれば十分だと判断した。

予想どおり、時間の経過とともに入札額は上がっていった。最初は評判が良いとは言い難い何人かの悪徳弁護士が80％程度を提示し、それから現実的な90％に近づき、あとは95％、96％、97％、そして97.5％と上がっていった。もちろんこの数字の解釈には注意が必要だ。例えば、もし最初に顧客の資産の80％が返還されていたら、95％で売却しても、実際には残りの20％を15％で売る、つまり75％で売ったことになる。ディストレスト債権を狙うハゲタカファンドは、当然それも分かっている。いずれにしても、価格が目標圏内に近づいてきたため、私は1回で売却しようと思った。これで最近ずっと煩わされていたこの問題にケリをつけ、再びこの資金をマーケットに投じることができる。そして、できれば取り戻せなかった分を回復したい。

そこで、2012年9月半ばに、私は自分の破産債権の売却を完了し、そのときの考えを日誌に投稿した。

2011年9月22日（水）　勝利

たった2文字だが、これがすべてを物語っている。MFグローバルにかかわるたくさんの私欲と非難とお役所仕事と愚かな規制のなかでも、私たちが後退することはなかった。そして勝ったのだ。

私にとって、MFグローバルの物語は、11カ月に及ぶ紆余曲折すべてが終わり、予想以上の結果で終えることができた。月曜日までに、MFグローバルの残りの債権を売却し、最後の何セントかのリスクは債券市場に回すことにする。できれば、買い手のほうも利益が上がれ

ばよいのだが。トレードの格言にもあるように、ほかの人にも少しはメリットを残しておきたいものだ。

　先ほど、確かに「何セントか」と書いた。債権市場の価格は、MFグローバルの顧客が基本的にすべての資金を返還されると叫んでいるが、私は喜んで売却し、2～3セント放棄してもすぐに資金を確保し、破産手続きで身動きがとれなかったときとは比べ物にならないほどその資金をより速くより大きく増やしていきたい。実は、損失の割合で言うと、過去のトレードでは今回よりもはるかに大きい損失を被ったこともある。

　とにかく、私たちは勝った。

　何カ月も前の投稿で、私は傷つけられた人たち（トレーダーでも、投資家でも、ヘッジャーでも、農民でも）の信念を見くびらないほうがよいと書いた。特に、私たちトレーダーは、世界が気づいていなくても、毎日仕事でノックアウトされている。ただ、そのあと必ず立ち上がっている。

　私たちが勝利したのは、ジェームス・コトラス、ジョン・ロウ、トレース・シュメルツ、グレッグ・コレット、そしてコモディティ・カスタマー・コーリションのチーム全員のおかげで、彼らはこのとてつもない間違いに対するとてつもない愚かな対処を見て、とてつもない仕事に名乗りを上げてくれたのである。また、勝つことができたのは、会社の情報操作に惑わされずに、私たちひとりひとりの立場に耳を傾けたりインタビューを行ったりして私たちの状況を報道してくれた一部のメディアのおかげでもある。そのほかにもたくさんの人たちに助けられた。

　また、昨年の事件は私の人生に対する見方にも大きな影響を及ぼした。とてつもない善と悪がはっきりしたし、世界が常に矛盾に満ちていることもよく分かった。ただ、その先を書く前に、私は極めて幸運だったということを言っておきたい。私の口座はほかの口座と共に

PFGベストに移る可能性もあったが、それは雷に２回打たれるようなことだった。私はいまだ窮地にある人たちのことを思うと、祈らずにはいられない。

　今回の件の最大の効果は、私たちがほんの短期間だけ神に託された何らかの資産を預かっているだけだということと、私たちが本当に安全だと思えるのは、銀行口座よりもはるかに安全でなくてはならないということにはっきりと気づかされたことだろう。

　私にとって、なぜ2000年代後半に格別のパフォーマンスを上げるという幸運に恵まれたのかはいまだに分からないし、昨年の大部分において資金とトレードに対する強い情熱が一時的に奪われてあのようなことになった理由も分からない。もしかしたら、どちらも人生のジェットコースターで高く上りすぎたり低く下がりすぎたりしないことと、本当の目標から目をそらさないようにすることを警告してくれたのかもしれない。

　もうひとつ、あまり知られていない私の個人的なニュースを報告しておくと、ハロウィーンと重なったMFグローバルの事件の約１カ月前に、私はマーケット以外の仕事に再び目を向け始めた。これは私の昔のスキルとのつながりで暫定的に始めたことだったが、トレードとよく似たチャンスに発展する可能性もあることだった。ただ、一時的に私の考えや集中力がマーケットからそれるため、全体の収入が下がるというデメリットはあった。しかし、ペースを変えてみるのは良いことだし許容できると思っていた。

　振り返ってみると、私の基本計画は「とんでもなくくだらないことをしようとしていることは分かっているが、それがうまくいくまで安全な場所も確保できるつもりだ。しっかりと軌道を守ってそこから外れないようにしておこう」という感じだった。やれやれ。ちなみに、書くことは私の強みだと何年も前から複数の人に言われていたが、私にこれほどの物語を作り上げることはできないし、してもだれも信じ

てはくれなかっただろう。

　最後の教訓は、人生いろいろあるということである。それはどうしようもない。先日、娘からボーイフレンドと別れることについて意見を聞かれたので、私はどんな決断でも間違ってはいないと伝えた。唯一ダメなのは、決断をしないことだ。どんな決断でも、私たちが進むべき方向を教えてくれるか、あと押しするか、修正してくれるのである。

　私が以前、どこで自分の資金を運用するかを選んだときには、何層もの防御態勢によって顧客の先物資金を保護していることが決め手になった。しかし、今では資金をしっかりと分散し、私が初期のころにトレードしていたレバレッジ型ETF（上場投信）をポートフォリオの一部に組み込んでいる。そしてもちろん今でも先物トレードを愛している。

　人生のページをめくって新しいページに入ったが、まだ本は同じままだ。そして、物語の最後には、正しいことは間違いに勝り、善は悪に勝つ。それはこれまでもそうだったし、これからも変わらない。ただ、反対側から聞こえてくる防御の叫びを克服するためには、正しいほうが立ち上がらなければならないときもある。自信を完全に回復して、この素晴らしい業界を再建するためには、1960年代の人気ドラマ「ディック・バン・ダイク・ショー」の主人公ロブ・ペトリーのように、2回も足置きにつまずくわけにはいかないのである。

あとから一言

　2つの日誌の投稿は、騒然とした1年を締めくくり、2011～2012年を何らかの形でまとめようとしたものだが、この9カ月間に起こった出来事が業界や個人的な挑戦に及ぼした影響は言葉ではうまく説明できない。また、この間の考えはその都度、ドンミラーブログに投稿し、このなかには業界の擁護活動もかなり含まれているが、それでも今回

の件がお金や人間性や人生に対する私の見方に与えた影響を十分語りつくしたとは言い難い。

　皮肉なことに、自立した資金管理を強調し、トレード戦略を通して効率的に資金を守ることに熱心に取り組んできた人間が、言ってみれば足をすくわれてしまった。別の言い方をすれば、森林警備隊の複数のネットワークがあるからと安心して一生懸命木を切っていたら、森林火災がすぐそこまで迫っていたのだ。私は自分や自分の収支を一生懸命守っていたが、人生における本当の資産である神や家族や友人などは守れていなかったのである。

　マーク・トウェインは、卵をひとつの籠に入れるならば、その籠をしっかり見守っておかなければならないと言っている。私はそれに、その籠がだれのものかを知っておくべきだと付け加えたい。

パート 7 上がったあとは……
What goes up…

　この10年間を何らかの形でまとめることができれば、もしかしたらそれが何を意味し、将来何が待ち受けていて、どのような危険を避けるべきなのかのヒントを歴史から得られるかもしれない。結局、歴史を振り返ればインターネット株の高騰、マーケットバブル、チューリップへの熱狂などといった竹タイプのパフォーマンスのチャンスはいくらでもあるが、それらはほぼ必ずあとで引力に屈服することになる。そこで今日は、このようなパラボラ型の動きが将来に向けてもその高さを維持することができるのかどうかと、もしそれができないのならば、いずれ崩壊するときにリスクを最小限に抑えるためには何ができるのかということを考えてみたい。言い換えれば、本当に天井で売ることができる人はいるのだろうか。もしいないならば、なぜなのだろうか。

　まずは**図7.1**の３枚のチャートを見てほしい。ここでは「面グラフ」を使い、今のところは何のチャートかは明かさないでおく。これらのチャートは、どれも金融界の並外れたパフォーマンスを、何らかの様式で示している。

　肉眼で見ると、それぞれのチャートは、少し行きすぎで、せいぜいあと１回控えめに上昇したら反転して通常の緩やかな傾斜に戻るように見える。結局、何事にも終わりはあるし、上がったものは必ず下が

図7.1　あるパフォーマンスの面グラフ

図7.2　あるパフォーマンスの面グラフとその後の進展

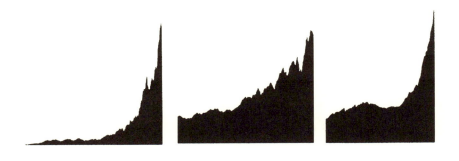

る……はずだ。ここで、時間を進めて、それぞれのチャートの進展具合を**図7.2**で見てほしい。

　驚いただろうか。現実学入門編、竹の国にようこそ。これらのチャートが行きすぎに「見えて」、空売りしたらどうなるか想像してほしい。見てのとおり、これらのチャートにはいくつかの類似点がある。基本は水平か緩やかな上昇で、最初に少し上昇するがそれは力尽きたように見え、そのあとにまったく理屈に合わない一時的なモメンタムの大きな力によって新高値に向かっている。これらのチャートは、どれも

過去のある時点で実際に起こったことを描いたもので、似たようなケースは何百とある。

動いている物体は動き続ける

前に、モメンタムという概念について書いた。小さな雪玉を雪崩に変えることも、スペースシャトルを成層圏まで押し上げることもできる強力な力である。これらのチャートは、マーケットのモメンタムをこれ以上ないほどうまく描いている。そして、さらに調べを進めると、この間には判断に迷う場面がたくさんある。このモメンタムはなぜ起こったのか、これをどう利用すればよいのか、そして何よりもいつこのモメンタムが衰えたり、終わったり、反転したりするのだろうか。ピークよりもかなり前に空売りしてしまった人に、そのあとどうなったかを聞いてみてほしい。もちろん、私も経験している。

ニュートンの運動の第1法則によれば、運動している物体は外力が加えられないかぎり等速直線運動を続ける。つまり、その運動を利用するには、それが動いている理由を理解することに時間を費やすよりも、単純に動いていることと、潮の流れが変わって外力が加わるまでは動き続ける可能性が高いということを認識することがヒントになるかもしれない。それでは、いつ、どれくらいの強さでその外力が現れるのだろうか。残念ながら、将来のことはだれにも分からない……のだろうか。

幸い、歴史を調べればそれぞれのケースがどうなったのかが分かる。もう少し先でどれくらい速く下落したのかを見てみよう（図7.3）。

しかし、待てよ。私は今、「どれくらい速く下落したのか」を見ると言った。もちろん、何事にも終わりはあるのだからそうなるに違いない。やった。しかし、これらのチャートには、ニュートンでさえ頭を抱えるだろう。もちろんこれらは百パーセント本物であり、正しい

図7.3　あるパフォーマンスの面グラフとそのさらにあとの進展

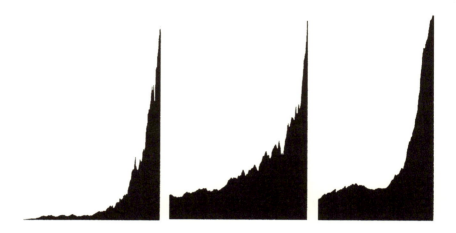

状況で正しい追い風があれば（本当の風でもそれ以外のあと押しでも）、マーケットや人生においてモメンタムが持てる力を示している。

ただ、良いことには必ず終わりが来るとも言うので、最後にもう1回だけ先送りすると同時に、最初の2つのマーケットを明かそう。**図7.4**を見てほしい。

想像はつくと思うが、これらのチャートはインターネットバブルの時期のチャートで（具体的にはデータストレージ会社のEMCとナスダック100指数）、このときは比較的短期間で1000％近く上昇する銘柄も珍しくなかった。ただ、そのあとは胃が痛くなるような下落によって、積み上がった利益はほとんど、あるいはすべて失われた。そして、今日まで私はインターネットバブルの底近くで買って天井近くで売ったという人や、あとから見れば下落が始まっていたのに再度買ってしまうというワナに陥らなかった人を知らない。どこかに天井で売った人もいると思うので（もしあなたがそうならば素晴らしい）、私が出会っていないだけなのだろう。ただ、もし別のマーケットや、別の時

図7.4　1992～2002年のEMCとナスダックの週足チャート

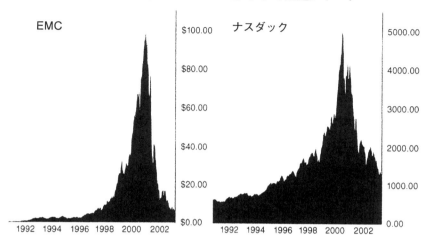

代や、別の業界から似たようなチャートを選んだとしても（そのなかには1600年代のチューリップバブルや、1700年代の東インド会社、そして1990年代のアーチー・カラスの成功と破綻も含まれる）、放物線状の上昇のほとんどは、同じような激しい下落で終わっている。

　信頼できるプロのポーカープレーヤーに長期的な成功の秘密を聞けば、必ず最初の２～３分で「どこでやめるかを知る」という言葉が出てくるはずだ。これは極めて重要な判断なのである。ただし、ゲームが始まる前にやめてしまえば、チャンスはない。ゲームが始まっても、やめるのが早すぎれば、多少のチップは手にしても氷山のかけらをとったにすぎない。しかし、やめるのが遅すぎれば、それまでの利益をすべて失うことになるかもしれない。これは紙一重の判断なのである。

マクロレベルのトレイリングストップ

　個人トレーダーが防御的なトレイリングストップを置くことの必

性については長年さまざまなところで書かれているが、防御的な中断（簡単に言えば一度停止）の必要性についてはあまり書かれていないように思う。ちなみに、これはポートフォリオ全体についても、マーケット以外の人生の試みについても言える。そして、このことはもしかしたら皮肉にも、さらに防御が必要な「大きな枠組み」にこそ言えるのかもしれない。例えば、毎日のトレードやそれ以外の日々の活動に実質的な防御的損切りの仕組みを導入している世界のトップトレーダー（もちろん私ではない）やアスリートであっても、もしマクロのレベルでも同様の防御的管理を行っていなければ、それまでの何万回もの効果的な判断を無にしてしまうことになるのかもしれないのだ。大げさだと思うかもしれないが、歴史を見ればけっしてそうでないことは明らかだ。

　それでは何がマクロストップの引き金になるのだろうか。例えば、金融市場のパフォーマンスは、マーケット参加者の行動が変わって需要と供給が変化し、それがマーケットのリズムの変化につながるし、個人的なパフォーマンスならば、ほんのわずかでもその人の活力に変化があればその影響が出る。

　歴史上、何回も繰り返されてきたことを知ったうえで、次は３つ目のチャートを見てほしい（**図7.5**）。もう分かっただろうが、これは私が自分で運用し、本書で紹介している退職金口座の先物運用の資産曲線である。

　このチャートは、私が先物で運用しているIRA（退職基金）の８年間のパフォーマンス（2004年１月１日～2011年10月31日、MFグローバルの破産まで）を示したもので、そのあと2012年に破産債権を売却したことで確定した損失は、2011年10月31日の損失に含めてある。ちなみに、IRAチャートは８年間のパフォーマンスで、EMCとナスダックは11年間のパフォーマンスだが、前半部分の特性である基本のなだらかな推移と急速な放物線的成長は同じであり、それよりもはるか

パート7　上がったあとは……

図7.5　EMCとナスダック対ミラーの退職金口座

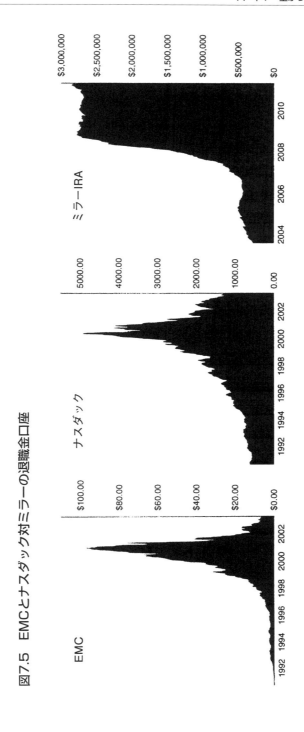

に長い時間枠でも短い時間枠でも同様のチャートはいくらでもある。

2007～2009年の魔法のような傾斜の時期の話は興味深いかもしれないが、そのあとの「安定」期にも、フラッシュクラッシュ、MFグローバルの崩壊、ジェリーズの立ち上げなど、モメンタムの段階にも、それだけでもあと1冊本が書けるくらいたくさんの困難があった。

そして、自分がこの時期にどのような管理を行い、いくつかのことがなぜあのような展開になったのか（このなかには、MFグローバルの崩壊が、ちょうど私がエネルギーを充電してさらなる高みを目指そうとしたときに重なったことも含む）についていくつもの疑問は残るが、私はこの期間に得た新たな人生の教訓に大いに感謝している。もし私がこの時期に得た教訓をチャートに描けば、それこそ終わりのない放物線型になるだろう。

百聞は一見にしかず

最後に、私のIRAチャート（図7.5）を拡大した図7.6を見てほしい。百聞は一見にしかずが本当ならば、このケースは何百万閒に値するかもしれない。ここでは、私が調子に乗らないように、過去数年間における大きな損失の日数と金額を強調したうえで、世界中に公開している。

この多目的チャートに目が慣れるまでには少し時間がかかるかもしれないが、基本的なことを次にまとめておこう。

● 黒い点は日々の純損益を資本利益率で表したもので、数値は左側の縦軸の目盛を参照してほしい。ただし、損益は日によって口座残高の調整の影響を受けている（取引所の手数料払い戻し、為替変動、金利など）。例えば、取引所の手数料の払い戻しは2009年以降、毎日から毎月に変更になった。そのため、それ以降の日々の損益は、

その月の払い戻しが行われるまでは過小評価になっており、翌月に一括で調整される金額で相殺されている。
● パフォーマンスが外れ値になった日には（良い日も悪い日も）、短い説明をつけてある。ほとんどは日付順になっている。
● 右側の影の部分は、実際の累計残高で、金額は右側の目盛を参照。

このチャートにたくさん詰め込んだことは認めるが、このなかには大事なポイントがいくつかあると思っている。

● 最初は外れ値の点に目が行くかもしれないが、利益のほとんどはあまり目立たない日、つまり「トントン」の線をほんのわずかに上回る日々の「小さな」利益の積み重ねなのである。このような点は、何と1300以上ある。これらの日は、外れ値の日ほど「刺激的」ではないかもしれないが、私のトレードの目的に興奮は入っていなかったと思う。
● このチャートからもうひとつ気づくことは、「これほど大きな損失が何回もあったのに、なぜ資金を増やすことができたのか」ということである。答えを簡単に言えば、9日間は＋1で、1日だけ－3ならば、合計額は＋6というまずまずの結果になるという単純な式で表すことができる。こうなる理由は、高い確率で控えめな利益を上げることで、低い確率で発生する大きな損失を埋め合わせるのだ。これはトレーダーの公理でよく言うところの、「損失1回につき、利益を3回出すように……」というものだが、真の意味は誤解されている。私は、まれにマイナスの外れ値があることを理解したうえで、高勝率のトレードを心がけている。
● 大きな損失に関しては、その多くが図の左側の縦軸の下のほうに書いたとおり、極端な動きのときに流動性を提供した結果で、マーケットが反転するまえの極端な値を付けたところで意図的に仕掛けた

図7.6 2004～2011年のIRA先物口座のパフォーマンス──日々の利益と累積残高

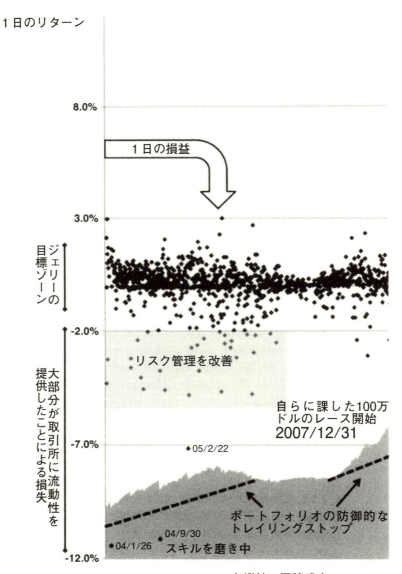

過去のパフォーマンスは将来のパフォーマンスを示唆するものではありません

パート7　上がったあとは……

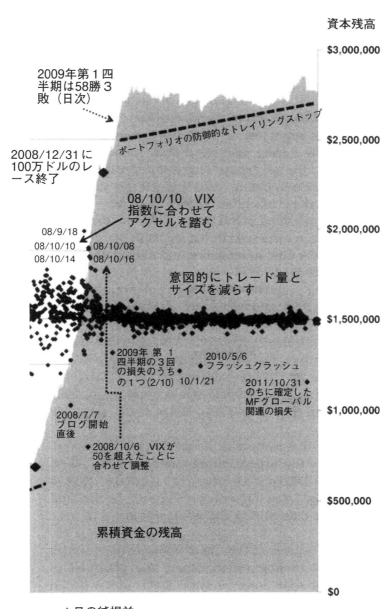

ケースもある。ちなみに、外れ値の損失を結んだ線の傾斜はときとともに改善している。例えば2010年のフラッシュクラッシュのときの損失は、まだ初心者だった2004年初めの損失の5分の1以下だった。これは、私のタイミングの取り方やマーケットのリズムに関する理解が上がったことで、リスクが下がっているからである。

● 資金全体に対する防御的な損切りの線（2004～2005年と2006～2008年と2009～2011年）が上昇していることに注目してほしい。もちろんこれらは2007～2008年にもあったが、この時期はチャートがすでに複雑になっていたため省略した。

● ゼロの線の近くにパフォーマンスの黒い点が固まっているのにはいくつか理由があり、そのなかには自分の希望や、状況、リスク管理の変化、チャンスが減ったことなどによってトレード量を意図的に減らしたケースも含まれている。例えば、2006年と2010年はそうだったし、2011年後半にはMFグローバルのおかげでそうせざるを得なかった。

● 自分のパフォーマンスやマーケットが伝えていることを理解する。特に、2005年3月～2011年10月の6年間で最大の損失率となった2008年10月6日（日誌参照）は、同じ期間で最高のパフォーマンスを上げた4日間のすぐあとだった。

このチャートは、私にとっても次のような思いがけない発見があった。

①私はなぜか2008年の初めに自分のモメンタムとその衰えの可能性を過小評価しなかったおかげで、上昇期のチャンスの多くを逃さずにすんだ。

②私はフラッシュクラッシュやMFグローバルの破産を、当時設定していたマクロストップを割ることなく、防具に少し傷がつく程度の被害で何とか切り抜けることができた。

図7.7　視覚化チャート

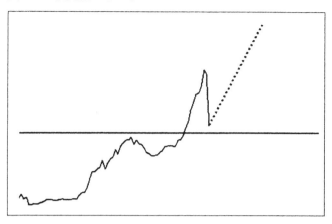

　①については、日々の架空のドローダウンの概念と毎月の「穴から抜け出す」資産曲線のチャートの概念が、私に必要な切迫感を維持する助けになり、周りの現実に惑わされず、このころ達していた高みも知らないまま集中させてくれた。さらに言えば、高所恐怖症でもある私にとって、このような考え方を維持していくことはとても重要なのである。

　フラッシュクラッシュとMFグローバルの件をほんのかすり傷程度で乗り切ったことについては、自分がそれぞれの「爪」に完全につかまったことに気づいたあと、適切な対処ができたことは多少の慰めになっている。それに、私がマーケットでさほど活発にトレードしていなかった時期に、これらの出来事が起こったことも極めて幸運だった。その意味では、能力よりも運のほうが重要なこともあるのかもしれない。

　たとえ歴史の例とは違っていても、**図7.7**は私の永遠の「仮想現実」

である。そして、こうなったのは私が自己満足にひたってすべてを失い、そこから復活するために懸命に努力する必要があったからだと思っている。これが竹を育てていくときに必要なけっして変わることのない考え方なのだろう。

パート8 最後に
Final Thoughts

　私がよく自分のどん底と呼んでいる時期から10年以上がたち、内面の自己実現の旅を始めてからも5年以上がたった。マーケットでも人生でも、タイミングがすべてだとよく言われるが、自分の考えをまとめ、正式に書き記すことについてもまさにそのとおりだと思う。もうすぐ52歳を迎える私だが、最近の出来事を経て、人生とトレードに対する見方はこれまで以上に明確になっている。もしそれらのことが起こらなければ、私の見方は多少の助けにはなっても、不完全な寄せ集めに終わっていただろう。

　私は、この50年間に成長し、間違いを犯し、軌道修正することができたことを極めて幸運なことだと思っている。自分の最大の可能性を引き出す前に人生を終わってしまう人が多くいることを考えると、なおさらだ。なぜ時間の恩恵を受けて成長し、十分発達することができる人とできない人がいるのかは永遠の謎である。

　本書執筆のために自分の経験を詳しく見返してみると、私の人生と仕事における不変のテーマとして不完全という言葉が浮かんできた。このテーマは、不完全な世界のなかの完全ではないマーケットや、トレード、トレーダー、ブローカー、取り締まり機関、そして人間などさまざまな形をとっている。しかし、そんな私たちの人間性と不完全さが合わさると、それが私たちの最大の強みとなり、素晴らしい発見

につながったのかもしれない。歴史上の成果や進歩も、最初の足場は生コンクリートのようにもろいところにあるが、追い詰められたり、何回も失敗したりしながら硬さを増していき、将来の時代の風にも耐える基礎となっていくのである。

そして、もうひとつのテーマは柔軟性である。これはトレードスタイルにも金融市場が提供するビジネスプランにも言える。トレードにおいて「正しい」方法がひとつではないのと同様に（利益が損失とコストを上回ればよいのだ）、トレード計画を人生に組み込むにもさまざまな方法がある。例えば、私は意図的に専念して短期間で200万ドルを稼ぎ、それをポートフォリオのストップロスによって維持しているが、同じことは長い期間をかけたはるかに緩い計画でも、その人の仕事や人生の環境に適していれば達成することはできる。毎年5万ドルを40年間でも、10万ドルを20年間でも、200万ドルを18カ月でもよいのだ。このうちのどれかが「正しい」わけではないが、どれもみんな「正しい」とも言える。そして、それが金融市場の魅力でもある。私の場合は、短期の集中的な戦略が自分の人生と仕事にぴったりと合っただけのことなのである。

私の近い将来について言えば、金融市場で利益を上げるスキルを身につけたことと、そのポートフォリオを目標額まで増やしたおかげで、今後はさらに大きな金額で、好きなときに好きな場所で、好きなだけ仕掛けたり手仕舞ったりすることができるようになった。しかも、それを防御策を十分にほどこしたうえで行うことができるのである。私は、これからも短期のスプリンターとして、長期のマラソンランナーとして、そしてほかの「レーサー」を教育や業界の啓蒙活動を通じてサポートする者として、トレードにかかわっていくつもりだ。しかも、今回自分の経験をまとめてみたことで、再び靴ひもを締め直し、レーサーとしてのギアを上げたくなっていることを認めざるを得ない。ランナーがただ走るのが好きなように、私もただトレードがしたい。も

ちろんそれができるのは妻のデボラのおかげであり、時間と神の恵みが許すかぎり、子供が巣立ったあとの生活を彼女とともに楽しんでいくつもりだ。

　読者とともにこの挑戦を始めたときに書いたように、これはすべて本当の話である。これを読んで、ものすごく不完全な人間であっても（特にこのトレーダーという仕事では）何年にもわたる徹底的な専心と動機が特別なチャンスと出合い、個人のリズムと外部的な環境がぴったり合えば何ごとも可能だということを分かってもらえたのであればうれしい。また、もしここに書いた内容があなたの人生やトレードの見方を膨らます役に立ったのであれば、任務は達成できたと言ってよいだろう。その答えは、時間の判断に任せるが、これらの言葉があなたの魂を揺すぶり、自分の能力や才能を最大にするために努力したいと願い、チャンスが来たときに全力でそのなかに飛び込んでいってくれると期待している。このとき、年齢や内容や分野は関係ないが、成功の意味を見誤らず、友人や家族のほうが銀行口座よりもはるかに大事だということはよく覚えておいてほしい。

　ところで、本書はトレードの本なのだろうか、それとも人生の本なのだろうか。それは読者の判断に任せることにする。

付録 ── 日誌とジェリーで使用した略語と頭字語

3LBチャート　スリー・ライン・ブレイク・チャートまたは三本新値足。日本のローソク足チャートの一種で、時間を無視して価格が一定額以上変化したときだけ記入する。3LBは、細かい価格変動をならして、トレンドの判断や反転のシグナルを反映するようになっている。もともとは、1分足で使っており、極端なトレンドがあるときに早すぎる反転の兆しを避けるためのSOOT（トラブルは避ける）の素晴らしい指標だった。

DAX指数　ドイツの主要な株価指数で、フランクフルト証券取引所で取引されている流動性が高い主要30社で構成されている。

DMI指数　ドン・ミラー指数。現在のマーケット状況でトレードすることに対する私の関心度を表す指標で、第1期ジェリーチームが命名。値が低いときはSOOTやSOHである場合が多い。

EESM　緊急に目いっぱいスキャルピングするモード。うまくいかなかったトレード（あるいは1日）のあとの「仕事に戻れ」という状態。

ES　CME（シカゴ・マーカンタイル取引所）電子取引システムでトレードされているS&P500株価指数先物「Eミニ」のティッカーシンボル。通常、「ES」のあとに納会の月と年の文字や数字が表示されている。例えば、「ESU08」は2008年9月限を意味する。限月は、H（3月）、M（6月）、U（9月）、Z（12月）になる。

IFT　反逆張り理論。一部のジェリーが、「逆張り禁止」の警告が出

ているのに目の前の短期トレンドに乗りたがること。これは遅い時間にありがちな悲惨な逆張りを警告しているときによく起こる。

IIAGD、IIAGU 「もし下がらなければ」「もし上がらなければ」という状況。ヒゲの長い足によって示される最も抵抗が少ない状況で、逃げ場を失った買い手や売り手の損切りが価格を反対方向に動かす燃料になる。

LOD、HOD 1日の安値、1日の高値。価格にも、TICKにも、VIXにも使える。

MATD トレンド日の翌朝。価格が新しい水準に調整するために、予想しやすくトレード可能な上下動がある。これと似た概念に、MATC（トレンドがあった日の翌朝）やMATN（トレンドがあった夜の翌朝）などがある。

NML だれにも支配されない土地。レンジの中間でトレードされ、大口投資家が仕掛けるにはほとんどチャンスがないため、潜在利益は小さい「効率的」なマーケット。1500ティックチャートだと分かりやすいことが多い。

NQ CME（シカゴ・マーカンタイル取引所）のグローベックス電子取引システムでトレードされているナスダック100株価指数先物「Eミニ」のティッカーシンボル。通常、「NQ」のあとに満期の月と年の文字や数字が表示されている。例えば、「NQU08」は2008年9月限。

PJO ジェリーの最高のチャンス。1日のなかで最高の勝率と利益チャンスがある1～3件のトレード。

POLR　最も抵抗が少ない方向。現在の時間枠のトレンドに基づいてジェリーが乗ろうとしている今のマーケットの「流れ」。

SOH　何もしないこと。SOOTの間、ドンとジェリーたちがすべきこと。

SOOT　トラブルは避けるモード。最低限のトレードチャンスしかない状況。

TD　NYSE（ニューヨーク証券取引所）のTICKとマーケットの価格がダイバージェンスになっていること。通常は、時間枠と共に表される。例えば5分足のTD。

TMAR　金を持って逃げろ。目の前の一時的なチャンス。

TUB　ブレイクするまでは信じる。主要なスイングが高値や安値を付ける支持線や抵抗線が期待できるところ。その水準に損切りが集まっていることが分かっている場合のみ「ゾーン」となる。

VIX指数　シカゴ・オプション取引所のボラティリティ指数。ボラティリティを元にマーケットのセンチメントを示す指数として使われている。通常はEミニと逆の動きをする。

XXの窓　ある時間枠（XX）のチャートで、足と足の間に目に見える「空気」（間隔）があること。

参考文献

Aronson, Eric. "Keep Watering Your Bamboo Tree." www.dashlive.com, October 4, 2004.
Bourquin, Tim. "10 Trading Blogs Every Trader Should Be Reading." www.traderinterviews.com.
Bourquin, Tim. "Trader Don Miller's Philosophy on the Markets." www.Moneyshow.com, March 26, 2009.
Child, Julia. *Mastering the Art of French Cooking*. New York: Alfred A. Knopf, 1961.
Commodity Customer Coalition. www.commoditycustomercoalition.org.
スティーブン・コヴィー著『7つの習慣――成功には原則があった！』（キングベアー出版）
Collins, Daniel. "MF Global: Where's the Money?" www.futuresmag.com, November 1, 2012.
Collins, Daniel. "MF Global Debacle Grows More Outrageous: Where's the Money?" *Futures*, www.futuresmag.com, June 15, 2012.
Dash, Mike. "When the Tulip Bubble Burst." www.businessweek.com, April 24, 2000.
Edgerton, Brett. "Henin Joins Growing List of Athletes Departing before Their Time Is Up." ESPN.com, May 14, 2008.
マルコム・グラッドウェル著『天才！　成功する人々の法則』（講談社）
Grossman, Lev. "Outliers: Malcolm Gladwell's Success Story." *Time*, www.time.com, November 13, 2008.
ナポレオン・ヒル著『思考は現実化する』（きこ書房）
Koppenheffer, Matt. "The Astonishing Lack of Progress at MF Global." *The Motley Fool*, www.fool.com, January 23, 2012.
エドウィン・ルフェーブル著『欲望と幻想の市場――伝説の投機王リバモア』（東洋経済新報社）
Levine, David. "PFG Collapse Hits Some MF Global Victims." www.huffingtonpost.com, July 12, 2012.
Miller, Donald. *Don Miller Trader Education*. www.donmillereducation.com.
Miller, Donald. *Don Miller Trading Journal*. donmillerjournal.blogspot.com and donmillerblog.com, July 4, 2008–December 24, 2012.
McCluskey, Molly, and Tim Beyers. "MF Global: Who Knew What, and When?" *The Motley Fool*, www.fool.com, December 16, 2011.
Nison, Steve. *Beyond Candlesticks*. New York: John Wiley & Sons, 1994.
Phillips, Larry. *The Tao of Poker*. Avon, MA: Adams Media Corporation, 2003.
Penn, David. "TradingMarkets Ten Traders' Resolutions for 2009." www.tradingmarkets.com, January 12, 2009.

ボブ・ロテラ著『私が変わればゴルフが変わる』(飛鳥新社)
Sanford, Charles S. "Life Value and the Paradoxes of Risk." Commencement speech to the University of Georgia Class of 1989, www.terry.uga.edu, June 1989.
ジャック・D・シュワッガー著『ジャック・シュワッガーのテクニカル分析』(金融財政事情研究会)
Shinzawa, Fluto."Bruins Get Great Equalizer." *Boston Globe*, www.boston.com, April 18, 2010.
"The SIPA Liquidation of MF Global Inc." dm.epiq11.com, November 1, 2011–December 24, 2012.
Steenbarger, Brett N. *The Psychology of Trading*. Hoboken, NJ: John Wiley & Sons, 2003.
Szala, Ginger."MF Global: One Year and Counting." *Futures*, www.futuresmag.com, November 1, 2012.
Tichy, Noel, and Ram Charan. "Speed, Simplicity, Self-Confidence: An Interview with Jack Welch." *Harvard Business Review*, www.hbr.org, September 1989.
Twain, Mark. *Pudd'nhead Wilson and Other Tales*. 1894.
van Loon, Hendrik Willem. *The Story of Mankind*. New York: H. Boni and Liveright, 1921.
Vischer, Phil. *Me, Myself, and Bob*. Nashville: Thomas Nelson, 2006.
Whitehouse, Kaja."Bank Chased Out: MF Global Victims Start Boycott of JPMorgan." *New York Post*, www.nypost.com, December 21, 2012.
Whitehouse, Kaja, and Anelia Dimitrova. "Peregrine Financial Group Founder Wasendorf Is the Madoff of Iowa."*New York Post*, www.nypost.com, July 13, 2012.

■著者紹介
ドン・ミラー(Don Miller)
個人投資家。ブライアント大学を優秀な成績で卒業し(経営管理学、会計学専攻)、ウィスコンシン大学で経営修士号を修得。その後、個人投資家やプロのトレーダーのためにさまざまな教育的ツールを開発し、その過程で、金融市場のテクニカル面と心理面について何百人ものトレーダーのメンターを務める。ミラーは、トレードと仕事を兼業していたため、満足のいく結果が出せず、2008年にネットにトレード日誌を書き始めた。この日誌は彼が退職金口座を自ら先物で運用して1年で100万ドルにするという試みを綴ったもので、18カ月強で200万ドルまで増やすことに成功した。2009年、ジェリーと名付けた綿密なトレーダー養成プログラムを立ち上げた。2012年には、顧客としてMFグローバルの破産に巻き込まれ、業界として顧客を擁護するためにメディアやコモディティ・カスタマー・コーリションと連携して、顧客の資産を安全かつ迅速に返還させるための大きな役割を担った。妻のデボラとは1985年に結婚し、2人の娘がいる(Eメール don@donmillereducation.com、トレードブログ http://www.donmillerblog.com、トレーダー教育のウェブサイト http://www.donmillereducation.com、ツイッター @millerdon)

■監修者紹介
長尾慎太郎(ながお・しんたろう)
東京大学工学部原子力工学科卒。北陸先端科学技術大学院大学・修士(知識科学)。日米の銀行、投資顧問会社、ヘッジファンド会社などを経て、現在は大手運用会社勤務。訳書に『魔術師リンダ・ラリーの短期売買入門』『新マーケットの魔術師』『マーケットの魔術師【株式編】』(いずれもパンローリング、共訳)、監修に『高勝率トレード学のススメ』『フルタイムトレーダー完全マニュアル』『システムトレード 基本と原則』『ラリー・ウィリアムズの短期売買法【第2版】』『コナーズの短期売買戦略』『続マーケットの魔術師』『続高勝率トレード学のススメ』『グレアムからの手紙』『シュワッガーのマーケット教室』『トレーダーのメンタルエッジ』『プライスアクションとローソク足の法則』『ミネルヴィニの成長株投資法』『破天荒な経営者たち』『トレードコーチとメンタルクリニック』『高勝率システムの考え方と作り方と検証』『トレードシステムの法則』『トレンドフォロー白書』『バフェットからの手紙【第3版】』『バリュー投資アイデアマニュアル』『コナーズRSI入門』『スーパーストック発掘法』『出来高・価格分析の完全ガイド』『40兆円の男たち』など、多数。

■訳者紹介
井田京子(いだ・きょうこ)
翻訳者。主な訳書に『ワイルダーのテクニカル分析入門』『トゥモローズゴールド』『ヘッジファンドの売買技術』『投資家のためのリスクマネジメント』『トレーダーの心理学』『スペランデオのトレード実践講座』『投資苑3 スタディガイド』『トレーディングエッジ入門』『千年投資の公理』『ロジカルトレーダー』『フィボナッチブレイクアウト売買法』『ザFX』『FXスキャルピング』『プライスアクショントレード入門』『トレーダーのメンタルエッジ』『破天荒な経営者たち』『バリュー投資アイデアマニュアル』(いずれもパンローリング)などがある。

2015年5月3日　初版第1刷発行

ウィザードブックシリーズ ㉕

遅咲きトレーダーのスキャルピング日記
――1年間で100万ドル儲けた喜怒哀楽の軌跡

著　者　ドン・ミラー
監修者　長尾慎太郎
訳　者　井田京子
発行者　後藤康徳
発行所　パンローリング株式会社
　　　　〒160-0023　東京都新宿区西新宿7-9-18-6F
　　　　TEL 03-5386-7391　FAX 03-5386-7393
　　　　http://www.panrolling.com/
　　　　E-mail　info@panrolling.com
編　集　エフ・ジー・アイ（Factory of Gnomic Three Monkeys Investment）合資会社
装　丁　パンローリング装丁室
組　版　パンローリング制作室
印刷・製本　株式会社シナノ

ISBN978-4-7759-7192-5

落丁・乱丁本はお取り替えします。
また、本書の全部、または一部を複写・複製・転訳載、および磁気・光記録媒体に
入力することなどは、著作権法上の例外を除き禁じられています。

本文　©Kyoko Ida／図表　©Pan Rolling　2015 Printed in Japan